漢江

河邊

獻給敬愛的先父吉成祥、慈母薛蘭娥
獻給敬愛的大姐燕玲
以及所有長眠故鄉漢江河邊的先輩們

獻給親愛的三姐燕群
芳華六十 曼妙正當時
永遠輕盈 永遠滾燙

目錄

第五章、百惠園

序一

　　水是生命之源。「依水而居」的人類習俗孕育出了燦爛的流域文明，源于黃河、長江的中華文明延續至今。

　　兩千年前，《國風•周南》用「漢之廣矣，不可泳思！漢之永矣，不可方思」描述漢水的寬、漢水的廣。漢水作為長江最大的支流，蜿蜒 1500 多公里，穿越雄偉壯麗的秦嶺和俊秀、奇美的大巴山脈後匯入長江。

　　「養育一方人的是一方水土」，巍峨壯觀的秦嶺山脈給漢江沿岸帶來了農耕所需的濕潤、溫暖的氣候和自然資源。清澈、奔流不息的漢江水，一邊為沿河而居的百姓提供水源，一邊在漫長的歲月中給她養育的人們打下歷史的烙印。這種印記，經歷史的長河，深深地融入到沿河而居人的骨髓中了——彰顯出的是人性的善，嚮往自由，乾淨如水的品格，處處見著於《漢江河邊》主人公們的話語，勞作中的自然流露，美食爆開味蕾，酒激活大腦後呈現的鮮活、樸實。

　　美好的記憶是難忘的，尤其是童年的記憶，像一張白紙上寫入的記憶密碼，《漢江河邊》「五朵金花」不經意間破解密碼後，久遠的記憶恰是自由奔流的河水，穿越幾十年的時空，躍然紙上，那麼的自然，那麼的生動。「小心翼翼的伸腳、慢慢地踩在小河中的石頭上，一滑、撲通一聲，掉在小河裡。」

　　栩栩如生的畫面，倏忽間擠進了我的記憶空間，打開了一幅、一幅有深度、可觸摸、能感知的記憶。湛藍的天

空、潔白的沙礫、清澈的漢江邊一群群洗衣服的大人和戲水的孩子；繁星閃爍的夜空，一顆流星拖著長長的尾巴——劃過，激動、高亢的喊聲淹沒了夏蟲的鳴叫；綿長的雨絲、滴水的芭蕉、碩大的斗笠，光腳踩著軟泥，感受著鄉土的氣息；薄霧、炊煙、稠密的竹林、蔥郁的原野、飄香的稻花和點綴的幾朵虞美人嫣紅的花朵、若隱若現勞作的人，隱隱約約的雞鳴、狗吠、牛哞，描繪出一幅永遠的鄉景。

流失的是時光，不變的是記憶。《漢江河邊》的故事起於 1912 年，父輩們經歷了多災多難的歷史時期。為了國家的獨立、民族的解放、老百姓和自己的幸福，他們奉獻了自己的青春，無怨無悔。面對生活的不易，他們始終以特有的堅韌和樂觀的精神，直面困難、解決問題，給家人真摯的愛，給同事真誠的關懷。

明天是屬年輕人的。《漢江河邊》故事的最後，作者通過幾個獨立的段落，向讀者展示了大家庭的下一代，在他們身上，看到了父輩們的印記——堅韌、樂觀、真誠。

楊立新

2022 年 9 月 4 日於北京

序二

　　這是一個河流與故鄉的故事。故鄉，作為一個土生土長的香港人，也許，是爸媽的老家，而故鄉給我的感覺是怎樣？是遙遠及模糊的；但作為作者小吉，這感覺相信是完全不一樣！而河流，這文章的另一個中心，是漢江河，一條連接著無數家鄉故事的河流。

> 楚塞三湘接，荊門九派通。
> 江流天地外，山色有無中。
> 郡邑浮前浦，波瀾動遠空。
> 襄陽好風日，留醉與山翁。
>
> —— 王維《漢水臨眺》

　　漢江河，正稱漢江，又謂漢水，是長江最大的支流，長一千五百多公里。漢江流經陝西、湖北兩省，在武漢市漢口匯入長江。在古人眼中，天地是對應的，他們認為漢江對應的是銀河，所以，古時人亦稱天上銀河為雲漢、銀漢等。漢江河孕育滋潤著萬千生命，但同時，亦曾因泛濫帶來巨大災難，於 1983 年，安康市因漢水泛濫帶來巨大災難損失。

　　故事從父輩的家鄉洋縣作為起點，時間是 2017 年隆冬。洋縣，隸屬於陝西省漢中，而漢江則由西向東，經洋縣流向石泉、安康等地，剛好也是作者家族歷史相關連的幾個重要之地。文章由長輩們講述作者祖父出生開始，大

概是清朝同治或光緒年間，素材平和樸實，同時道出了由清末到民國到國共內戰再到改革開放，社會上的變化，百姓生活在這時期的點點滴滴。而故事亦通過做訪問其他各長輩親友，細緻描寫由祖父輩到父親再到吉家五姊妹的際遇及經歷，波折的過程中充滿機遇及奮鬥。

作者利用了五年時間，穿行於漢江沿岸，進而由陝北窰洞到西安高樓，探訪各前輩長者們，為的是瞭解記錄在他們年代，在他們身邊發生或遇到的人，物，事。這書的目的，不在於尋找先輩們的「根」，而在於感受到他們對家人，家鄉的那份「情」。

人生路上，家鄉的人或情，會一直刻在記憶裡，不一定時常帶著，但當偶爾在那一刻想起時，即使忘記了的聲音，忘記了的笑容，忘記了的臉會重新浮現，而那種親切感覺，是永遠不會改變。

崔國昌
2022 年 9 月 5 日於香港

自序

這是一個來自秦巴山漢江河邊小人物們的故事集。

攤開中國地圖，在黃河和長江之間，有一條地理上的南北分水嶺——秦嶺和淮河。秦嶺橫穿陝西省，綿延數千里，往北出終南山，進入中原地區；再往北越過北山就是陝北，有黃土高坡和黃河。秦嶺以南是個盆地，漢江水蜿蜒流淌在秦嶺和巴山之間。

陝南的安康和漢中，都是非常獨特的地方。或許由於地處陝西、四川和湖北三省交界，儘管行政上歸屬陝西，但人文地理都與秦嶺以北的中原地區截然不同。例如氣候接近湖北，飲食習慣緊隨四川，漢中及安康一些縣市的方言更與川音相似。我相信這種不同的形成，相當部分來自於漢江河。

2005 年中秋節翌日，在我大姐的喪禮上，表叔把幾冊厚厚的手稿交給我，說是我父親 2001 年去世前交給他的。那是父親退休後整理的書信集，絕大部分是我和四姐離開安康後寄回家的，他按年月日編排裝訂成冊，珍藏多年並跟最信賴的表叔和堂叔傳閱分享過。表叔說，本來他想慢慢整理成書，再交給我大姐燕玲的，未料大姐四十九歲英年早逝，萬分傷懷。他決定直接交給我，囑託我最好連同家族歷史一起整理成書，以便留存紀念。我答應了，並且跟姐姐們分享了這個計劃，要把父輩們及我們這一代的故事一併整理出來。

一晃 17 年過去了。原以為是很輕鬆簡單的事，然而當

真正著手收集資料，嘗試瞭解父輩們生活當年的歷史背景時，越來越發現這是一份多麼沉甸甸的承諾！這些年，我們兄弟姐妹結伴同行，走訪陝南漢江河邊的洋縣、石泉、安康，以及陝北的長輩們，慢慢傾聽他們的口述，仿佛打開一扇扇落滿塵埃厚重的歷史大門。

每位受訪的長輩都給了超乎想象的熱情回應，令我們十分感動。解開塵封的記憶，思緒回到火熱的青春年代，他們目光裡閃耀著愉悅，一次次震撼了我，百感交集。對於長輩們而言，往事並不如煙，原來只要坐下來耐心傾聽，就是對他們致敬和感激的最好方式，也是對彼此最大的慰藉。

您說，我們聽著呢 —— 那些無處安放的記憶，終於可以這樣認認真真、結結實實得以交收，彼此共情，彼此解鎖，找回了交集點。我們每次都暫時忘卻整理這件事，專注地聽他們酣暢淋漓盡情地傾訴，思緒相伴走入時光隧道，回到他們的年代和他們的故事現場，任憑歡笑淚水流淌，感動他們的感動。在那裡我們與父母重逢，也重新認識了自己。

17 年間很多人離開了，例如表叔走了，今年七月張姨也離世了。又有很多人走進了我們的生命，例如詩潔、諾諾、果果和蹦蹦跳跳兄弟。大時代的車輪轟隆隆走過，如滾滾洪流；小山城平凡人的故事不斷更迭，恰似漢江河靜靜流淌，生生不息。

我們都生於斯，長於斯。時代會斷裂，愛和記憶不應該斷裂。

每個人的心田都會預留一個神聖的地方，安放值得尊

敬和深愛的人和事。那些曾經來過、熱烈而努力地生活過、深愛過我們的人們，連同那令人魂牽夢縈的故鄉河，值得永遠住進我們的心田，生根發芽，開花結果，枝葉茂盛。

小吉
2022 年仲秋於青衣

引子

　　院子裡的月季花開了，粉紅色大朵大朵掛滿了枝頭，香氣撲鼻。燕群把車停好，踩著高跟鞋走過來。進辦公樓前，忍不住掏出手機走近花朵，咔嚓咔嚓拍了幾張。她閉目來了個深呼吸，花香沁入心扉。今天是穀雨，春天最後一個節氣，清晨聞花香，沒有什麼比這更讓人心情愉悅的了。

　　她繞道走近辦公樓側面的一棵桂花樹下，抬頭瞅了瞅，確認那個蜂巢還在。去年夏天這裡發生了神奇的事情，辦公室的年輕人們都來報告，說院子裡發現巨多蜜蜂飛舞，有棵樹杈上竟然發現一個大蜂巢。誰也不敢隨便亂捅「馬蜂窩」，只好過來問董事長和總經理怎麼辦。大家都跑下樓看熱鬧，都沒見過這麼多的蜜蜂，膽小密集恐懼症的，甚至有些驚恐不知所措。燕群也懵了，不敢輕舉妄動。她突然想起一位農林局的朋友，打電話諮詢一下也好。也是碰巧，農林局的朋友剛好認識養蜂場的人，一個電話，不久養蜂專家就帶著全套工具趕過來了。

　　門衛招呼著進了百惠園，群拍手迎上前：「太好了！趕緊想辦法把蜂巢安全移走！」

　　養蜂人說：「不急不急，小事一樁，放心吧！」繞著桂花樹仔細檢查後，嘖嘖稱奇：「恭喜你們啊！這是土蜂，是吉祥的蜜蜂，按農村人說法，土蜂來家裡築巢是好運的徵兆哩。端走蜂巢不難，不過能飛來築巢可是緣分，建議你們自己留著，我可以隔段時間來護理一下。」燕群驚奇

得瞪大眼，哈，還能養蜂？這倒是從來沒想過。養蜂人的
「好運蜂」之說她半信半疑，但覺得確實很有趣。她還是
很相信「緣分」這回事的，世界上確實沒有什麼是無緣無
故的。既然養蜂人說能留著，那何不嘗試一下呢？於是就
這樣，蜂巢留在了百惠園。

自打那之後，園裡顯得生機勃勃，院子裡的花兒越開
越旺。到了秋冬時節，養蜂人來清理蜂巢，竟然割出十斤
蜂蜜來。這令百惠園熱鬧起來，所有人都喜出望外，燕群
把蜂蜜小心翼翼地分裝在玻璃瓶，送給親朋好友們。開水
衝開就能喝，這可是純天然自家養的蜜蜂的蜂蜜呀！多了
親切感，味道似乎也變得格外香甜。

燕群站著出神，眯著眼睛望了一會兒，嘴角上翹，笑
了。耳畔回响起養蜂人說的話，這巢土蜂確實帶來了好運。
光看這些花兒，開得姹紫嫣紅的，蜜蜂們的功勞肯定最大。
她不由得在心裡念叨了一句：「謝謝啦！」然後昂首挺胸，
迎著彌漫的花香，「蹬蹬蹬」地走進了辦公樓。

同事們陸陸續續上班來了，燕群換好紅色運動服和白
色球鞋，準備下樓。每天早上七點，她都準時跟大家一起
做廣播體操，新的一天即將開始了。

第一章：洋縣到石泉

第一章｜洋縣到石泉

冬天的午後，陽光明媚。

從洋縣城到石山下的祖屋，吉家姐妹們小時候跟著大人走過很多次。

坐在後座的秀興致勃勃，正給身邊兩個姐姐描述 1983 年她在書院中學上學的那段日子，每星期如何在路邊攔截順路的拖拉機，走這條路回家。那是一條遙遠而泥濘的爛路，顛簸的節奏配上突突突的柴油機聲，夾雜著難聞的柴油味，緊抓著車邊，五臟六腑依然都要抖落出來的記憶實在太深刻了。

現在是 2017 年 12 月 27 日，驅車一路暢通，竟不過十幾分鐘就到了，真是不可思議。沿途風景似曾相識，卻又顯得陌生，一座座拔地而起的新樓跟記憶中的畫面無法對接。燕群和燕萍思緒也開始翻滾，有些按捺不住的激動。

「看，牛頭坡呀，立新外婆家就在那邊！」

燕萍指著右邊遠處一座山包，興奮地叫了起來。立新是她的四妹夫，老家也是洋縣的，就在城邊。

汽車繼續向前行駛，三姊妹的記憶逐漸也清晰起來。燕萍又指著左邊山坡：「小時候我們經常爬這座坡的！」她上小學時曾被送回洋縣，由外婆帶了好幾年。2001 年母親去世前兩天夜裡，還跟她憶述這一段往事，特別提及自己當年因生活太困難，沒能把燕萍留在身邊親自照料，一直耿耿於懷。母親在奄奄一息中，黯然神傷，哽咽歉疚。母親去世後，每每想起此景，燕萍都潸然落淚不能言語。

　　吉家五姊妹中，燕萍排行老二，母親生前總誇她細心體貼，思慮周全。確實，她心思細膩，孝順也是遠近皆知的。對晚年病榻中的父母，她更是無微不至，照顧得義無反顧。兒時那段農村生活經歷，母親多次提到，她自己一直不以為然，因為的確從未有過絲毫葛藤，是母親對自己太過苛責，反而讓她過意不去。她當然從未與家人疏遠感情，相反，她覺得那時養成任勞任怨的堅韌品格，成為自己安身立命之道延續至今，她自己對父母感激還來不及。自從大姐走了之後，家裡姊妹中她成了最大的。她暗暗地以父母和大姐為榜樣，無論老幼，大人小孩子，每個人她都惦記和操心。

　　這次小妹燕秀從香港回來，相約回老家探訪長輩們，她和三妹燕群一拍即合。在安康休整了兩天，說走就走。

1. 石山下

　　「山那邊有座孤魂廟，還記得吧？」

　　這個廟名，三姊妹都有記憶。因為廟裡有所小學，海清大大曾在那裡教過書的。秀更是刻骨銘心，因為有一次海清大大騎自行車帶她去學校，路過中途小河時，不慎連車帶人摔倒在河裡。秀從自行車上掉下去，水倒是不深，但下巴被河裡的石頭磕破了，血流不止。海清大大慌忙撈起人來就送到學校，拿紗布糊上土黃色藥膏貼上，才算是止了血……

　　秀一邊嘟囔著，一邊仰起脖子，摸著下巴的傷疤給姐姐們看。觸景生情，每個人的記憶都漸漸復蘇了。

海清大大站在村口路的盡頭，朝著車高舉手揮舞著。路旁有一棟新式三層樓房，後面不遠處有一幢殘舊的土牆瓦房——那正是吉家姊妹們記憶中的祖屋。據說這間大屋是上世紀五十年代，父親回鄉把全村青年壯漢、遠近的泥瓦匠、木匠都叫來幫著蓋起的。當年方圓幾十里，大部分人家住的都還是茅草房，新屋上樑、封頂時，可是熱鬧風光極了。

「嘿呀！哪陣風把你們給吹來了！」

海清大大滿臉歡喜迎上前來，笑得合不攏嘴。他剛過六十五歲，個頭不高，濃眉大眼，清瘦但很結實精神。牙齒幾乎快掉光了，鑲的假牙有些鬆動，說話時上下碰撞，咯咯作響。

姐妹三人歡呼著連蹦帶跳下了車：「想你們咧麼！二媽！二媽呢？」

「來咧，來咧！」海清的妻子——吉家姐妹叫「二媽」的志清，此刻從房子裡走出來，拿圍裙擦乾手，興高采烈地打招呼。她個頭很高，跟丈夫都差不多了，說話中氣十足，語氣中帶著一股豪爽。姨姪擁抱寒暄過後，在院子裡支起一張小桌子，志清給叔姪們斟了幾杯茶，就去廚房裡張羅吃的了。廚房裡的大灶台開著風箱，燒著茅草，正在燉肉。

秀開門見山，說明這次來意，主要想聽海清大大講述吉家故事。

「我爸媽在世時，我們姊妹幾個斷斷續續聽過一些，但是從來沒機會完整聽過。大姐記得的恐怕最多，可惜她啥也沒講也走了。這次想完整地聽你講一遍，行不？」

燕秀的話音未落，海清不假思索拍掌：「咋不行，好得很，這件事好得很麼！你隨便問，我啥都記著哩！」

多年不見，海清滿肚子的話正愁不知道從哪給侄女們說呢。他好像莊稼漢坐在久旱的田邊，一直等著落雨天。又好像替人收藏了多年的佳釀，早就等不及拿出來開瓶暢飲。順著大家提出的問題，他緩緩打開那樽陳年老酒。

吉春山和全福

我們的祖父姓吉，名春山。大概是清朝同治或光緒年間出生的，具體誰也說不清了。那代吉家有四兄弟，春山排行老大。春山的老婆，也就是我們的祖母，名叫鞏秋香，是從龔家槽嫁過來石山下的。

春山的二弟名字不詳，我們只記得叫二爺。二爺有個兒子吉全明，孫子吉成斌，村裡人都叫他「臭婆娘」。這名字聽起來粗俗，其實在農村見多不怪。因為以前農村生活困苦，小孩常常夭折，生下來怕養不活，所以故意起一個卑微粗賤的小名，例如牛娃、豬娃，相信這樣會容易養活。「臭婆娘」大概也是這個意思，果然不僅養活了，而且很快就長得三大五粗。

「臭婆娘」這個人很活套，開過拖拉機，在村裡吃得開。可惜姻緣方面強差人意，一直不順，娶過三個老婆。第一個老婆生了個兒子，年紀輕輕就得心臟病死了。第二個老婆年輕貌美，可惜跟兒子相處不來，住在一起沒多久，就被兒子給氣跑了。2016年第三次結婚，也是好景不長，過了一年就離婚收場，又回到光棍生活了。「臭婆娘」的兒子吉鵬，現在石山下村承包了個有機養雞場，就在有朱

鵲的小河邊。辦養雞場是村裡鼓勵的，土地租金有特別優惠。他家養的都是跑地土雞，專門供應給城裡，所以能賣上好價錢。

春山的三弟名字也不詳，我們叫三爺。三爺家大兒子吉全榮，早年就離開洋縣去了西鄉，全榮家人丁興旺，有吉惠娥、存娥、成章（小名瓜蛋）、成武（小名水成）、成軒。三爺家二兒子吉全珍，膝下有兒子吉長德、長福及女兒翠娥、翠花。

春山的四弟名字也不詳，我們叫四爺。四爺家的兒子吉全仁，村裡人都叫他「羊爺」，離咱家不遠。「羊爺」的兒子吉新明是 1966 年出生的，小時候跟秀還經常一起玩呢。嘿喲！你看你看，咋說曹操曹操就到了，那不是新明麼？新明，你趕緊快過來快過來，老五她們回來咧！秀你五六歲時回鄉住過一段日子，你倆可是一起玩過的，還記得不？哦，你咋好像啥也不記得了呢。

當年村裡講究小孩出生後，除了自己父母，要再認一個乾爹，俗稱「保命乾大」。我的「保命乾大」就是三爺的大兒子吉全榮。因他家老三瓜蛋的小名叫「水清」，所以全榮大大就給我起個小名叫「海清」，說是安了個「清」字，意思跟「水清」同族同輩，而且「海」要比「水」更廣闊宏大。估計是他們對我寄予厚望，這個名字是希望我更有出息、更能包容吧。

我們自家的親爺共有三個子女：老大全福、老二全貴、老三是女兒雪珍。全福的膝下有個獨生子成祥，小名「車娃」，是我堂哥，也就是你們五姊妹的父親。全貴就是我父親，生下我姐海棠和我。雪珍嫁給了劉家坡的人家，膝

下也是一個獨生子劉興治。也就是說，我爺家到了我們這一代就是四個堂表兄妹：車娃堂哥是老大，然後是興治表哥，再就是海棠姐和我了，大家往來很密切，幾乎就是一家人，情同手足。車娃哥參加工作後，去了陝南，興治表哥隨後也跟隨車娃哥去了石泉。

我大大吉全福，是清末宣統或民國初年出生的。民國肯定有戶籍或家譜的，可惜早已失傳，沒有確切的記錄了。不過，按當時鄉下早婚早育的習俗推算，尤其作為家族的長孫，一般肯定備受長輩們關注寵愛，通常是十七歲結婚，十八歲生子。因此從車娃哥的出生年月推斷，全福大大應該是民國三年即 1914 年出生，1931 年十七歲結婚，1932 年十八歲時誕下吉成祥的。

據說全福大大當年上了四年小學，在村裡是出了名的聰明，學啥會啥。有很多關於他的奇聞逸事，其中最經典的一段，據說有一次他去大買主家跑買賣，教書先生正在給買主家兒子教算盤，他趴在樓上地板縫看著偷學，結果很快就學會了。無師自通學會了打算盤，甚至還能雙手同時打，遠近的人無不嘖嘖稱奇。這一技之長，為他後來人生帶來了很多好機會。

1915 年 2 月，民國政府公佈了《權度法》，宣佈開始過渡度量單位。當時沿用的仍舊是滿清時代的度量單位，例如斤、兩、錢。到了 1918 年，國民政府又公佈了《中華民國權度標準方案》，規定公制和市制並行，度量單位大幅改制。十六兩改成十兩，一斤等於一斤三四兩。

改朝換代時，這些度量衡的新舊換算跟老百姓生活息息相關。因為有些複雜，好不容易實施了十幾年，仍然有

很多人算不清，經常混淆。精通算盤的全福大大，上小學時就經常為村裡交租算帳解難，自然變得備受器重，才十幾歲就成了當地的「算帳先生」，頗有威望。

　　大概正因為如此，遠近來給全福說親的人絡繹不絕。但一直沒有合適的，最後是薛家砭一位對全福頗為欣賞的教書先生，把孫女許配給了全福。薛吉兩家結親的消息，當年被傳為佳話。因為薛家也是大戶人家，世代家境富裕，經營各種店鋪，茶樓餐館，不乏讀書人和手藝人。那位教書先生的兒子，也就是全福的岳父，是個木匠。我們都叫他「外爺」，他臨死前把一套木匠工具傳給了女婿。全福沒有正式拜師學過，把一套工具拿回家反復琢磨一段日子，竟然也學會了。所以全幅不僅會打算盤算帳，還懂木匠活，在當時是名副其實「文武雙全」的有才人物。

　　薛家的姑娘跟吉全福結婚後，1932 年農曆四月九日生下車娃哥，也就是你們的父親成祥。吉家上下歡天喜地，大宴鄰里鄉親。可惜薛家姑娘體弱多病，產後受感染，不久腰間便長了一種惡性瘤瘡，環繞腰間，奇癢無比，痛苦不堪。請了好多大夫都治不好，說是「打手連心臟」。可能就是現在知道的「帶狀疱疹」或紅斑狼瘡之類的，在當時屬不治之症。久治不愈，1933 年終於含恨而逝。可憐車娃哥那年才一歲多。聽老人們說，當時車娃哥懵乎乎，不知道母親已撒手人寰，爬在母親懷裡哭著要吃奶，見者無不心酸掉淚。

　　全福在短短兩年多時間裡，經歷了結婚、生子、喪妻的大起大落，備受打擊。他對結髮妻子很有感情，一直念念不忘，曾經意氣風發的他，一度情緒低落、消沉。雖然

仍很年輕，但終身未有再娶。妻子死後，他對薛家竭盡孝道，覺得歉疚，為保持兩個家族的關係，讓兒子記得生母，他答應岳丈，等車娃長大了，還是要迎娶薛家砭的姑娘。

車娃

車娃哥雖然沒了娘親，但深得祖母疼愛。祖母親自帶養，而且讓全貴媳婦給車娃餵奶，因為當時全貴家剛好海棠出生，有奶水一起餵養。全福在家人的寬慰下，終於走出困境，重新振作精神發揮自己的技能，養活全家人。民國年間他一直是村裡的保長。解放前幾年，國民黨四處拉壯丁，他憑藉聰明才智斡旋其中，保住不少村人的命脈。但民國政府執政後期，拉壯丁越來越頻繁和瘋狂，國民黨下達指令逼他必須交人出來當壯丁。他覺得把誰家的兒子交出來都是害人家，索性辭退不幹了。全福除了會算帳做木匠活，還給人教過書，替人寫文章。他還曾經把石膏磨成面，四處給人補碗，拿鐵皮做洋芋叉子，換取糧食。

車娃哥從小就備受大家的寵愛，跟全福大大一樣也很聰明，是出了名的「搗蛋鬼」。他從小行俠仗義，在同齡人中是眾人心服口服的「領頭羊」。跟他最要好的是「羊爺」全仁，其實按輩分來說全仁是他的長輩，但因年齡接近，所以就是「兄弟」，上學放學都在一起。

有一次兄弟倆跟著一幫同學路過村口烤肉店，眾人聞到肉香，饞得直吞口水。車娃也走不動了，一聲豪氣：「我請客，隨便吃！」店主認得這是吉家大少爺，自然沒有懷疑，也不敢怠慢。可是眾人吃完一抹嘴，都傻眼了，車娃根本沒錢。怎麼辦？車娃一揮手，說你們幾個在這裡等一

下,我回去拿錢,很快回來。車娃帶著全仁,離開烤肉店鑽進門口耍點子牌的賭攤,圍了上去。憑藉過人的心算能力,連連糊牌,全仁負責收錢,拿衣服兜著,很快就裝滿了票子。賭攤上輸了錢的人臉色鐵青,眼紅越來越難看。此時一位熟人大大剛好路過,瞅見車娃和全仁,大聲吼嚷:「你個瓜慫還不趕緊跑,歇火等挨打麼!」兩人如夢初醒,慌忙拔腿就跑,去烤肉店付了肉錢,把苦苦等候的同學贖出來,卷起剩下的票子一路飛奔回家。這件事很快就傳開了。

1949 年全福三十五歲,車娃哥十七歲。國共內戰已到後期,解放軍從北方一路打過長江,幾乎解放了全中國。胡宗南部隊節節敗退,1949 年 12 月,洋縣行政變更。車娃哥在洋縣中學念完高中,這年考上了陝南公學,熱血沸騰的他回家告訴家人,要離開洋縣去參加革命工作。

薛家砭的蘭娥

車娃哥是薛家的外甥,雖然他母親很早過世,但從小就經常去薛家砭的鋪子玩耍。也就是在這段時間,他與薛家姑娘蘭娥邂逅了。也許是家中唯一女兒,薛蘭娥在父母眼中可是掌上明珠,備受兄長們疼愛。她面容清秀,聰慧又好強,有一點恃寵而驕,不把所謂的富家子弟們看在眼裡。多年後,車娃哥自己承認,就是蘭娥身上這種與眾不同的倔強氣質,引起他的好奇。

薛家也秉承家族生意,有彈棉花機、染坊,據說還設過賭場,在小河邊做生意。1949 年後隨著一連串「地富反壞右」運動、大翻查行動,薛家被認定為富農,大部分

財產自然都被沒收充公了。

薛蘭娥家姊妹四人，她排行老三。小時候家境優越，解放後家運陡轉急下，結果兄弟們的生活也很清苦。大哥是木工和泥瓦匠，解放前後患急性病傷寒死了，媳婦離家出走後再無音信；父親和二哥在六十年代初自然災害期間相繼病逝，二哥留下了兩個兒女寶花和寶銀。弟弟蘭進的妻子是個啞巴，生了兩個兒子寶珠、小珠，還有個女兒蛋娃。

車娃哥對蘭娥的心思，得到了全福的支持同意，經媒人撮合很快就訂了親。當車娃要離開洋縣時，吉家和薛家都很擔心，要求他必須在走之前成婚，免得將來變卦而毀婚約——這在當年也是屢見不鮮的事情。在農村很多人接受父母指婚，聽媒妁之言，自小訂的「娃娃親」，離鄉進城後，又重新結婚，或者納妾享受「齊人之福」。

1949 年全福大大為車娃操辦了婚事，正式迎娶了薛家砭的姑娘薛蘭娥。婚後車娃哥就離開了，他先在洋縣城住了一段日子，蘭娥在鄉下。每月回家一次，給妻子灌輸了很多新思想，不讓她纏足，還偷偷帶她去很遠的地方看大戲。本來從小就被家人寵愛、嚮往自由的蘭娥嫂子，不大適應吉家的舊傳統，不喜歡婆婆那些「三從四德、逆來順受」的觀點，經常發生摩擦。丈夫不在家的時候，她經常跑回娘家。這一點任性，得到了充滿革命思想的車娃哥全力支持，甚至不惜在大家庭公然為妻子「護短」，跟父母爭辯甚至翻臉。

車娃哥本來打算等完成學業後回家繼承家業，但因考上陝南公學，決定離開洋縣投入新生活，說是要去參加新

中國建設。1950 年陝南公學畢業後，先後去了安康的漢陰、寧陝和石泉。

參加工作後的車娃哥，每個月都寄錢給家裡。1954 年蓋新房的事情可是很轟動。當年村民們住的都還是茅草屋，他一手蓋起全村第一所大瓦房，氣勢恢弘。

婚後蘭娥嫂子曾生過一個兒子，可惜七個月就夭折了。這件事對嫂子打擊不小，也落下了一些病根兒。1956 年嫂子去寧陝跟車娃哥團聚。這年，全福大大得了腸胃病，每次犯起病來，痛得在地上打滾。這一年他不過才 42 歲，卻是要獨自一人撐起全家，身心疲累。想起喪妻後一路而來忍受的苦楚，如今兒子在外也功成名就，他已了無牽掛，好強硬氣的他，為了不給家人增添負擔，冬天的某個夜裡自縊而絕。事件震驚全村。車娃哥人遠在寧陝，因為車路不通且嫂子已有身孕，祖母怕驚動胎兒，硬是壓著不讓給車娃發喪。過了幾個月後車娃哥才得悉噩耗，因為未能奔喪，他久久難以釋懷，遺恨多年。

五千金

1957 年 4 月 27 日哥嫂在寧陝生下燕玲，小名喚作「玲娃」。兩年後的 1959 年 7 月在漢陰誕下二女燕萍。蘭娥的母親來石泉陪伴女兒，照料坐月的蘭娥和兩個外孫女。

1960 發生天災人禍，是生活最困難的一年，餓死很多人，薛家砭也不例外。蘭娥父親、二哥都是在這一年相繼病逝，據說跟饑荒有關係。1962 年農曆九月在石泉誕下三女，小名「燕燕」。

當時生活相當清苦，吉家還算是相對好些的。1964 年

成祥每月工資是 64 元 8 毛，在當年算是高工資，養活六口之家，還省吃儉用寄錢回石山下接濟老家人。

農村的思想觀念還很守舊、傳統，吉家祖母盼著蘭娥嫂子生個兒子。來自大家庭的壓力，困擾了車娃很多年。文革初期，在風聲鶴唳的 1966 年除夕，安康城土地樓誕下第四個女兒，取名「琴」。車娃和蘭娥都開始相信命運的安排了。1969 年這個命運的安排，似乎再次驗證了他們的猜測。當時吉家住在龍窩街大院的平房，蘭娥已在縫紉廠上班。農曆七月十四日那天，蘭娥開始陣痛，自己趕緊提前下班去了醫院，結果順產，可惜誕下來還是個女兒。蘭娥徹底認命了：「不管了，這就是我幺女了！」。

這個「幺女」，就是老五秀。說來也巧，這年蘭娥 36 歲，大女玲娃 24 歲，加上幺女，按照十二屬相算，三個人剛好都屬雞。農村裡有一句話叫「一家有三相，神鬼不相撞」，意思是家裡有三個人同屬相的話，就會平安吉祥。加之秀出生的日子七月半，俗稱「鬼節」，據說這天出生的人命硬。

車娃哥在當時恐怕難免還是有些失望的。後來得知，他單位有一位同事姓張，家裡竟有五個兒子，一直想要女兒不得，跟他家剛好相反。張家曾經半真半假開玩笑，說想把張家小兒子建軍跟秀調換。

此事自然是未成，說到底誰肯拿自己的親骨肉換呢？肯定堅決不答應，而且哥嫂對五個女兒的寵愛日漸俱增，逢人自豪地稱「俺家有五千金哩！」他們是真慶幸沒得兒子，否則肯定難免偏心，那麼其他女兒就會受委屈。哪怕是假設一下，也會讓他們不捨。悉心栽培下，這「五朵金

「花」各自綻放，確實勝過千家萬戶的兒子了。

海清大大

現在該說我自己了。我 1952 年 6 月出生。堂哥車娃比我大整整 30 歲，他在外面做事，見多識廣，是全家的頂樑柱，所以對我來說他絕對是「亦兄亦父」。

我從孤魂廟小學畢業後，入讀洋縣中學，也是堂哥的母校。堂哥一直都是我們後輩的偶像，從小到大聽他和表哥興治講述走南闖北的新鮮事，一直無比羨慕和崇拜。堂哥的大女燕玲，其實比我小五歲而已，輩分是姪女，實際上就跟妹妹差不多，而且是比我有主見的妹妹，我們從小一起玩大的。

我在石山下村，一直被人家說我心高氣傲。仔細回想一下，可能就是因為跟堂哥表哥燕玲在一起，耳濡目染，肯定跟其他鄉下人見識不在一個層次，也從來沒把其他人放在眼裡。我嚮往跟隨他們出去闖蕩世界，車娃哥確實也一心想讓我去安康。可惜天意弄人，講起來故事一籮筐，總之幾十年間不是鬼使神差，就是陰差陽錯，我失去了一次又一次機會，愣是沒成事。

先是 1969 年車娃哥委託好友，介紹我以知青上山下鄉名義去安康工作，人家專程寫來介紹信，邀請我速去安康。可是偏偏那年，我被一個同鄉朋友給扯了後腿。這個朋友拼命挽留我，說他有個「偉大的革命計劃」，發誓推翻當時的「當權派」，自己上台當村支部書記，叫我跟他一起在家鄉做大事，別去什麼外地工作。當年十七歲的我，被這傢伙崇高偉大的理想打動了，從小學到的那些轟轟烈

烈、拋頭顱灑熱血的英雄故事浮現眼前，那位朋友簡直就是英雄領袖的化身，恨不得腦幹塗地也在所不惜。

為實現偉大計劃，我們需要巴結周家坎的袁村支部書記。朋友想出計謀，讓我假扮追求袁家女兒，事成之後，保送我去上工農兵大學。於是我頭腦發熱，竟然寫信拒絕了堂哥發來的工作邀請，言之鑿鑿信誓旦旦，表示要跟朋友一起為「革命理想」奮鬥到底，不能計較個人得失。車娃哥收到我的回信，據說在家氣得捶足頓胸，連聲責罵，估計要是我在場，恨不得扇我一串巴掌，拿棍棒敲醒我。可是當局者迷，我真的鬼迷心竅，激情萬丈的傻瓜小子，壓根兒聽不進耳任何人的勸解。可能很多年輕人，都有一段時間會稀里糊塗犯傻！只是我犯傻的經歷不止一次。

結果當然是一事無成。我們要「打倒」的那個姓袁的家庭背景很厚，在當地勢力很強，江山穩得很，我們簡直就是不堪一擊，朋友被抓去接受思想教育，計劃全部泡湯。

最慘的是我。我根本不喜歡周家坎那個女人，為了革命假裝訂了婚，可如今革命沒成，婚事對方卻是認真的。我惴惴不安，一心想著怎樣解除婚約。當時袁家說要送彩禮，我就推說自己沒錢，想以此讓對方知難而退。不料人家毫不介意，滿心歡喜答應就訂了婚。這下徹底弄巧成拙了，提出解除婚約屢次三番都不爽，反而遭到對方嚴詞威嚇，說毀婚約等於犯罪，我簡直是一愁莫展。確實在那個年代，壞了女孩的名聲就是十惡不赦，為了此事，全村都鬧得沸沸揚揚。

1969 年蘭娥嫂子生下秀之後，患了肺氣腫。我母親，你們叫她二婆的，當年接到鄉親帶回石山下的信，二話不

說起身就去了安康。車娃和蘭娥要工作，還要照顧五個娃子，疲於奔命，確實忙得轉不過身，她在家幫忙過了年。第二年從安康回洋縣時，乾脆把燕萍、燕燕帶回洋縣了。

1972 年 7 月 20 日 我從洋縣中學畢業。當年全國上下正值批林批孔運動，回到鄉下宣教團就給了我十三份資料，讓我去給各村講解批鬥運動的精神。車娃哥再次來電催我去安康，說這次想辦法搞到了一個招工名額。我喜出望外，心想終於又有機會了。這次沒有耽擱，毫不猶豫坐火車到了安康，一門心思開始張羅戶口調動的事情。

那年秋冬，我在安康住了半年，這大概是我人生中最快樂的一段時光。二十歲的我，對未來充滿憧憬，也邂逅了遠親敏蘭。本以為戶口調動好之後，1973 年正式上班，就可以展開美好的人生。不料左等右等，戶口怎麼也轉不去安康。

究竟為什麼？故事得倒回去說了。就是因為訂了婚，袁家的支部書記怕我離開洋縣跟他女兒一刀兩斷，就利用職權扣押了我的戶口，死活不讓轉去安康。還四處張揚，說她女兒跟我已經訂了婚，彩禮只給了 80 元錢他們都沒嫌棄，罵我忘恩負義，是現代的「陳世美」—— 那個京劇裡出了名的負心漢。我真是啞巴吃黃連 —— 有苦說不出，證據都在人家手裡，我完全就是百口莫辯。於是就這樣，眼睜睜地，我又錯過了第二次去安康的機會。

1973 年初冬，招工名額過期，我終於絕望了，垂頭喪氣地離開了安康。記得臨走那天，是敏蘭送我去的車站。那種百般不捨的傷感，和五味雜陳的無奈，至今歷歷在目。天意太捉弄人了，情深緣淺，說的就是我。

孤魂廟

我從安康悻悻然回到洋縣石山下，在孤魂廟小學當起了教書先生。很惱恨自己少不更事犯的錯，跟袁家當然是翻了臉，更不可能就範去當什麼豪門女婿了。我還是不甘心，等待下個機會。兩三年後，機會果然來了。

公辦學校紙坊中學有人來邀請我去紙坊任教，我又燃起了希望。興沖沖正準備要去呢，結果遲不來早不來，此時又發生了一件意外，徹底粉碎了我的夢想。

當時正值文革，各地武鬥頻頻發生，鄉村也不例外。有一天，駐紮在鄉里的武裝部部長發現手槍不翼而飛。偷手槍可不是鬧著玩的事情，一時間鄉里氣氛高度緊張，武裝部上級直接下命令，要求部隊官兵緊急修路、打院牆，嚴加防範。由於村裡勞力不夠，小學的師生們也加入了修路工程。

這天，我帶領學生們去修路。途中我班上的一個男生跟鄰班的一位男生不知為何發生摩擦，你一言我一句吵了起來。我上前把倆個人都批評了幾句，不料鄰班的老師走過來跟我爭辯，維護他班上的學生。在激烈吵嚷之間，難免你推我搡，對方出手推了我一掌。年輕氣盛的我哪能吞下這口氣，忍不住回敬了他一拳。老師們呼啦啦都圍了過來，看熱鬧不嫌事大，紛紛起哄叫喊：「幹仗！幹仗！」這下騎虎難下，我們兩個扭打在一起。

很快不僅驚動了周圍鄉親，武裝部也來人了，這才勸開了我們，自然是被一頓狠批。事後公社書記找我談話，說：「這次是你惹了禍。不過，學校給你頂住了。咋說呢，

也多虧你們這件事，武裝部下令了，讓公社以後不許派學校的師生修路。所以上級批示也下來了，你可以繼續留校任教。」

這件事情成了我的污點，對我影響很大。本來想去紙坊中學的事情也徹底泡湯了，我別無選擇，只好留下來繼續教書。但更加心灰意冷，人在曹營心在漢。

車娃哥回來聽說後，氣得跺腳罵我，訓斥我太衝動不爭氣，也不懂愛惜自己的聲譽。他勸我最好離開是非之地，出去換個環境，做什麼都行。他很少求人，但是為了我，再次找當縣委書記的老同學，低聲下氣求人家給我安排轉工作。這位書記嘴上倒是爽快，說當年招工指標沒有了，答應第二年招工指標下肯定來給我安排。可惜，或者說根本就是意料之中，還沒到年底這位書記就被調走了，聽說去西鄉當什麼書記了。於是，離開石山下村的事情又黃了。有時候，你不相信命運就是不行。

1974-1975年車娃哥把秀送回洋縣，叫我在家裡幫忙照應一段日子。那年我還在孤魂廟學校教初二的學生。平時我母親照顧秀，我沒課的時候，就帶她四處遊蕩。記得最遠去過四零五廠，看過京劇的樣板戲《沙家浜》。

秀才四五歲，我教她學認字。按照當時小學的習慣，一開始先是教「毛主席萬歲」「共產黨萬歲」「爸爸媽媽好」，嘿，這秀娃記性好得很，一看就記住了，字寫得也很工整。

去孤魂廟小學上課，也常常帶著秀。我主要教數學，兼任過副校長。說起這個孤魂廟，在洋縣石山下可是老早就有了。據說是為了紀念黃巢起義時冤死的鬼魂蓋的，所

以整個村子都叫「孤魂廟」村。村名早就改了，現在叫「文同村」。據說「文同」是蘇東坡的表親，考古發現附近有個「文同祠廟」，所以村名就改為「文同村」。近些年這附近還在繼續考古挖掘，聽說政府要投資十幾億元，打造文化村。

我的命運，直到1977年才真正有所改變。毛主席周總理相繼去世後，「四人幫」倒台了，全國發生了翻天覆地的變化。鄉里的舊班子終於也下台了，年輕人上台執政。

我不失時機地向村政府再三反映，請他們調查之前的當權派們如何公報私仇，打壓欺負老百姓，請他們為我主持公道，還我自由。村上還真的派人去周家坎調查了一番，最終我跟袁家女兒徹底解除了婚約，終結了這段本來毫不相干，卻糾纏了八年的關係。

在那之前我從學校已經辭了職，成為村醫療站的一名赤腳醫生。1977年長夫大大為我平了反，恢復了名譽，建議我還是返回學校教書。

可惜當年的我，目光太短淺。比較了一下教書每個月才補助八塊錢，醫療站補助有十塊，就為這兩塊錢，我竟然選擇留在醫療站。後來追悔莫及，民辦學校很快就轉為公辦學校了，老師的工資一下子三級跳，直接到二十八元，如今更是三四千元。我次次看起來都是陰差陽錯，可能剛開始就是運氣不好，但到最後說到底還是因為自己眼高手低，目光短淺，所謂「一步錯，步步錯，滿盤皆落索」，所以我知道後悔也沒用。

志清

不過我這一輩子，有一件事最成功，也是最值得驕傲的好命，就是娶了個好媳婦。以前我上高中時，洋縣城裡的海棠姐總是操心我，成天張羅給我介紹女朋友。可是好女孩都被城裡人家娶走了，不好的我又看不上。其實在孤魂廟學校教書時，我遇到一位女同事，彼此都有點意思，也算是談過一場戀愛。可惜，很快就散了。遇見志清之前，誰都看不上眼，很久都毫無結果。志清是貫溪人，她外婆祖輩都在貫溪，外婆家有個舅母認識石山下村的，給我們說的媒。我倆是一見如故，有種相見恨晚的感覺，可以說簡直「一拍即合」。或許，冥冥之中，姻緣註定了吧！

我們 1978 年正月初三結婚。翌年 12 月，麗麗出生。這女娃自小就不太愛學習，初中畢業就輟學了。二十四歲那年冬天結婚，女婿黎明，2003 年生了個外孫女後，小倆口都去深圳工廠打工，說來也十幾年了。

1981 年兒子智智出生，這娃能學，高中從洋縣一中畢業，考上咸陽機械製造學院（工業學院）數控程式設計專業。2004 年畢業後，在西安機床廠工作了一年就辭職了，跟同學去新疆旅行了一趟，之後就去深圳尋找工作機會。在深圳談了個女朋友，據說是個富家女，家裡有一棟七層的樓房。可惜兩人並不適合。女朋友開了兩個商店，平時花銷很大，吃喝玩樂都是高消費，實在養不起，不久宣佈告吹。那期間每次智智回家，我們都給他說媳婦，可惜停留時間太短，他也看不上眼。直到 2009 年正月十六那次，介紹了一個同村女孩，是我以前教過的學生，她對智智早

有耳聞，很有好感。他倆先是互通電話，有些感覺，智智趕回來見了面，表示同意。於是立即安排送了四色禮，就把婚訂了。他們 2010 年 11 月結婚，兩年後就給我們添了孫兒，起名科霖，今年五歲了，就在村口朱鹮旅遊中心的幼稚園上學。現在小倆口都在深圳工作，生活不容易，孫兒暫時放在洋縣，由我們來照顧。

眼看科霖馬上要上小學了，最近兒子、媳婦都勸我們帶孫子一起去深圳，我還在猶豫，考慮要不要去呢。家裡養了一頭老黃牛，每年生一胎可以掙八千塊呀。再說，我還給人家當獸醫呢，畢竟咱當年也是赤腳醫生出身的，給牛打針接生還是能搞定。偶爾也幫人做些小生意，例如有次一個在外的鄉黨回來了，是做棺材生意的，我帶他到村裡走了一圈就賣掉五、六付棺材，每付賣兩千元，他給我一百。我看著棺材質量不錯，自己乾脆也買了兩付，鄉黨還給我優惠價一千元一付。

真心話，如今日子過得還不錯。家有三畝田、三畝地，種些有機黑米，還有餘田不想種，就租給村裡人養蘑菇，每年能收租八百元。麗麗的婆家就在橋頭那邊，她公公是村長。受他的邀請，我在村裡也擔任一些公職。國家的航太科技部搞「精准扶貧」就在我們村裡呢，說是投資要把這裡打造成朱鹮和油菜花的旅遊景點。於是，洋縣紙坊街道辦事處建了個「交通安全檢查勸導站」，就在旅遊景點的十字路口。我在那裡擔任勸導員，每月可領五百元工資。其實平時也沒事做，有領導下來視察工作的時候才去值班，淡季更是沒啥遊客來，所以很清閒。

你們姊妹來，我和你二媽都不知道說啥好了，簡直太

高興了。個個都有出息，是我一直最驕傲和自豪的親人。你們每個人的經歷，我從哥嫂那裡都聽過，尤其當年秀寫的那些家書，你爸退休後仔細整理，按年排編裝訂成冊，我特意借回家來仔細閱讀過了。好多故事都記得清清楚楚，你們的近況和各自的生活成就，也是我一直牽掛關注的。我之所以守候在吉家祖宅，為的就是讓你們不管啥時候回來好歹還有個家。你們就是我的精神寄託，我隨時隨地都在盼望你們回家。

二媽

　　海清追憶往事的時候，志清一直腳不停手不住地在廚房忙活。

　　「二媽，出來一起諞麼！」燕燕走進廚房。

　　「你們來了麼，我弄一些皮子」二媽麻利地把一大簸箕涼皮和調料端到院子裡，讓叔侄們邊吃邊繼續聊。漢中的涼皮，是大米磨成粉，用大鍋蒸出來的。在安康叫「蒸麵」，大小孩子們從小沒有哪個不愛吃的，每次招呼來客，少不了的。她還在灶上燉了一大鍋豬肉湯，熬了一小鍋小米稀飯。

　　姐妹幾個聊得口乾舌燥，見到涼皮稀飯，歡呼雀躍起來。放些油潑辣子，辣得吸溜吸溜地，邊吃邊說：「好吃好吃，就像我爸以前常說的，這叫辣辣辣，香香香！」吃完辣涼皮，再來一碗晾好的稀飯，「爽呀！」

　　吃罷飯，燕燕提議去村裡轉轉，大大欣然應允，立即起身。

　　一行六人繞著田埂，散步來到小河邊，此刻陽光明媚，

空氣清新。有幾只鳥兒低飛而過，在不遠的河灘停歇。渾身羽毛白中夾紅，長長的脖子下，圍著一圈下垂的像柳葉狀的羽毛，像極了華麗的披肩，煞是好看。

「大大，這該不是朱鷳吧？」秀秀興奮地指著問。

朱鷳是世界珍稀鳥類，雌雄同形同色，曾經一度瀕臨滅絕。據說在 1981 年，中國科學家劉蔭增帶領團隊經過三年，行程五萬多公里的科學考察，終於在陝南的洋縣發現了僅存的 7 隻朱鷳。隨後在那裡設立了專門的保護區，目前中國是世界上唯一有野生朱鷳分布的國家。

「就是朱鷳麼！」海清樂呵呵笑道，「每逢雨過天晴，它們就喜歡成群結隊飛來飛去。」聞名遐邇的朱鷳，原來就家門口。姐妹們小時候覺得很遙遠的那條河，現在就在眼前，原來這麼近，離家才幾分鐘的路程？她們小時候覺得需要翻山越嶺的那座孤魂廟小學，步行其實也不到半小時，記憶和現實的距離感，真是不可思議。

繞過村口，途經一片蘑菇場，海清看見姊妹幾個啥都新鮮好奇，興致勃勃，也很來勁，帶他們走下田埂，進蘑菇場參觀了一圈。

「村裡現在可是有高人來指點，可不像以前光種麥子了。除了蘑菇場，種些高價的經濟作物，到了收穫季節自然就有人來收購。」放眼望過去，村裡幾乎家家都是三層樓房，海清說電動小三輪摩托車家家戶戶肯定都有了。

海清稱電動三輪車叫「小電驢」：「確實很方便，又能馱東西，還能接送孫娃上學放學。最方便是女人們也能騎，你看你二媽就是個好把式。」姊妹中闊別洋縣最久的是秀，她嘖嘖稱奇，不停拿手機拍照，感歎不已。一切變

化太大了，熟悉中透出陌生。

太陽下山了，夜幕漸漸低垂。燕燕突然接到公司來電，需要處理急事，她和張勇開車回一趟安康，辦完事又回來了。以前從安康到洋縣，伴隨著長途跋涉顛沛流離的記憶，曾經是多麼遙遠的路程。如今高速單程不過兩個多小時，一頓飯工夫竟可以輕鬆來回。

記憶和距離不成正比，太快太短的距離，似乎難以承受太長的記憶。

二媽把燒雞、烤肉、小菜一一端上來，建安和勇弟兄倆陪海清大大喝酒。左右夾攻敬酒，兩瓶白酒咣當落肚，話語不停。海清酒勁上來了，語調越來越鏗鏘激昂。無盡的思念在每個人心裡，在海清眼中，這些侄女和侄女婿全都是寶貝，「全世界最好的，沒有之一！我恨不得抓幾隻朱鸝款待你們哩！」

琴在電話那端，姐妹隔空連線，聽海清慷慨激昂的演說，聽到說到要抓朱鸝款待，大家都笑翻了天。小科霖坐在沙發上看電視，羞澀地依偎在奶奶身邊，時不時好奇地打量一屋子的不速之客。海清的手機響了起來，是智智打來的。隔著螢幕和電波問候，一家人熱鬧歡聚著。

酒飽飯足後，吉家姊妹們說還得趕回安康。海清不捨，百般挽留，聲音洪亮如鐘，熱情不減當年。一行離開石山下時，已是夜裡九點多，外面繁星點點，田野裡蛐蛐兒和青蛙叫聲此起彼伏。姐妹們許久沒有見過如此清澈的星空，都感慨許久也沒有如此恬淡，內心充盈歡愉了。

歲月如梭。有人離開，有人進來。故鄉依然是故鄉，親人依舊是親人。那些漸漸變得陌生的面孔背後，是一個

個歷經時代磨難的坎坷跌宕人生，猶如展開一幕幕畫卷，那麼悠遠綿長，卻又如此親切熟悉。

2. 小西街親家

吉家姊妹驅車經過了洋縣城，在去石山下之前，路過小西街，順道去探望了親家。四妹夫是洋縣人，老家就在這裡。

上午十點半，董文娥已經換好衣服，端坐在輪椅上。老伴兒楊懷德陪在一旁，倆人圍著木炭盆烤火，小兒子立濤和媳婦悶女在廚房忙著，孫女佳怡和欣怡則乖乖地趴在客廳書桌前寫作業。就在剛才，大兒子立新的媳婦燕琴家人打來電話，說要來探望她，現在已經從西漢高速公路下來，進入洋縣城了，估計很快就到了。大兒子夫婦倆都是高級知識分子，是從德國留學回來的海歸派，現在國家研究機構工作。平時忙得不可開交，只有逢年過節才回來。親家在安康，離洋縣不遠，但是來一趟也不容易。

上一次吉家姐妹們回洋縣來，還是 2002 年去石山下修祖墳，一眨眼已經十五年了。更早的一次，是 1983 年安康城遭受四百年不遇的洪水災害後，吉成祥和三個女兒留在安康工作，響應當地政府號召，最小的姐妹倆被疏散到老家洋縣就學，蘭娥回鄉陪讀。

琴當年在洋縣中學上高中，秀在書院中學上初中。在半年的逃難生活期間，琴在洋縣中學認識了名叫虹的同學，是燕琴插班的班長。虹熱情活潑，樂於助人，很有感染號召力。她積極宣傳，促動全班同學友善接待從安康災

區來的同學，令志忐不安的琴倍感溫暖，迅速融入集體生活，適應了新環境。琴在安康的學校也是品學兼優的好學生，二人互相學習，彼此欣賞，很快成為好朋友。後來成為莫逆之交。

吉家姐妹印象中的洋縣城早已不復存在，眼前的城顯得很陌生。建安開著車，在城裡的迴旋處繞了好幾圈，五個出路口逐個出去找。燕群、燕萍和助手席的張勇都在四處張望，搜尋那條記憶中的小路。

「奇怪得很！應該就從這裡進去的嘛。記得上次我提著禮品，穿著高跟鞋走過去的，印象很深」，燕群自言自語。找不到，最後還是要打開手機的百度地圖導航。燕萍給遠在北京的燕琴撥打電話問地址。微信「嘟嘟」一聲，地址傳過來了。走錯路了，不是這個迴旋處，再往前更大的迴旋處，汽車站附近，從車站側邊的路口進去不遠處，靠右手小道拐進去才是。這回不會錯了。

董文娥又梳洗了一番，把輪椅滑到屋中央，左顧右盼，等著遠方來的親人。一見面，姐妹幾個高聲歡呼，熱情地擁抱起來。吉家姊妹的熱情，讓她一下子內心激動，感觸起來，熱淚盈眶。秀還是第一次來，立濤帶著大家參觀院子，每層樓的房間都介紹一番。

回到客廳，姊妹幾個和兩位老人圍著火盆，拉起家常。

秀挨近董文娥坐下，雙手恭敬地捧起老人的手。火盆裡的木炭燒得正旺，每個人臉色都被映得紅彤彤的。聊起陳年往事，話題逐漸打開。董文娥思路清晰，反應很敏捷，又一扇回憶大門，被轟隆隆地推開了。

牛頭坡到龍亭

我是 1939 年 12 月出生的，家在城郊的牛頭坡。舊社會女人在家是不讓上學的，我是 1949 年解放後，十歲才上小學。開始在牛頭坡的廟裡小學，直到三、四年級轉到城裡的書院小學。1955 小學畢業那年，我已經十五歲了。

聽大人們說，我小時候很調皮，學習也不好。畢業沒有考上中學。那個年代家裡也不在乎女孩子上不上學，他們更操心我的終身大事。開始張羅給我說婆家，要把我「給人」，也就是出嫁。

我個性倔強，不甘心就這樣嫁人。於是自己去金水河那邊上了一個會計培訓班，接受了幾個月的培訓後，在金水河當上了會計。我一邊工作、一邊繼續學習備考，第二年又參加了一次中學考試。這次很幸運，竟然考上了赫赫有名的龍亭中學，就在蔡倫墓附近龍亭鋪上。對，蔡倫就是東漢時代發明了造紙術的那個蔡倫。

龍亭這個地方可不簡單，是擁有幾千年悠久歷史的風水寶地。根據《後漢書 宦者列傳》記載，蔡倫出生於公元 65 年，年僅 12 歲被閹割後淨身入宮，漢和帝即位後，他升任中常侍，擔任過尚方令，監督宮廷物品的製作。自古以來，書記文檔都是用竹簡書寫，但很笨重；後來出現了質地輕柔的綢帛，但價格又太昂貴。蔡倫進行了技術創新，改用樹皮、破布、麻頭和漁網等廉價的東西造紙，大大降低了造紙成本，為紙張普及創造了條件。公元 105 年，蔡倫把造紙術的成果報告給皇帝，獲得嘉賞，並責令向各地推廣。漢安帝時期朝廷封蔡倫為「龍亭侯」，後來人們把

紙成為「蔡侯紙」。蔡倫的封地就在龍亭鎮。

我上初中時已經十六歲了，那個年代已經到了適婚年齡了。「男大當婚，女大當嫁」的觀念在農村根深蒂固，來家裡說媒的人很多。家人一直操心著急這件事，絲毫沒有因為我考上了初中而打消念頭，甚至更積極了。1957年也就是我開始上初中的那年，經村裡人介紹，我認識了楊懷德。

勘探隊的懷德

懷德比我大兩三歲，祖輩都居住小西街。我們認識那年，他剛有十七、八歲，人長得高大魁梧，已經是國家地質隊的工作人員了。我們家都看上他這一點，有國家正式工作，人看上去也忠厚可靠，我們見面也互有好感，雙方家庭很快就把婚事敲定了。翌年即1958年，我們就順利完婚了。

結婚後不久，懷德就跟隨地質勘探隊去外地工作。那時候，地質勘探隊的主要任務就是找鐵礦。因為毛主席號召下全國人民「大躍進」，要趕英超美，需要大煉鋼鐵。地質勘探隊可以說是最受矚目、備受尊重的工作。懷德忙得一年到頭也回不了幾次家，但是這正合我意，因為我可以順理成章，心安理得繼續上我的初中了。可能是成熟了，初中期間我學習很好，1959年初中畢業時因成績優異，直接就被保送到了洋縣一中。1962年高中畢業後，我被分派到西街一隊，當了大隊的倉庫保管員。這在當年，高中畢業，已經算是相當高的學歷了。

1963年，大女兒春玲出生，三年後大兒子立新也出生

了。帶倆個孩子的日子裡，我也絲毫沒有鬆懈，反而更加積極上進。1967年我在西街一隊當上了婦女隊長。到了1971年，二兒子立群出生，這年我已三十二歲了。我又開始在洋縣城西街的小學當教師，語文、數學什麼課程都教。

社會上還在繼續著文革運動。我平時就很喜歡思考政治，看見城裡到處都在武鬥，當時我本能地感覺很有問題。當年的造反派所謂「紅統戰」，其實成員都是牢房裡放出來的，本身沒有啥正經好人。他們號召要「砸爛公檢法」，叫囂打倒一切當權派，真的是兇狠又殘暴。相反看執政管理的那一派，個個謹小慎微，斯文保守，我心想這樣怎麼可能有好結果呢？我是哪一邊也不參與。

1975年文革快結束的那年，生下了三兒子立濤。濤濤一歲時，周總理毛主席相繼去世，全國粉碎了「四人幫」，迎來了全新的時代。不久開始改革開放，一派春天般的新鮮風氣。我進學校教書時，起初大家都爭著搶著帶畢業班，我心想既然大家都不帶低年級，那我來吧！所以就從一年級帶起。到了第二年，就被大家推舉當校長。

西街小學

當年的學校太簡陋了。文革後，為了籌建新校園，我四處奔波活動，滿腔熱情，簡直不知道什麼是苦、什麼是累。開始時學生們成績都不好，整體水平很低。為了給後進的學生補課，寒冬臘月，我也是早上六、七點到學校。一口氣連帶了七屆畢業生，眼見成績逐漸飆升。也許就是那時候太拼命，積勞成疾，落下了風濕病根兒。我先是手

指頭嚴重萎縮，後來腿也疼得不行，幾乎動彈不得。到現在我只能坐輪椅，吃飯也只能用左手了。

因為長年在外幹地質勘探工作，飽經風霜，懷德身體也落下了不少毛病，最明顯就是肺氣腫，這其實應該算是職業病了。1989 年，五十三歲那年，懷德就申請了內退。一方面確實是身體不好，但更重要的，是當時國家政策允許子女可以頂替父母工作，我們商量後，考慮立群剛好 18 歲高中畢業，找工作也不容易，乾脆就讓懷德退休，讓兒子「頂班」算了。

立群很快跟隨地質隊去了河北。華北那裡有很多鋼鐵廠，如今光河北省鋼鐵年產能就接近一億噸，相當於整個歐洲，或日本全國的鋼產總量。立群在保定工作期間，遇見了後來的妻子雲雲。他們結婚後，生下了一個女兒笑笑。2010 年，暑假康仔從香港去北京四姨媽燕琴家住過一個月，曾跟著笑笑一起玩耍學習。

我整整當了 25 年教師。九十年代全國教育界改組時，原來屬於民辦小學的西街小學要改為縣立學校，我們這些民辦教師需要通過考試，才能晉升為公辦教師。這樣也就可以轉成公職人員，俗稱「轉正」。

1995 年，我已經 55 歲了。我的大孫子碩易 1993 年出生，這年都已經兩歲了。為了與時俱進，趕上改革的步伐，我決心重新學習，積極參加了考試，終於取得了「轉正」。翌年即 1996 年，我 56 歲正式退休。這時學校也發生了翻天覆地的變化，搬遷到新址。這年濤濤 21 歲，到西街村委會當文書。說起來很有緣分，西街村委會所在的地方，正好就是西街小學舊校址。

2004 年濤濤也結婚了，媳婦從衛校畢業。媳婦的父親曾經在四郎開村診所，都是好人家。先後有了兩個孫女，老大佳怡，老二欣怡。

家裡人多了，住房顯得擁擠了。我們就想著蓋個大些的房子。最終這個夢想在北京奧運的那年，即 2008 年實現了。全靠孩子們的支持，這棟四層的樓房就是那年蓋成的。我們太滿足了，每個孩子都有一間房，孩子們不管去哪，回來了不再發愁沒地方住了。我們現在的日子，的確已經好多了，沒有啥奢求了。要說奢求，那就是天天就盼著孩子們回來。就是我自己行動不方便，怕拖累了孩子們。

熬肉

悶女把熱氣騰騰的「熬肉」端上餐桌。這是洋縣有名的「一鍋熬」，從準備材料、到烹製，程式複雜，是洋縣人款待來客的最高級別了。鍋裡的料很足：上好的精豬肉、紅白蘿蔔、香菇、豆腐、芋頭、蓮藕、幹豇豆，配以桂皮、草果、八角、花椒、大茴等等，在大灶上用柴火炒熟，花兩小時燜煮而成。

肉香瀰漫在整個廳，兩家人圍著木炭火盆，邊吃邊聊。欣怡在屋裡跑來跑去，又好奇又羞澀；濤濤和悶女在廚房忙碌。一切是那樣的平靜，充滿溫馨。時光在憶語中倒流。姐妹們靜靜聆聽著老人娓娓道來。她們似乎看見一位性格倔強、求知好學的豪情女性，不甘落後、嘔心瀝血的老師，殫精竭慮的老校長，守望賢慧的妻子，含辛茹苦撫養子女的母親。她是一個大時代裡，為了建設一個新社會，默默無聞付出寶貴青春時光，甚至付出了健康的一代人的縮

影。在淡然的笑容中，對時代變革流轉的含忍。

董文娥校長

2017 年冬這次拜訪之後，吉家姐妹再次走進洋縣，已是翌年夏天。

相隔不到一年時間，董文娥風濕病持續惡化，在夏天的一個凌晨，溘然長逝。接到報喪時，姐妹們正從陝北旅行回到西安，搭高鐵趕來吊唁，一起守靈。靈堂就設在上次來的客廳。姐妹們緬懷起半年多之前這裡還充滿著歡聲笑語，老人侃侃而談，不勝唏噓。

燕琴一直守在靈柩前，點香，燒紙。燕萍眼淺，陪著妹妹哭紅了鼻子。「老人見一面，少一面，確實如此。想到的事情就要動身做，能見面的時候就要儘量見。」她反復念叨著，說給妹妹們聽，也說給自己聽。

立新是個內斂的學者。大學的專業是生物，留德十年主攻遺傳生物學，回國後又成為環境學專家。雖然是個不折不扣的理科學者，但他從小深受母親的影響，飽讀詩書，寫得一手漂亮的字。

母親的追悼會上，他作為長子宣讀悼詞讚頌感恩母親的一生。兩年後，他寫了一篇文章，深情緬懷母親。

韓愈在《師說》一文中說：「古之學者必有師。師者，所以傳道受業解惑也。人非生而知之者，孰能無惑？惑而不從師，其為惑也，終不解矣。」因此，後世人常用「傳道、受業、解惑」來道明「老師的職責」。

我的母親是一名小學老師。小學老師通常被認為是兒童心靈的啟蒙者，是幫助學生將人生從一張白紙繪製成為一

幅美麗圖畫的重要因素。

母親常說：「教書從來不只是一份工作，而是一種知識、思想的傳遞和分享，是需要畢生精力來做的事情。」她不但承擔著教學，作為校長還負責學校的各種事務。

從我很小的時候，就感覺母親好像天天都在為學校操勞，大事小事，無時無刻忙碌不停。不經不覺母親就退休了。退休後，時常有老師和學生來看望母親，而他們之間談論最多的話題是「感謝母親的謙讓、支持和幫助。」這時候才知道母親謙讓了職稱；謙讓了榮譽；謙讓了晉升，支持幫助學生，成就他們繪製出美麗的人生圖畫。母親收穫了尊敬；收穫了傳承；也收穫了幸福。母親從始至終言行一致，對我的影響非常深遠。我深深認識到做好一件事容易，但是「一輩子做好一件事情」不易，需要恆心堅守。

在德國從事科學研究工作多年，我對基礎科學研究有了進一步深刻領悟。揭示自然規律的過程沒有捷徑，需要窮盡畢生精力。母親「用畢生精力做好一件事情」的持之以恆精神，深深鼓舞和激勵著我，去揭示自然規律——窮盡畢生的精力，無怨無悔。

3. 石泉表叔

2017 年 12 月 26 日下午，兩河口的石泉縣醫院。

石泉境內的河道都屬於長江流域漢江水系，因為有汶水、堰坪這兩條河流，所以這裡叫「兩河鎮」。兩河注入子午河，下游就是安康了。

「205 室 18 床家屬出來一下，有訪客來探視！」護士在樓道高聲傳話。

劉峰從病房迎了出來，看見表妹們，又驚又喜：「嘿呀，你們怎麼來了呢！」他是劉興治的大兒子，就快六十歲了，頭髮花白。已經記不清上次是什麼時候見到吉家姐妹了。父親剛在西安做完胃部手術，回來療養，他請假在醫院陪護。兒子金蒙今天有時輪換過來，還有個四歲的孫子，也是四世同堂了。

劉興治是吉成祥的表弟。年輕時一直跟隨表哥，參加工作就是表哥給介紹的，兄弟倆感情很深，既是表兄弟，更像是革命戰友。妻子陳敏貞和小姑子敏蘭，也時常去安康串門，跟嫂子蘭娥關係也相處融洽。可以說吉家姐妹也是他看著長大的，兄弟倆在人生的每個階段，都是無話不談。

劉峰有個妹妹愛玲，跟吉家姐妹們從小就在一起玩耍，因為跟燕玲年齡最接近，是形影不離的姐妹。可惜燕玲患癌英年早逝，愛萍也因患尿毒病而在幾年前過世了。兩位好姐妹都是家中長女，命運驚人相似，也許在人間惺惺相惜，到天上依然相互陪伴著吧。劉峰與妻子家人關係非常融洽，兄長柞仁是醫生，這次也是多虧了他悉心關照。

姐妹們坐在病床邊，緊緊握著表叔的手。老人明顯瘦多了，看上去很虛弱，身上還插著胃管，目前只能進流食。這次病倒令老人身體備受打擊，曾一度消沉。但不愧歷經磨難，以其堅強意志，很快調整過來。他很喜歡姪女們，滿眼的喜悅。劉峰說，好久沒見父親這麼高興了，簡直精神大振。

秀每次見到表叔，都會天南海北聊個不停。這位充滿智慧的老人，博學多識，八旬仍然求知欲旺盛，叔姪之間

很多話題，還互相加了微信，發朋友圈互相點讚。秀記得
最近一次聽表叔聊的起勁的話題，是鑽研上網炒股。表叔
也很喜歡姪女，聽她講國外和香港的事情，時不時點評一
番。

聽說秀在整理他交待的家族歷史，劉興治不停地點頭
稱讚：「我早就知道，交給你就對了！」他思維清晰敏捷，
開始給大家講起老家的故事。侃侃而談的老人中氣十足，
眼睛裡閃耀著睿智的光芒。

劉興治

洋縣屬於漢中地區，歷史頗為悠久。公元前 206 年，
劉邦被封為「漢中王」。東漢時期曹操打敗張魯，恢復漢
中郡。219 年劉備取漢中稱王，又歸屬劉備領地。1913 年
民國二年，廢府設道，洋縣屬漢中道。民國十七年（1928
年）撤道，洋縣屬陝西省政府。民國二十四年（1935 年），
省下設行政督察區，洋縣屬陝西省第六行政督察區。

石山下的吉家，當年在村裡是頗有聲望的。我的外公
是個鄉紳，外婆是從很遠的龔家槽嫁過來的，曾孫們都叫
她「巴」，算是高祖了。她生了三個孩子：長子吉全福，
因為是龍年出生，所以叫「龍娃」，次子吉全貴，鼠年出
生，叫「鼠娃」，三女兒名叫吉雪珍，就是我的母親。

吉全福是我的大舅，他很聰明，在縣城裡讀過書，能
言善辯，結交廣泛，曾經在衙門做過幾年。後來回村裡當
保長，家境頗為富裕。有一年，在縣城辦事，下酒館時
跟一位熟知的鄉黨閒談，門外一位孤苦伶仃的流浪孩子乞
討，大舅心生憐憫，就把這個流浪漢帶回家，打些雜務當

成長工。沒曾想過，後來在文革中，此事竟成為子女們「剝削階級」的罪證之一，影響了家庭出身的無產階級純正性，乃至後來被定性為中農之家，仕途發展也受到了影響。

大舅受媒妁之言，跟薛家砭的薛家姑娘成婚，1932 年便生下兒子吉成祥，也就是我的表哥。大舅母生育後不慎患了婦科病，早早就去世了，當時表哥還不到兩歲。大舅母去世後，表哥由外婆、二舅母撫養長大。大舅身體也不太好，特別是後來得了腸胃病，估計就是現在的膽囊炎，備感痛楚。他生性豪爽，也很好強，一次又一次發病令他痛不欲生，最後在家自縊身亡，令人唏噓。大約是 1965 年吧，表哥當年在安康工作，也沒能回家奔喪。

二舅吉全貴，年輕時為了避免被國民黨軍隊拉去當壯丁，外爺硬生生把他的右手食指砍斷了，因為殘廢就不用去當壯丁了。後來，他娶了老婆，生了一女一兒，女兒叫海棠，兒子叫吉成雲，小名海清，也就是我的表弟。

我的母親 1920 年出生，十五歲就嫁給了劉家我的父親。1936 年十六歲的她就生下了我。可是不到兩年，我父親就得病去世了，當時母親不過才十八歲，但那時候接受的是三從四德逆來順受的教育，她開始守寡，而且一輩子從未再嫁。吉家姊妹都叫她「瓜婆」，其實就是「姑婆」的意思，也許還有一層「寡婆」的意思。

父親去世後，劉家人見我們孤兒寡母，難免有人輕視欺負。但母親性格頗為剛烈，為了拉扯我長大，經常跟劉家據理力爭，毫不服輸。她很寵愛我，生怕自己一個人帶不好我，經常把我帶回石山下的娘家，叫我從小多跟表哥成祥、表弟海清在一起玩，所以我們仨感情非常要好。母

親或許也是有意讓表哥帶我讀書見世面，1949年表哥在洋縣中學上高中時，母親就讓我就跟著表哥去上初中。

藍衣社的表哥

那時，表哥在洋縣中學是個社團活動的活躍分子。抗日戰爭期間，陝西省政府南遷至漢中，洋縣中學升格變成省立中學。國民黨和共產黨明爭暗鬥得頗為激烈，地下黨活動組織層出不窮。當時洋縣有一個共產黨的外圍組織「藍衣社」，表哥應該是積極參與者之一。解放前夕，他即將畢業的那年，曾經鬧過學潮活動。國民黨主政之下，校方藉故「藍衣社」部分學生打麻將違反校規，打壓參與運動的學生，開除了社團骨幹們的學籍。

此後不久，1949年12月4日洋縣就被解放了。陝南公學在漢中一帶招收學生，準備培養建設陝南的新生力量。表哥應考，經過一番審查後順利入選。經過七個多月的教育培訓，被分配到漢陰商業局負責業務。自此，從漢陰到寧陝，又到石泉、安康，他一輩子都在商業部門工作，直到後來安康地區百貨公司的總經理。

1949年解放前夕，國共兩黨軍隊打仗到了白熱化。時任國民黨政府的省長名鄒長州，洋縣中學的校長張濟。原先國民革命軍規定是不拉學生當壯丁的，但後期似乎也顧不得了，學生也照拉。我記得和表哥車娃、表弟海清都為了躲避拉壯丁，躲到山裡去了。兩三天後等拉壯丁的走了，有人通風報信，我們才下山。

1951年表哥從陝南工學畢業，獲分配到漢陰商業局，我也跟隨他到了漢陰。表哥給我在百貨公司安排了一個通

訊員的差事，這為我的後來一生工作拉開了序幕，包括美滿的婚姻。

寧陝歲月

1953 年，我接到調令，商業局派我從漢陰前往寧陝，在那裡開辦國營百貨公司的商店。那時去到一個新地方，真是從零開始，一手一腳建設新社會。當時負責組建石泉副食公司的一個人叫李增建。其弟李增勳是個木匠，後來到了安康幹活。也給後來的親家葉彩屏供銷社的房子裝修過，因為他哥哥跟表哥同為石泉年代的同事兼好友，李增勳有段日子頻頻到表哥家去，還曾經追求過燕玲呢，這些都是後話了。

話說當時在城裡的西關大街上，我們新開的店鋪斜對面有一家賣醋的店，是陳氏家族開的。鄰里街坊，互相熟絡起來，才知道他們也是洋縣人，份外親切。陳家有兩個女兒，其中長女叫敏貞，在讀小學，長得甚為嬌好，含花羞澀之容。窈窕淑女君子好逑，情竇初開的少年只感到朦朧歡喜，經常找機會去借用一下什物，跟敏貞小姐聊天。那是她正在猶豫讀完初中後要不要再讀下去，我鼓勵她積極讀下去。最後，她讀完了商學課程，相當於今天的高中了。互相往來之中，有人撮合下，我和敏貞 1956 年結婚。1957 年生愛萍，1958 年生劉峰。然後才是愛玲、劉兵。敏貞有個妹妹叫敏蘭。

那些年普通人家生活都很困苦，何況五個孩子嗷嗷待哺，表哥家經濟拮据情況可想而知。表哥為了拉扯大五個女兒，曾經四處借錢，為此好像還得罪過一些親戚。

　　七十年代物資緊缺，自行車、縫紉機、手錶供應都是供給制，要有特購券才可以買。自行車最著名的品牌有鳳凰、永久、飛鴿三個牌子。表哥在百貨公司業務科，掌握分配供給的大權，很多人找他買東西。1974 年，二舅的女兒海棠給了他九十多塊錢，託他幫忙買自行車。

　　碰巧這年表哥發現患了脈管炎，小腿靜脈曲張，在安康的醫院看病，醫生建議截肢。後來轉去西安，入住省城醫學院第二附屬醫院，接受換血治療。這次住院期間同房的一位病友周炳倉，教會他打太極拳。據說周以前在北京中宣部工作學習過，見多識廣，二人談話很投機，出院後保持聯繫，成為摯交。秀上大學那年，表哥和表嫂親自送到西安，周炳倉熱情陪同，遊覽了臨潼華清池、乾陵，並答應會關照秀。1991 年秀大學畢業時，周還介紹去過對外貿易服務處，給予很多建議，包括最後去省外貿也是他推薦的。

　　表哥因這一病，買自行車的事就擱置了。又因緊急赴省城醫療，把海棠給他買自行車的 90 多元帶上備用。海棠到安康問起表嫂買車的事，蘭娥很尷尬，好肉好菜招待，解釋窘迫的狀況，請求原諒。當年 90 多塊錢是一筆大款，海棠擔心好容易攢的錢沒了，執意還錢才肯走。表嫂是個自尊心極強的女人，一咬牙就在百貨公司家屬院的女人幫裡籌借了一筆錢，硬氣地還給了海棠。當時叫做「上會」，比如每個人 5 塊，十個人 50 塊先用，下個月轉到另外一個人用。表嫂自作主張處理了這件事之後，送走海棠，也由此切斷了這段表親，發誓不再往來。表哥得知此事後，自然也意難平，不滿自家兄妹在困難時的涼薄行為。海棠

事後也有些不好意思，有幾次試圖和好，但都被表嫂嚴詞拒絕。

2000 年的秋天，表哥彌留之際，燕燕在醫院陪護父親。閒聊問起一件縈繞了很久不敢問父母的話：「為何咱們家這麼多年跟海棠姑不來往了呢？」表哥把此事的來龍去脈，緩緩地講給了她。講完後，長歎一聲說頭疼，要吃藥休息。也許他早已原諒了，但有些事情有了裂痕，並不是都有修復的機會。

我的母親，後來去省上來的武裝部長家當保姆，跟隨去了城固，又到了漢中，直至年紀很大了都不肯停下來。在她晚年的時候，表哥的女兒琴琴到漢中大學讀書，婆孫倆離得很近，相互照應，這真是冥冥之中兩家的緣分。

不經不覺聊了幾小時，表叔呼吸開始有些困難。萍示意秀也該讓表叔休息了，畢竟老人身體很虛弱。秀摟著表叔合拍了一張照片，說：「您一定會好起來的，一定要等我把故事寫完給我校對呀！」老人開心地點頭笑了：「你有這個能力的，我相信。」

姐妹們要走了，表叔堅持要下樓送行。他不停咳嗽，圍著一個塑膠圍脖，幾乎每隔半分鐘就要吐出來。姐妹們看著心裡難過，當年那位意氣風發無所不能的表叔，如今骨瘦如柴。夕陽西下，照耀著來時的路。姐妹們跟表叔擁抱，依依惜別，表叔擺擺手叫大家上車。姐妹們最後回頭望了一眼坐上了車。大家心裡明白，這一次，很可能就是永別了。

車子過了兩河橋，向安康駛去。氣氛有些凝重，大家默不作聲。秀腦海裡縈繞著剛才表叔的表情和話語。今天

最讓她難忘的，是表叔憶及當年要辭別母親，跟隨表哥赴漢陰謀生時，數度哽咽落淚。她想，那個瞬間，表叔眼前一定是浮現出纏足的慈母忍痛揮淚送別的場景，或是母親十八歲守寡、含辛茹苦拉扯自己長大成人的不易。「樹欲靜而風不止，子欲養而親不待。」在表叔身上，她好像看到那個充滿革命理想主義的青年，為了事業離鄉別井，艱苦奮鬥的精神。看到歷經磨難後的智慧之光。又看見了父輩們親歷新中國翻天覆地變化，建設新社會背後默默付出寶貴青春時光的那一代人的影子，包括自己的父親。

秀在手機上敲著筆記，寫寫停停。這幾年她總有一種緊迫感，眼看著父輩們風蝕殘年，一個個衰老病弱，她預感像這次這樣講述記錄的機會真的不多了。2003年大姐去世時，在葬禮上表叔把幾冊書信集交給她：「這是你爸臨終前交給我的，大部分是他整理的，最後部分是我整理的。你大姐也不在了，我想最好還是交給你。希望你能整理保存好。」秀滿口答應了。

身處於大時代的旋渦中，父親和表叔他們這代人，何嘗不是歷史變革的參與者和見證者呢？秀就有種強烈的責任感，一定要把父輩們這些平凡又偉大的故事記錄下來。一幅宏大的畫卷在秀的腦海裡浮現，追溯到歷史長河源頭。自從先秦諸子之後，歷經兩千多年的封建帝制，近百年是中國歷史巨流發生巨大轉向的變革時代，從抗日戰爭、解放戰爭，到解放後土地改革、三反五反、大躍進、三年自然災害、四清運動、文化大革命，再到四人幫粉碎、改革開放。

然而當時覺得日子是那樣悠長，有的是時間，然而一

晃竟然十幾年過去了，如今突然有一種迫在眉睫的感覺。老人們腦海裡沉睡多年的記憶，如果不儘快記錄下來，也許永遠就消失了。然而有時候，秀又會感到迷茫和沮喪，否定這些整理的意義。她問自己：將來有一天，我們也會面對這樣的時刻，到那時還會有誰願意聽我們的故事呢？也許是個無解之問。

2018 年 8 月 23 日，一行六人再次來到石泉醫院探望表叔時，他已瘦骨嶙峋骨，虛弱不堪，讓人心疼。八個多月了，他無法進食，只能靠胃管注入營養液維持生命。體內黏液分泌，令他一直噁心嘔吐，卻絲毫吐不出什麼，只是清痰唾液，需要戴著塑膠圍裙，隨時隨地吐，放一個垃圾桶扔擦嘴的紙巾。而且，聽愛玲姐的丈夫，醫生說，不止是白天，而是不分白晝、分分秒秒都在受著煎熬。

我們推著表叔的輪椅，在院子裡散步。對於一個頭腦清醒的老人來說，他知道發生在自己身上的事情意味著什麼。他的痛苦是無人能想像的，遠超那些癡呆老人、糊塗記憶的人，病房裡的空氣一定讓他感覺窒息吧。

告別

表叔用微弱的聲音，跟我們說話。

「病情嚴重了」他歎息了一聲。曾經那樣堅強的老人，被病魔折磨成這樣，令人心裡難過，唏噓不已。

他惦記著海清，我們的大大，他的表弟。「一天到晚也不知道他忙啥，嘴上光說來，到現在也不見來，唉！」他低聲細語，責罵了幾句。他本來一直盼望著他來，趁著自己還能好好說話的時候，可是如今說話也變得越來越奢

侈了。

他一定在無數個不眠之夜，回望過自己的一生，想念過自己的父母、親人。想起小時候母親帶自己回洋縣石山下老家，表弟兄三個意氣風發鬥志昂揚，發誓要幹一番大事的日子。想起跟著車娃哥到漢陰寧陝謀生，遇見街對面那家喜歡的女人，結婚生子。想起到了石泉，獨自奮鬥，經常寫信給表哥討教思想工作的點點滴滴。

他也必定想起來，那個寒冷的 2000 年冬天。表哥突然去世，嫂子身體不好，孩子們失魂落魄，六神無主。他感到有責任照顧表嫂和姪女們，決定到安康陪伴一段日子，一個人乾脆搬過去住。敏貞很賢慧，也很理解支持他。吉家母女們對此感激不已，每個人都敬重他，把他當作父親一樣對待。一年後的 2001 年，蘭娥表嫂竟也撒手人寰。他安撫姪女們，又陪伴她們打理完後事，看著孩子們漸漸從痛苦中走了出來，他才回到自己的石泉老伴身邊。

他大概也回憶起，表哥最喜歡的大姪女燕玲，曾經那麼聰明潑辣，雷厲風行，卻早於 2005 年中秋日英年早逝，白髮人送黑髮人，多麼心痛。他記得就是那時，他不知道自己還能活多久，就把整理好的幾冊書信親手交給了最小的姪女秀秀。那是他從青年時代跟成祥表哥的往來書信，還有表哥退休後仔細裝訂得整整齊齊的家書交給他的。他想或許秀秀將來連同其他書信整理時，能派上用場。安康的姐妹們逢年過節都會打電話或來拜訪，噓寒問暖，他也很牽掛，此刻他們都在身邊，他心裡一陣暖意。

他還惦記自己的女兒，當年遭受尿毒症，經常要洗腎，那痛苦的滋味，如今自己更加感同身受。想到這裡，他又

痛苦地抽搐了一下。

　　夕陽西下，表叔的女兒女婿，還有孫子都來了。侄女們和侄女婿們也在。在石泉縣城來說，這裡的環境很不錯了，女婿就是主治大夫。他已四世同堂。如今，似乎已經沒有什麼遺憾的事情了。

　　他艱難地呼吸著，努力想把纏繞在胸腔的痰吐出來，可惜沒有力氣。燕萍俯下身，輕輕撫摸表叔瘦弱的脊背，試圖幫他吐出痰。他搖搖頭。他想通了，算了，就這樣吧。該來的那一天，遲早的事。

　　他說：「我累了，回去吧！」

　　汽車在西康高速公路上飛馳，一路通順。車內無語，每個人都在內心默默祈禱，很希望老人健康平安。然而這次事與願違，這次，是真的是永別了。

　　2018 年 9 月 4 日凌晨 6 時，敬愛的表叔與世長辭，享年八十三歲。

第二章：安康

第二章 | 安康

1962 年十月的安康，已進入秋涼季節。

寒露過後的第二天，城東土地樓的一間舊平房裡，傳來嬰兒哭啼聲。父親給呱呱墜地的新生女娃起名「群」，小名燕燕。她排行老三，上面已經有了兩個姐姐，大姐燕玲五歲，二姐燕萍三歲。

三姐妹的父母都不是本地人，一口漢中洋縣的方言，更接近北方關中的口音。1949 年解放前後時局動蕩，全國各地上演一場轟轟烈烈的大遷徙，有躲避戰亂逃荒的，有停戰後從外地回鄉的，有鬧革命找工作的。抗日戰爭到國共內戰期間，西安曾經是「陪都」，陝南也因而變成後方，從華北、華東西遷過來不少大城市的知識份子。戰爭結束後，繼續有中央到地方支援建設的人員過來，也有從地方返回的。吉成祥一家來自隔鄰的漢中洋縣。他接受新思想教育之後，服從組織分配遠走他鄉，投身新社會建設。國民黨政權已經倒台，舊社會的一切都完結了，正處於「砸爛一個舊世界，建立一個新世界」的年代。

燕燕的父親吉成祥，參加工作之前在陝南洋縣的一中讀高中，當年這是陝西省第一中學。解放那年他剛好 17 歲，受到轟轟烈烈的革命熱潮感染，熱血沸騰的他 12 月報名參加陝西公學，在南鄭經過集中培訓後，成為新中國的革命幹部，被派往各地各縣工作。很多像他們這樣的外鄉人，從零開始學習，摸索建設百廢待興的城鄉。

成祥被派往秦巴山區的安康，先後在漢陰、寧陝和石

泉常駐。開始只有一兩個人，自己租簡陋的房子當辦公室，從家徒四壁開始，一手一腳組建百貨公司，按照省上的指令在當地統購統銷，調配群眾需要的生活物資。

他從洋縣出發前，在家人的強烈要求下，與鄰村薛家姑娘蘭娥完成大婚。蘭娥在鄉下等他安頓好一切之後，1956 年才到寧陝團聚。

從 1958 年開始，全國展開的「大躍進」運動。大躍進運動期間發生了「三年自然災害」導致糧食減產。很多人家食不果腹，蘭娥的父親和二哥就是這期間病逝的。1962 年局勢才逐漸有了好轉。

《安康縣誌》中這樣一段記載：

1962 年 1 月 11 日，中共中央召開擴大會議，安康專區各縣開始糾正「大躍進」和「反右派」運動中的錯誤。4 月專區各縣貫徹中共中央「精兵簡政」方針，精簡機構、縮減編制、壓縮人員，准許幹部職工自願退職，回鄉參加農業生產。全區裁減職工 9936 人，其中回農村 7682 人。同月，文教事業進行調整與精簡，全區停辦 7 所師範學校，1 所師範學校放假，9 所中學撤銷，12 所中學放假，124 所小學被撤銷或裁班並校，368 所公辦初小交由民辦，2098 名教職工被裁減。

為了一家人的生活，吉成祥想盡一切辦法搞糧食。由於從 1950 年參加工作後就一直負責商業供銷業務，也算是「近水樓臺先得月」，即使在饑荒年代，一家人總是能勉強吃飽肚子。

成祥在後來留給女兒們的書信文稿中，有一篇自傳，其中關於那個年代的工作有一些真實的筆錄。即使在艱難

時期，他和同事們能做的就是堅守崗位，積極收購農產品，安排資源調運，竭盡全力供應食物給群眾。

燕群出生的 1962 年，當吉成祥得知妻子有了身孕，要求組織安排常住安康，不再像以前那樣常年四處奔波。幾個縣的貿易公司組織架構此時也已基本成形了，他留在安康城負責指揮，有問題才去縣裡指導解決。

這年他三十歲，如今三個女兒都還很小，一家五口人張嘴要吃飯，生活的負擔越來越重。妻子蘭娥是個好強又能吃苦耐勞的女人，實在應付不過來的時候，就寫信請洋縣老家的二伯母來幫忙照顧一段日子。不過，這樣吃飯的人更多，日子更加捉襟見肘。

1. 成祥自傳

我是 1950 年 1-4 月經過陝南公學學習後分配到商業部門工作，一直到現在已 38 年多時間，沒有改過行。

1950 年 4 月至 1954 年 4 月在漢陰貿易公司工作四年間，除做過營業員、市場統調員等工作外，曾先後隻身深入到漢陰鐵佛寺及澗池舖籌建了兩個貿易小組。每個貿易組從找房子、借櫃檯、貨架、桌凳等各種用具，到開張營業都是我一人承擔，一切籌辦就緒、人員配齊我方離開。後來，又調到甯陝成立貿易公司。在解放初期，建立農村集征貿易據點，對活躍山區市場經營經濟起了積極的促進作用。

1954 年至 1958 年 2 月在漢陰縣百貨公司擔任業務組長、付經理期間連年提前超額完成各項任務，曾多次被評

為先進工作者，1956年被推選為出席漢陰縣增產節約積極分子代表大會的代表，榮獲「增產節約積極分子」獎章一枚。

1958年2月至1961年8月在擔任漢陰縣商業局業務股長、合併後的石泉縣財貿部商業股股長、縣商業局業務股長、縣人民駐西安辦事處主任期間，正是瞎折騰的幾年，也是我們國家經濟十分困難的時期。先是商業供銷合併，進而是石泉、漢陰、寧陝三縣合併，黨政合併（縣委財貿部與人委財貿各局銀行合併）、政企合併（取消專業公司、商業統收統支、統一核算）。在這種大合併的過程中，搞商業業務工作十分困難，任務非常艱巨，但我作為業務股長，始終清醒地、本能地認識到，多組織工業品供應群眾、多收購農產品支援工業對鞏固工農聯盟至關重要。因而對具體業務活動堅持進行，沒有大的影響。尤其對農產品收購工作抓得較緊，經常主動與各中心商店（即基層社）密切聯繫，通報收購上調進度，督促工作，並幫助下面解決困難。如1959年春節後不久，就建議在全縣產繭區普遍建立烘繭灶，得到部領導的支持和基層的讚揚。還建議領導上召開電話會議，組織人下去檢查說明工作等，從而使石泉縣商業局在1959年農產品的收購上調工作中任務完成出色，評為先進單位，獲得省人委的獎勵並被推薦為出席全國商業支援農業巡迴現場會議的單位。

在任石泉縣駐西安辦事處主任的一年時間裡，除接待應酬外，主要任務是統一領導和安排全縣的資源採購調運，縣上派駐西安、寶雞、龍口、漢中、成都的十五位常駐採購人員的工作關係，費用核銷，採購指揮，統一劃由

西辦負責。尤其在西安採購的百貨文化、針紡、五交化、付食煙酒日用什品，醫藥農業生產資料，部分土產及工業生產資料等商品，有從省上進的，也有從市上進的，不但要千方百計研究抓貨源的辦法和對策，而且還要大體分配發給漢陰、石泉、寧陝、江口等商業批發單位及本縣有關工廠。當時採購人員隊伍龐大，來貨管道複雜，分發頭緒較多，工作任務艱巨。如果沒有精明的指揮才幹，沒有一定的交涉能力，沒有熟練的業務水準，不建立科學的管理方法，是沒有辦法完成西辦任務的。我在任一年和同志們一道，工作做得比較出色，縣上有關各方面都比較滿意。

從 1962 年元月以後的這二十幾年，一直在地區百貨公司工作，其中當了十八年業務科長（包括文革前未任命時的業務負責人），當了五年經理付經理。在這二十幾年時間裡，從機構籌建、向全國掛鉤，到經營的不斷發展擴大，以及對全地區市場的安排，尤其是對地方工業的扶持發展，對業務基礎工作的建設等方向，自己付出了應有的努力。動腦子、出點子、想辦法，身體力行，取得了較好的成效。

安康建立二級站初期，我就根據多年搞業務工作的實踐，親自動手設計並後得到了有關各方同意。建立了一整套物價管理辦法，包括定價、更價報審表。活頁物價登記卡，使百貨站的物價工作從 62 年建站就有了一個良好的開端，二十幾年來經過安康百貨站經營過十多萬種不同產地、不同規格牌號、不同花色品種的百、文、針、紡商品，其價格的制定和調更變化，一一詳記在案。並且多次的大規模調整物價，多次的綜合刊印物價，多次的全面審查物

價，我都是親自參戰，具體領導，既當指揮員又當戰鬥員。使物價工作從未出現過遲調、亂調、洩密或失控現象。

在購銷業務管理方面，建立了一系列的基礎登統制度。對統計制度規定統計的大商品建立了詳細的品類統計。例如，對膠鞋類分大中小解放鞋，大中小網球鞋，大中小田徑鞋，高筒靴、半筒靴，大中小輕便鞋⋯⋯等等。按照自己對百貨文化商品摸索多年的經驗，親自對包羅萬象的百貨文化小商品又按四十多大類、580多個品類編制了登記目錄，並研究建立了逐日登統、按月、按季、按年彙總成表的程式，使所有小商品的購銷數字已有十多年的完整積累，至今還在沿用。這對瞭解小商品的經營歷史，及指導現實購銷活動進行定量分析和滿足百貨總公司、省公司不時所瞭解的某商品若干年購銷情況的臨時需要都有著重要作用，曾受到省公司的多次表揚。對出外採購人員不但有採購制度，而且有購進商品通報制度，對防止多頭重複進貨、盲目大量進貨起了重要作用。

我從當業務科長到經理，對安康地方工業產品始終是本著積極扶持發展的態度，從向工業介紹門路、提供資訊、包本補貼以至商業虧本共度難關，總想把安康的輕紡工業促上去，因為對解決就業財政等問題都大有好處。通過開地產品展銷會，帶工廠同志共同去參加商品部門舉辦的各種展銷、交流、供應會，宣傳推銷地方產品。百貨站直接收購地方工業產品總值從1970年的112萬元，到1980年的880萬元，十年增長七倍，二級站直接收購其產品的廠家最多時達二十四戶。

1982年由於我區各級黨政領導重視、公司同志們的努

力，自己也出了一份應盡的職責，使我區滌棉布推銷工作被評為全省先進，受到獎勵。

1982 年我在任經理期間，堅持劃細核算單位，由我主持研究，親手草擬方案，實行分科核算。雖一次尚不可能完善，但為後來的分部核算打下了基礎。

在開拓經營方面，雖然當時還是封閉的形勢，但由於貨源緊，我們仍求得多方支援，與全國 500 多家企業掛鉤，建立了定點供銷關係，並詳細記錄起歷史供貨水準，便於協商要貨。使我們的業務經營不斷擴大，如 62 年建站幾年內年供銷貨總值不足 1000 萬元，而到 1971 年就達到 3100 萬元，增長兩倍。1981 年達到 5100 多萬元，又增長近七成。

我任業務科長 18 年間，多次評為先進工作者，其中 1977 年被公司推薦出席全省財貿先進集體先進個人代表大會的代表，因故未能獲准。

參加工作以後，先後於 1950 年元月、1960 年 9 月、1975 年 9 月、1980 年 9 月、1982 年 2 月五次進公學、幹校、黨校學習，每次四至六個月。學習內容除哲學、科學社會主義外，大部分是政治經濟學。再加之本人在幾十年中的自學，學完政治經濟學資本主義部分及社會主義部分之外，還通讀了《社會主義經濟問題》、人民大學編的《商業經濟學》及馬列的部分論著，自己在理論方面有了一定的基礎。

從 1959 年到 1982 年，參加工作後曾進行了四次專題社會調查（參與調查兩次，帶領別人調查兩次），其中三次是我親手起草撰寫的調查報告。

1984 年 8 月在公司退居二線借調到商業局後，主要負責整頓改革方面的具體工作。一是 1985 年一年解決企業整頓的掃尾及全面複查補課工作。在領導的重視下，在我前任的良好基礎上，我們做了應該做的具體工作和參謀工作，促進了整頓及複查補課任務的全面完成，1985 年底獲得地委行署的獎勵；二是商業改革。無論是 1985 年至 1986 年對小型企業的改轉租，還是 1987 年以來對大型企業的承包經營，一直在地區各大部中名列前茅。在這方面的工作中我們做過一些微小的具體工作；三是到局工作四年中參加慰問組、檢查組、調查組八次之多，跑完了全區十個縣，有些縣還去過兩三次。由於本人善於學習，瞭解商業政策，平時勤於求教業務，計統、財務、人教等部門業務知識面寬，有一定政策水準，因而下去還能多方接觸，從未出現過一問三不知的被動局面或胡吹冒料現象，能夠嚴格按照政策分寸及職權範圍探討和處理問題。

參加工作三十八年多時間裡，一致從事商業工作。雖然在文化知識、理論知識、業務技術等方面有了一定的程度，工作中也取得了一些成就和經驗，但教訓和失誤也是不少的。我決心在今後的有生之年裡繼續學習鑽研現代商業管理知識，不斷提高自己的業務能力，以適應事業發展的需要，幹自己力所能及的工作，努力為人民繼續作貢獻。

—— 摘自 1988 年 7 月 28 日《吉成祥工作報告》

2. 五朵金花

龍窩街 69 號家屬院的吉家五姊妹，被遠近的大人們稱

為「五朵金花」。老大燕玲和最小的五妹秀秀相隔十二歲。燕玲長得漂亮，一雙大眼睛水汪汪的，聰明伶俐，深得街坊鄰里的喜愛，尤其是家屬院裡父親的同事們，都叫她「玲娃兒」。

燕玲跟父母生活時間最長，耳濡目染父親敏捷的思維，母親的堅韌勤勞，自小養成了雷厲風行，潑辣幹練的性格。小時候父母忙於工作，她幫著幹家務，做飯炒菜動作很麻利。因為是老大，也肩負起管教妹妹們的責任。她很有原則和正義感，眼睛裡揉不進半點沙子，要是看見哪個妹妹偷懶犯錯，立即聲色俱厲地批評。但心思也很細膩，在外像大傘一樣罩著妹妹們，愛護有加，不允許別人欺負妹妹，是典型的「刀子嘴豆腐心」。

1969 年文化大革命已經在全國轟轟烈烈展開了三年。燕群七歲，到了上學年齡。跟兩位姐姐一樣，她就近上了紅旗小學。此時，去學校主要也是學毛主席語錄，勞動，聽姐姐們談論城裡鬧革命。琴三歲圍著母親，這年母親身子已經很重了，夏天琴也有了一個妹妹。

1974 年文革已經接近尾聲，中學仍然有紅衛兵。燕群和姐姐們在學校學的是俄語。1976 年毛主席和周總理相繼去世，毛主席指定的接班人華國鋒擔任主席，文革結束，粉碎了「王張江姚四人幫」，鄧小平重新出馬，華國鋒仍然堅持「兩個凡是」。直到十一屆三中全會上提出了改革開放總路線。

學校也發生了翻天覆地的變化，被打倒的老師們又回來了，1977 年全國開始恢復高考了。燕玲和燕萍都已經高中畢業，響應「知識青年上山下鄉，接受農民再教育」

的號召，分別去了不同鄉村插隊。燕玲在校學習成績一直很好，高考恢復後本來報名打算應考的，可惜因為考前幾個月遇上車禍，腿受了傷，不得不放棄了。

1979年取消了插隊制度，學生們都不用下鄉插隊，燕群被分配去了江北張嶺水電三局。1978年安康水電站剛剛建成投入使用，還有很多相關的開發建設工程持續著，需要大量人手，尤其是高中畢業有文化的年輕人。因為工資待遇好，包吃包住，集體宿舍伙食也很好，當年也是年輕人們嚮往的工作。燕群被分配做倉庫保管員，大家過集體生活，每個月回家一兩次。在這裡，結識了很多朋友，情竇初開的少男少女們朝夕相處，很多人日久生情，後來有不少成雙結對。

1981年燕玲和洋縣老鄉秉科結婚。杜家在洋縣四郎廟，跟薛家砭互相認識，秉科的母親和蘭娥是小時候的好姐妹。秉科是洋縣漢劇團的演員，對燕玲熱烈追求，百依百順，對岳父、岳母和妹妹們萬般殷勤，很快博得全家的認同。

1982年，龍窩街家屬院的樓房蓋起來了，吉家人多，分到了一單元三樓的兩套兩室一廳房，打通後就是一大套，全家興高采烈搬了進去。

1983年夏天的安康，酷熱難當。白天火辣辣的陽光曝曬，每到黃昏，人們都拖家帶口，湧進漢江河岸，大人納涼閒聊，年輕人游泳，小孩戲水玩耍。有人帶著搓板去洗衣服，拿著棒槌敲打搓洗，再到較深的地方擺乾淨。小孩子們都愛撿石頭扔向河中心，比賽看誰扔得遠。撇得有水準的話，隨著波浪在水面跳躍，次數越多就越厲害。

7月下旬，陰雨連綿下了兩個星期了，眼見著漢江河水位越來越高。安康人對夏天漲水並不稀奇，每年到這個季節水位升高，隔幾年就會漫上岸來。住在河邊的人家都習慣了，遇到漲水厲害，就拖家帶口暫時躲避，等水退了再回來。可是這一次有點不對勁。大雨已經下了兩星期了不停歇，水位完全沒有退走的跡象。

7月30日吉成祥參加各縣電話會議，聽說漢江上游石泉等幾個縣城的水壩也達到極限了，安康水電站的大壩接近極限，不得不洩洪。龍窩街緊鄰的城牆，就是河岸堤壩。如果萬一大水漫過城牆，這裡將是最危險的地段！

7月31日一大早，吉成祥開始勸導家屬院的群眾，呼籲大家儘快撤離疏散。可是很多人覺得大驚小怪，尤其是老人不相信：「俺活了一輩子也沒見河水會從城牆進來，就算萬一進水了，咱們不是住在五層樓房麼，還害怕個啥呢？」家裡養有豬和雞鴨的也捨不得放不下，吉成祥號召幹部黨員帶頭，磨破了嘴皮挨家挨戶勸說疏散。

薛蘭娥這幾天身體不太好，她感冒了，身體倦怠。為了安全起見，琴和秀陪著母親先去地勢較高的土產公司躲避。下午三點多出門，經過紅旗小學「三幹會」出大街，沿路擠滿了拖著行李焦急慌忙逃跑的人們。還沒到西大街就聽到滿街的高音喇叭聲，縣長張子美大聲疾呼，要求全城人緊急疏散。從來沒見過安康城街道如此擁擠，不知從哪裡來的各種大小汽車卡車，把西大街堵得水洩不通。交通徹底癱瘓了，自行車都無法通過。三個人抱著妮娜，從夾縫中好容易走到了西大街的土產公司大樓。燕玲結婚後就住在這裡，下面三層是辦公樓，四樓是宿舍。燕玲家

就在四樓走廊盡頭靠窗的房間，是個大單間。比起普通的住宅，這裡的樓房天花板高得多。全城龍窩街恐怕是最低的，所以相對城裡的地勢顯得略高一些。

這天燕群和張勇去看完水，漢江決堤，大水已經湧入城裡。兩人無法回家，只好爬上保險公司樓頂，依偎在一起等候救援。洪水散去之後，劫後餘生的二人立下了山盟海誓。

這場特大水災導致安康城幾乎全毀，造成 870 人死亡，將近十萬人受災。災後除了機關單位工作人員，老弱病殘和學生都往城外或省外疏散，投親靠友，全國各地都有賑災募捐活動，接納受災難民。

蘭娥帶著琴和秀，還有剛剛兩歲的小妮娜，回到洋縣老家避難。他們在石山下住了一段日子，燕玲回來安排好琴秀在城裡上學後，在書院中學附近租了一間老房子，住了下來。

在洋縣避難的半年裡，琴在洋縣讀高中，秀在書院中學讀初中。蘭娥一心一意給孩子們用土灶燒菜做飯，帶外孫女妮娜。這段時光既溫馨又快樂，發生了許多趣事。秀喜歡去劇團，在一旁觀看大姐夫和演員們練功和排練。洋縣中學隔著荷塘對岸就是漢劇團的劇場，幾乎每晚都有上演不同的劇目。秀和琴常跟著去後台看演出，漸漸跟劇團的人也熟絡了，其中一名花旦叫何春玲，正在學英語，跟秀成了好朋友，秀回安康後仍然保持了好幾年書信往來。

琴認識了行俠仗義，品學兼優的班長薛虹，成為最好的知音閨蜜。那時薛虹組織學校各種活動，包括學習張海迪事跡。秀在書院中學因為看不慣班裡某書記的兒子欺負

別人，仗義執言，班主任聲色俱厲來批評，秀跟班主任唇槍舌劍，當天蘭娥就被叫去談話。

不料蘭娥聽完，一臉訝異回應：「某同學仗著家裡有權有勢欺負人，難道我女兒幫助同學說幾句公道話，有什麼不對嗎？」

班主任從未見過這樣的家長，啞口無言，蘭娥告狀到校長，後來校長出面勸解息事寧人。

蘭娥回到家跟女兒說：「這樣的學校上不上也無所謂！反正很快就回安康了。」

這件事後來傳到安康，成了大家時不時拿來講的經典故事之一，笑得全家人前仰後合。

秀從小得到父母和姐姐們的寵愛，不知天高地厚，膽子賊膽大。在洋縣書院路住的時候，有次琴半夜發燒了，需要送去醫院，秀半夜去找住在劇團二樓宿舍求救。鐵閘門早就關了，秀爬上去翻牆跳入院子，叫醒了熟睡中的姐姐和姐夫。

半年後，當吉家母女、外孫女四人回到安康時，幾乎已經認不得了原來的模樣，到處都是災後重建的施工現場。

雖然安康遭受重災，但改革開放的春風已吹遍大江南北，年輕人們充滿朝氣活力。吉家人多，用災後補發給每個人的救災款，購買了新電扇和「飛躍」牌黑白電視機，大約四百多元。那時流行鄧麗君的歌，靡靡之音不再被限制，人們不需要躲在被窩裡偷偷收聽敵台。可以大方地手把手去一起去看《鄉音》劉曉慶，《牧馬人》《城南舊事》，潘虹的《人到中年》，還有《高山下的花環》。

　　1985 年夏天，琴考上大學的消息很快在家屬院傳開了。樓上戴眼鏡的張大夫最欣賞愛學習的小姐妹，第一個高興地祝賀。然後是樓下的鄧叔鄧姨、魯叔和魯姨都來了。這可是龍窩街家屬院裡第一個考上大學的孩子。父親無比欣慰，掩飾不住的自豪和驕傲，接受大家的祝福和讚美。

　　其實高考結束後，琴的心情還低落了好一陣子，因為她覺得自己這次考砸了，沒有發揮出應有的水準。考試前有段日子，突然間她死活都學不進去了。母親默默陪著她，想盡一切辦法安慰她，變著花樣做好吃的。父親不知去哪抓來鱉，母親熬了鱉湯給她喝，聽說補腦補身。或許是神經繃得太緊，臨考前琴竟然發起高燒。三天考試期間，全家出動支援，父親騎自行車接送至考場。姐姐們也都隨時候命，此刻還是三姐男友的張勇有輛嘉陵摩托車，最後一天騎摩托把她送到學校考場。

　　難熬的等待時間終於過去，成績下來了。琴考取了漢中師範學院的化學系，雖然沒有如她所願翻過秦嶺，畢竟這是整個家族，也是整個龍窩街大院裡第一個考上的大學生，足以令父母欣慰的了。其實從 1977 年恢復高考，到 1985 年時也不過才七年，競爭異常激烈，能考上的絕對堪稱天之驕子。永紅和安中互相競爭，各校老師的最大奮鬥目標就是自己培養的學生「翻過秦嶺」——考入省城西安的大學或省外的一級本科。

　　這時流行一句話「學好數理化，走遍天下都不怕」，很多人從小的志向就是當一名「科學家」，所以學習優異的學生，都首選理科。琴從小的偶像就是發現了「鐳」元素的居里夫人，所以她選修了化學。此時的她萬萬沒有想

到這種理想竟一直伴隨著自己，幾十年後真的夢想成真，當了科學家，而且研究的方向也是放射化學。無巧不成書，她甚至去了居里夫人的故鄉，成為不折不扣的科學追隨者。

琴考上大學兩年後，1987年秀也考上了大學。秀從小很頑皮，和乖巧懂事的琴性格大相徑庭。她倆從小學到中學都在一個學校，秀常常闖禍，老師們批評她時往往會說：「該好好向你姐學習！」秀很倔強，一直都在努力擺脫老師們口中「優秀姐姐」的影子，所以刻意選修了文科。

八十年代有些家庭開始有了電視，人們對日本電視劇如癡如醉，從《排球女將》到山口百惠和三浦友和的《命運》，看到了完全不同的世界。秀很喜歡模仿唱歌，《血疑》主題曲她都能用唱出來了。也正是這樣的興趣，她報考外語類大學，選了日語系。家人非常支持，只要能考上大學，翻過秦嶺，學什麼都支持。

這一年吉家喜事連連。六月下旬燕萍誕下男孩，十二月初燕燕又誕下女孩，成祥和蘭娥高興得走路都是輕盈歡暢的，樂得合不攏嘴。他們煮了紅雞蛋，送給左鄰右舍。現在家裡已經有三個孫輩了，妮娜五歲了，她跟隨母姓吉。

燕玲自認為瞭解父母的心思。雖然他們常常把「我家有五千金，夠啦！」掛在嘴上，逢人便說知足幸福，「因為女兒帶回來的女婿們，都變成了兒子！」可是燕玲從小耳濡目染，心裡也清楚，父親骨子裡畢竟還是有些傳統觀念，在老家他吉家是長子，肯定也希望吉家姓氏得以延續。好強的燕玲有一種使命感，結婚前就已經跟丈夫家人講好條件，無論將來生男還是生女，都要跟隨她姓吉，丈夫和

婆家人都同意了。

　　在姐妹裡，年齡越小的似乎越任性。秀有點男孩子的野性，長大了也不例外，活潑好動，也很叛逆。1988年大學二年級暑假，邀請她的外教杉本雅惠和好友姚燕回安康旅行。熱情好客的吉家上下早早就開始準備，粉刷了牆壁，佈置了客房，還為了洗澡方便，特意在衛生間安裝了淋浴頭。大家從來都沒見過外國人，充滿了好奇。不知怎的，消息不脛而走。

　　杉本來到安康後的第三天，吉成祥和秀就被公安局叫去問話，被警告縣市級還沒有對外開放，外國人是不能隨意進出的，必須立即中止旅程，提前離開安康城。又仔細盤問帶老外去過哪些地方，要求交出拍攝的照片一一查看，詢問拍攝的意圖。照片中有上墳路上自行車上架的花圈，寺廟門口，農貿市場，大家都覺得很好奇，老外怎麼拍些稀奇古怪的東西。

　　1989年夏，社會發生激烈動盪。適逢這年琴大學畢業，因為成績優異而留在漢大任教。大學老師都要去農村支教，她在漢中附近農村支教期間，認識了一位楊姓同學，也成為她生命中最重要的伴侶，1992年喜結連理。

　　1991年秀大學畢業，分配到省外貿公司工作。這年發生了許多影響她一生的事情。她在大學期間就積極參與各種外賓接待活動，畢業工作後利用週末節假日，繼續幫文化廳做導遊兼翻譯。一方面增廣見識，另一方面也是為了練口語。這年春天接待的「日中漢詩友好協會」代表團一行，給她日後的人生帶來了巨大的影響。團長是京都著名的學者柳田聖山，日本禪文化協會的會長；代表團幹事

長棚橋篁峰先生，著名的日中交流家更成為後來留日深造的重要導師和引路人。也是在這年冬天，秀所任職的陝西省土產進出口公司派她去深圳常駐工作，負責代理外銷業務，與港商接洽。也是在這年，她在西安邂逅了國昌。

1992 年夏天秀與國昌結婚。工作三年後，於 1994 年秋天經香港飛名古屋，正式赴日留學。先是在京都府立大學攻讀文學一年，隨後又考上私立大學同志社大學攻讀商科，1998 年取得商科碩士學位。她一邊上學，一邊兼職工作投入國際文化交流。1999 年初回國後，她帶著父母和玲歷遊昆明大理和北京。也是同年的暑假，姊妹十幾人齊聚北京，第一次家庭旅行去北戴河遊玩，迎接千禧年代到來。

3. 龍窩院子的記憶

2022 年一個星期天的晚上。琴和秀微信接通，有一搭沒一搭地聊起天來。這是姐妹之間常有的光景，平日在四姐妹和安康大家庭的群組裡，幾乎每天都有互動，可是時不時還會單獨煲電話粥。常常一聊就是幾個小時，身邊的丈夫們經常調侃：「你倆是從小到大的姐妹，怎麼永遠都有說不完的話題似的，要是不喊停，怕能聊上三天三夜！」

這一天，倆人切磋完鋼琴、小提琴的新領悟，聊了各自兒子在外的近況，點評了北京冬奧會花樣滑冰王子羽生結弦和滑雪公主谷愛凌的表演，話題轉到安康，回憶起兒時在安康龍窩街的點點滴滴。

砸石頭。那時大姐、二姐和三姐都去過江北，挖方和

砸石頭掙錢幫補家計。大家都自帶板凳和錘子過去，挑石頭，砸碎了按方量算，估計就是現在說的立方米，每一方大概也就幾分錢。為了爭分奪秒多幹活，午飯顧不得回家吃。記得夏天很熱，母親熬了綠豆湯，讓琴送過去給三姊妹消暑解餓。

根據時間推算，1970年安康鐵路通車的，七十年代的江北還很荒涼，正開始大興土木，其中最大型的工程項目就是興建漢江水電站。安康水電站是中國十大水電站工程之一，「七五」計畫的重點建設項目，由北京勘測設計研究院設計，中國水利水電第三工程局施工，概算總投資26.8億元人民幣。當年主體工程共開挖填築土石方793萬立方米，混凝土澆築321.5萬立方米。除了水電三局，發動當地群眾參與，人工砸碎的石子，估計都是用來填地基或加固堤壩的。水電站在1978年建成投入使用，後來陸續有外來人員營運維護，「江北張嶺人」都說普通話，跟江南的城裡是兩個世界，後來才慢慢互相融合的。

學校勞動。那時學校裡都有養豬，飼料就是學生家裡的廚餘——當地土話叫做「惡水」，加一些蘿蔔纓之類的蔬菜。學校也有種菜，肥料就是學生採集的牛糞，或惡水倒在菜園邊自製的。二姐因擔肥，累壞過。琴跟郊鄉養牛的同學關係好，有時可以弄來牛糞上繳。

八點花。母親是個特別勤快的人，在龍窩街的院子和屋後城牆下的坡地，開墾了自留地，種菜養花。她在老家洋縣鄉下時就是種地織布的能手，來到安康城裡住了幾十年，依然保持著農村人淳樸勤勞的本質，最愛搗鼓的就是自留地，對花花草草有種說不出的親近感，種菜養花為了

自力更生，也令她感到無比踏實和快樂。每逢夏天，月季花、牽牛花、喇叭花、雞冠花、吊金鐘，還有被孩子們稱為「指甲彩」的小花五顏六色盛開，爭奇鬥燕，鄰居們無不嘖嘖稱讚。

其中最受孩子們喜歡的，就是神奇的「八點花」。吃完晚飯，黃昏時各家各戶都端著椅子凳子出來納涼聊天，父親們支起床鋪，孩子們在床上快活地蹦來跳去。快到八點了，大家就圍著花盆盯著，果然到了時間，白色的小花瓣徐徐舒展，露出黃色的花心，實在是太美了，那種期盼和感動深深震撼著每個人，伴隨著喜悅和仲夏的涼爽，至今仍然記憶猶新。多年後才知道那就是傳說中的「曇花」，幸運的花朵。

美麗的外形像雪花一樣白，又像蓮葉一般香，曇花一現的那般詩情畫意就這樣熠熠呈現，似乎發著光。對於龍窩街大院的吉家姐妹們，八點花的詩情畫意裡更多的是一家人美好溫暖的回憶。如今，姐妹裡琴好像是繼承了母親的種植本領，種什麼都枝繁葉茂，經常分享她種的各種花草，連路上撿回家的長壽菊隨便一插都能開好久。

屋後的山坡。那時院子是聯排的平房，靠城牆根的是三間，外間是客廳兼父母的臥室，中間除了過道靠牆有三張床，是姐妹們的臥室。最裡面是廚房，灶台前有一扇窗，外面就是城牆下的山坡。母親把靠近自家窗前的一小塊地耕平後種菜，環繞自留地的山坡上灌木和野草叢生，對孩子們來說那是充滿神秘，值得探險的原始森林。琴和秀經常跟院子的同齡孩子們翻窗出去，採摘灰灰菜，挖薺薺菜。但總有一個大家都不太敢去的角落，聽說那邊似乎有一個

墳墓。

那時大一點的哥哥們愛講鬼故事，還有令人毛骨悚然的「梅花黨」的故事。屋後的山坡就成了恐怖鬼故事無限放大的對象。琴從小想像力豐富，聽完後很害怕，總覺得墳稀奇古怪的東西晃動，夜裡不敢一個人在廚房逗留，每次父親讓她關窗戶，總是要鼓足很大勇氣，心撲通撲通砰砰直跳，不敢往外望，好像黑漆漆的山坡上突然會有東西躥跳過來。琴自己回憶起當年縈繞在內心揮之不去的陰影，似乎仍然感到心有餘悸。按照現在科學的說法，受驚嚇後未能及時傾訴和得到情緒輔導，以至於搬離平房後相當長一段時間，仍不敢接近那附近玩耍，也變得敏感和膽小了，不像秀那樣被大人笑作「賊膽大」。

過年。母親在過年前會準備各種好吃的。她總是別出心裁，變著花樣給孩子們製造驚喜。例如蒸的「杠子饅」，或把麵團揉捏成小動物，兔子或蛇的眼睛是綠豆嵌成的，栩栩如生。倘若在今天，估計就是妥妥的麵包師傅。平時天天吃包穀針，各種紅薯。秀胃口很好，記得曾經一頓飯吃下七碗包穀針。

院子裡的植物。前院和隔壁百貨公司大院裡有高大的桑樹，每年等著桑葚由綠變紫，等不及爬樹採摘。桑葉很有用，是孩子們積攢的物件，因為不僅能拿來養蠶，還能用來包「指甲彩」。花瓣採摘下來後，砸成糊狀，小心翼翼地糊抹在指甲上，然後用新鮮的桑葉包紮起來，再用細線纏緊，第二天拆開指甲就變成花瓣般的粉紅色了。那時家家戶戶都養過蠶，孩子們照顧蠶寶寶，就好像寵物似的，慢慢看著蠶長大，繞成繭的過程。安康自古就絲綢產地，

還沒有工業的時候，很早就有了繰絲廠。人們在家裡養蠶，並把蠶繭送去繰絲廠還錢。抽絲之後的蠶蛹兒，用醬油和蒜苗炒香，就變成了孩子們愛吃的零食，或招待客人的下酒小食。張家門前有一棵低矮的無花果樹，也是孩子們獵取的目標。快到成熟季節，每天都去看果實的顏色。太早太晚摘都不行，誰能把握時機搶到就是誰的。有時候難免爭搶吵嚷，最後劃拳定勝負，人小膽大的秀總是能搶摘到幾顆，用手撕開跟琴分享，格外香嫩可口。至於百貨公司大院裡一排排的蘋果樹，似乎從未等到成熟變紅，摘下來的永遠是核桃大的青蘋果。

走街串巷的叫賣者。夏天裡有賣蚊煙兒的，挑著擔子，兩頭掛著蚊煙條兒，大約香腸般粗，一米多長，點燃後用來熏驅蚊子的。後來有了蚊香，就漸漸看不到賣蚊煙的了。逢年過節前有來彈棉花的，通常都是男女三四個人。一來就連著好幾天，各家各戶輪著把破舊的棉被交給他們，師傅們起早貪黑一天從早到晚也只能彈七八套。院壩裡支起大木板床，有時乾脆臨時搭個棚子。女人把被套拆開，棉絮攤開，壯漢們把大長弓背在身上，翻來翻去把已經變成一坨坨的棉絮彈散。待到棉花均勻地蓬鬆起來了，女人們把紅棉線斜著網在棉花面上，立馬好像新的一樣，最後再縫上洗乾淨或新的被套，交還給各家。有時候，各家各戶輪流管師傅們一頓飯。

爆米花的。孩子們最愛的叫賣者，各家拿著碗，裝滿包穀或大米，孩子們樂意排隊輪候。師傅生好火，上面架起好像魚雷一樣的鐵爐，倒入包穀或大米後手搖轉動，有一個儀錶盤，時間差不多的時候，叫孩子們都躲閃在遠處，

雙手摀著耳朵，因為最刺激的時刻要到了。一個長筒的布口袋，前端是橡皮套，師傅把鐵爐一邊翹起來放入橡皮套中，腳猛踩一下機關，就聽到「砰」的一聲巨響，白煙冒起。孩子們歡呼著奔向布袋，師傅把布袋抖落在簸箕上，熱氣騰騰香氣撲鼻的爆米花。

大院孩子們的遊戲：甩響包，踢毽子，拔筋，跳繩子。

那時幾乎家家戶戶都會攬些活回家，大人小孩一起做，幫補家庭生活。印象深刻的有砸核桃，去冰棒廠（副食糖果廠）撿乏碳，貼電池的商標，給衣服鎖扣眼鎖邊，釘扣子等等。貼一張商標四分錢，釘一件衣服釦子大概也就一兩毛錢。

大人們把一麻袋一麻袋的核桃拿回家，在昏暗的燈下圍著桌子和板凳，拿小錘子叮叮噹噹敲碎，然後剝開果殼，取出果仁。必須小心翼翼，因為最終果仁收購價格是按照形狀分等級的，果仁越完整的，價格就越高一點。

琴小學擔任大隊長，排球二傳手，籃球健將。其實她跑的速度並不快，但是技巧不錯，會前後運球，投籃也很准。所以中學期間，代表安康縣籃球隊參加全省比賽，第一次離開安康遠行去過華縣。那時球隊裡大概有十二名隊員，每次五個人上場，她算是中場。在體育場集訓時，提供一頓飯，杠子饃不捨得吃光，總是留一半給秀拿回家。還有廚房的夥計額外送給琴的小地瓜，也拿回家跟秀分享。體育場離母親上班的服裝廠不遠，訓練結束後，經常在看臺換好衣服，直接去服裝廠等母親下班。全家在體育場燈光球場參觀過比賽。

女孩子們在有限的條件下，也不忘愛美。天然的染指

甲方法，是自製「指甲彩」。把粉紅色的花朵摘回家，搗碎了放指甲上，用桑葉包起來，細線纏好綁緊，第二天解開顏色就染上了。另外，改革開放後開始流行捲髮，不知誰發明了用筷子捲頭髮，把筷子在爐子上烤熱，但又不能烤得太過頭，不然不小心就點燃燒焦了，然後快速卷劉海。

鄰居們。後院有王紅民家，陳靜家，鄧家，夫妻都是知識份子的胡家。還有隔壁魯家好像是四川人，常不知從哪逮來些泥鰍黃鱔。前院有張家五兄弟，就是動不動說要和吉家換孩子，兒子換女兒的那家。還有抽水煙的唐婆唐爺，唐婆個子矮小，滿臉皺紋，孩子們經常偷她的水煙槍看個究竟。胡家經常不知為什麼就辯論吵鬧起來，敲鍋砸碗鬧得很兇，有時突然又靜悄悄幾天，成為院子裡最為神秘的一家。其他人家互相隨便開玩笑熱鬧，但對胡家都不敢隨便開玩笑，有些距離。秀跟胡小寧年齡差不多，去過她家裡。房間裡有帶鏡子的大衣櫃，客廳牆上掛著巨幅毛主席和華國鋒「你辦事，我放心」的畫像。院子西南角是劉家大哥的新婚房，單獨一間，家裡有最時髦的留聲機，放的黑膠唱片，常常傳出不知名但悅耳動聽的輕音樂。劉仁秀跟燕群是同學。最為講究的要算王家了，因為王老太經常嗑著南瓜子或葵花瓜子，紅民總是有她爸從外地帶回來的水果糖，還有令大家羨慕的五顏六色稀奇的糖紙，但是王老太樣子很犀利，見到小孩子淘氣會聲色俱厲地呵斥，孩子們都有點害怕她，不敢接近。

冬天的記憶。天很冷，幾乎每年手都有凍瘡，結痂又結痂。清晨院子裡的水龍頭結冰沒有水。洗紅薯時，先放進桶裡，用擀麵杖攪動，等泥巴掉了，再用刷子和手洗。

冰冷的水，刺骨般疼痛。每天早上，父親起床第一件事情，就是去廚房拿鐵鉗捅爐子生火。秀是姐妹裡唯一上過幼稚園的，冬天裡天濛濛亮，父親在院子裡雪地上打太極拳，秀趴在門縫裡看，等著父親打完太極拳，騎自行車送她去鼓樓街的幼稚園。

夏天的記憶。在池塘裡用紗布做成的小網撈魚蟲，拿回院子裡餵金魚，又去抓田野裡挖蚯蚓，餵唐婆家的鴨子。

姐妹逸事。琴和秀倆人小學和中學都在一個學校，秀在幼稚園學會認字，回家又成天跟著姐姐們玩，琴做作業的時候在一旁看，學得很快。中學後，秀時間觀念很強，總是擔心遲到，顧不得吃早餐。琴總是很淡定，經常買了芝麻燒餅送到秀的教室。秀小時候性子很野，大人們常常說「老五你簡直就是個小土匪啊！」常玩些摸爬滾打的打仗遊戲，夏天的汗衫常常磨出窟窿來。有次翻牆去屋後，不小心打翻了爐子上的開水鍋，胸前嚴重燙傷，急得拿涼水沖，結果至今還留著傷疤。又有一次，端著碗吃著飯，去王家玩跟紅民發生衝撞摔倒，被鋁制湯匙邊割傷了左手小指，幾乎截斷。琴中學時貧血，身體不好，還有一段時間走路總愛踢自己的腳，一直腳踝總是被踢得傷痕累累。姐妹倆上學時秀就幫著背書包，還讓她扶著自己。

母親。被服廠大家都叫縫紉廠，大概是縫紉社的延伸。主要是流水線生產工裝，小姐妹倆常常去玩，有時幫忙鎖扣眼釘扣子，工友們都誇讚琴和秀倆手巧勤快。母親主要負責熨衣，但是她很快熟悉服裝生產的每個環節，自己用彩色粉筆設計圖紙，家裡買了縫紉機之後，她就自己做各種服裝。孩子們過年的所有衣服，甚至包括鞋襪，都是她

一手做的。院子裡她組織女人們成立互助小組，每個月「上會」，拿出一些錢，每家輪流使用。大概相當於現在的「眾籌」。

　　大姐。上山下鄉插隊，在生產大隊擔任老師，教農村的小孩子認字。回城後自學課程，高考恢復那年本來打算參加高考，因在江北遇到車禍，騎自行車被卡車捲入車底，幸而車輪沒有碾過，只是撞傷了腿。但是因而未能如願參加高考。後來工作後，自學大專課程，考取了會計資格。並在四十多歲學會了開車。

第三章：愛，在最後的日子裡

安慶大橋 1975

第三章｜愛，在最後的日子裡

千禧年開始後，吉家發生了很多變化，生死離別和大悲大喜不斷。

秀 1999 年初回國後，回到家鄉安康住了一年。自從 1987 年上大學後，這是睽違已久在家陪伴父母和家人的一段時光。在日本的幾年裡，她參與亞洲文化國際交流會工作，跟隨棚橋先生穿梭於中日兩地，推動民間文化藝術交流活動，四五年間幾乎走遍中國的大江南北。然而每次回家都是匆匆忙忙，一直很愧疚。她答應父母一定要帶他們出去旅行一次。

昆明大理和北京之旅

2000 年的夏天，秀的心願終於實現了。大姐燕玲支持，一起陪伴父母去了昆明和大理，又去了一趟北京旅行。在北京的時候，他們沒有去長城，吉成祥和薛蘭娥最想去的是天安門廣場。這是成祥多年前出差來過，但還是第一次登上天安門城樓；蘭娥則最想去毛主席紀念堂，她感慨地說：「畢竟是毛主席解放了我們，婦女徹底翻身自由了，不然婦女也不可能成為真正的半邊天。所以哪裡都可以不去，一定要去看一下這位偉大的領袖，說聲感謝的！」

其實旅行出發前，成祥和蘭娥的身體狀況並不是太好。成祥主要是高血壓和糖尿病，之前還查出嚴重的肝膽毛病。蘭娥則是風濕性心臟病，多年的哮喘，平時在家靜養為主，很少出門。醫生說多少有點風險，但是秀大膽決定，

也得到了兩位老人的響應，燕玲也表示會請假同行照顧。

秀作了周祥的旅行計劃。從西安到成都、昆明、大理再到北京，每到一地都委託文化交流工作中認識的相熟外辦友人，安排五星級酒店和專用旅行車，除了接待人員和導遊，途中還是有醫生、護士帶著氧氣袋隨行，確保萬無一失。成祥和蘭娥人生第一次跟大女兒和小女兒一起旅行，顯得格外雀躍和興奮，也許是愉悅心情下的奇跡，整個旅途身體狀態非常好，一切順利。

這是成祥蘭娥跟女兒的第一次旅行，也成為了最後一次。

2000 年初，秀到香港定居，開始了新工作和新生活。她很快熟悉環境，安頓好新居之後，就開始策劃邀接父母和姐姐們到香港探親。秋冬是南方最美的季節，秀給家人報喜確認有了身孕。成祥和蘭娥簡直喜出望外，最小的女兒離得最遠，也最讓他們牽掛。他們積極準備資料辦理赴港簽證。

生離死別的千禧年

可惜成祥終究未能看見外孫出生。2000 年冬天，他腹部疼痛難忍，查出肝硬化，不久撒手人寰。對於吉家姐妹來說猶如晴空霹靂。

2001 年 6 月，蘭娥在女兒們護送下到了香港。她帶著成祥的遺願，不僅等到端午前夕外孫懷康誕生，而且陪伴了三個月，港簽最長也就三個月。帶著充實美好的回憶，她心滿意足回到安康。

回家不久，十月俗稱「送寒衣」掃墓季節，蘭娥在孩子們的陪同下去烈士陵園給成祥掃墓。郁郁蔥蔥的陵園，秋風吹來，陣陣清涼。蘭娥坐在墓前階梯上，好像從前老倆口聊天一樣，把孩子們的近況一五一十跟老伴絮叨。

「你走之後，孩子們都好著呢。這次我去了香港，咱們最大的使命也完成了，你就放心吧！」

回家幾天之後，蘭娥就感冒了，可能是那天在陵園吹風受涼所導致。不料很快誘發風濕性肺心病復發，輾轉介個醫院都沒有好轉。天越來越冷，竟然一病不起，於冬天離世。兩位恩愛的老人享年都是 69 歲。

2005 年燕玲也患癌離世。

短短不到五年的時間，吉家姐妹們經歷了一次又一次的悲痛和苦楚，在一次又一次生離死別的錘擊和震撼中，她們終於明白了，以前所謂的風和日麗歲月靜好，其實是因為上面有父母和大姐，有長輩們用羽毛罩護著自己，前面有人一直在替他們擋著風雨。突然有一天發現，自己就站在最前面了。

現實中生命太無常，也太脆弱，絕沒有什麼是永垂不朽的。

在燕玲臨終的那夜，姐妹們心痛得無以言語，緊緊相擁在一起，抱團取暖。在靜默中她們彼此心照不宣，大姐彌留之際的話語深深印在心間。她們比誰都清楚，今後要更加珍惜身邊人和每一天，不會放過任何相聚的機會，不會讓自己留下任何遺憾地活下去。

永遠的大姐

她雖不過是一個平凡人家的大家姐，

但她像一汪清澈的泉水，涓涓細流在我們心間；

她像溫柔的天使，默默感化了無數人的心；

她像深夜裡的流星，短暫卻閃爍的光芒照亮了周圍大地。

永遠懷念您，親愛的大姐。

2005 年 5 月 20 日，人生的轉捩點。

大姐手術後，大家一直都不敢把真相告訴她。每個人都陷入極度消沉和悲哀，不知如何面對。直到過了幾天後，傷口癒合得差不多了，一定要去腫瘤醫院開始化療了，才告訴她。

結果，大姐出奇地平靜和鎮定，說：「沒事的！有病就去治療唄！」二姐三姐想好的安慰話不用說出來了，但一聽大姐的話，眼淚噗簌簌就掉了下來。

·7 月 29 日，全面檢查。

從 5 月下旬至這個月中旬，一共做了兩次化療。每次化療正常為期八天，俗稱「一八方案」，即第一天和第八天接受特別注射。第二次化療的時候，剛好我出差去西安，陪伴了大姐幾天。當時白血球急劇下降，每天注射「增白劑」。結果最低一次僅 1200 萬，大約是正常人的八分之一，無法繼續化療。頭髮開始脫落了，但到了一定時候便停止脫落。大姐一直留著一頭烏黑的秀髮，所以頭髮脫落對她是第一次打擊，但幸而很快就過去了。

　　回到安康休息了幾天之後，這兩天開始進行全面檢查，腹部盆腔 CT、B 超等，評估治療效果，以決定下一步治療方案。

　　腫瘤醫院的週末是寧靜的。這裡並非急症室，所以除非緊急事件，一般情況下醫生及大部分護士都放假，留守的護士只負責給病人們安排最基本的打針吃藥。星期六下午開始，大部分病人們也就給自己「放假」，四處走走散散心，家在當地的病人甚至乾脆回家過週末。其實這種感覺很特別，似乎到了週末，病毒也該暫停攻擊，讓「戰鬥」了一周的醫生和患者都喘口氣歇息一下，下周再交鋒。所以到了週末，就好像打工仔一樣，總有一種莫名愉快的感覺。

　　對於大姐來說，昨晚更是一個特別盡興的週末。二姐和二姐夫來探望，白天大家去了大唐芙蓉園遊玩，晚上把秀的閨蜜克飛約出來一起聚餐。大姐夫從家特地帶來了白酒，聽說幾個男士最後都喝得很嗨，大家天南地北，好不熱鬧！最近克飛媽媽也病了，她是出了名的大孝女，牽腸掛肚操碎了心。這邊大姐的事情她也非常關注，實在跟親姊妹完全一樣，所以大姐每次見到她都特別高興。

　　克飛說話幽默風趣，時不時逗得大姐哈哈大笑。她用切除闌尾等例子，比喻對身體有危險的東西最好切除，暗示大姐要看得開切除子宮的手術。我想，經過幾天之後，可能大姐已經開始逐漸接受了吧。其實，這也是一種無奈的選擇，作為一個女人，子宮畢竟具有很特別的意義，沒有人願意爽快地切除它的。

・8 月 2 日，狗皮膏藥止痛。

又到午飯時間了。想起大姐，拿起電話立即撥通。

「中午吃什麼呀？」大姐先問我，爽朗的聲音令我感到特別踏實，看來比昨天好多了。手機真是個方便的東西。

這幾天大姐胃口一般，主要是因為右下部腹部脹痛引起的。晚上痛得比較厲害，需要吃止痛藥。白天醫生也沒給什麼特別的藥物，大姐就自己貼膏藥止痛。

「別看這狗皮膏藥便宜，還挺管用的呢」大姐沾沾自喜地說，似乎向對膏藥不屑一顧的醫生提出挑戰。「這不嘛，疼痛真的減輕了不少呢！」

大姐說好，那就是好，絕不懷疑。

昨天泌尿科大夫會診，說需要進一步檢查。明天要做膀胱鏡和腎盂造影，說是要找出疼痛、積水的根源。找到原因之前，在醫院裡也只是打打消炎針。可以想像，做膀胱內視鏡一定極不舒服，但大姐泰然自若。自從害病以來，她真是做過無數次各種各樣的檢查。記得陪她做腸鏡的時候，在她前後的患者都疼得大聲狂吼，但她一直挺著，鬥大的汗珠夾雜著淚珠水往下滴，但她硬是一句話也沒說，就這樣挺過來了。

大姐說：「什麼都行啊，最重要儘快找到原因，早治療，早回家！」

・8 月 14 日，大家都是按摩師。

我中午 11 點到西安，克飛和好友王老師去機場接我和易易，直接來到大姐病房。大姐聽見動靜很快醒來了，王

老師因為膽囊問題作了切割手術，讓大姐看她的傷口並將許多親身體會講給大姐聽，鼓勵大姐，過了週二就會好的。

易易很活躍，跟大姐不停地聊，大姐很開心地跟他講了很多他小的時候的趣事。易易給他大姨媽按摩，他大姨媽給他扇扇子。大姐中午用吸管「吃」了一碗小白菜稀粥，因為身體痛，吃的時候要求高難度姿勢。我剛才小睡了一會兒。好怪，我連續的失眠，到大姐這兒後，竟然坐在床邊，一邊給大姐揉腰，還甜甜地睡著了，現在很精神！

晚上克飛將跟教授討論大姐手術的安排。她特別忙，但我又一次真正領教了她的高效工作能力！午飯前，大姐大哥、三哥和小王我們一起流覽了獻給大姐的博客，易易還充滿感情色彩地朗讀了「大姐抗癌日記」，精彩語句讓大姐開懷不已，特別是想一起回家吃涼皮和狗皮膏藥的段落。

好了，我要繼續表現，練習給大姐「點穴位」。我想爭取排名，大姐根據大家按摩點穴位的好壞排了個名次，現階段排行榜是：三哥第一，敏兒第二，大哥第三，小王是初級水準，我和易易正在入門。

·8月17日，回憶往事。

大姐，還記得在 1991 年，我和秀在安康，您給予我們的支持；還記得在 2001 年，您在香港，康仔不舒服，您給予我們的鼓勵及安慰……

今天，在每篇留言的字裡行間中，您的痛把我們身在遠方的心也在刺痛著……做的可能不夠，說的亦是有限；只是，由衷的，真徹的把我們無限的關懷和祝福，送到遠

方的您的心上……" 大姐，您一定可以把它戰勝的！"

　　人在逆境中，往往可以孕育出一種無比的意志及堅毅的毅力，大姐，您一定可以克服它的；勝利，會在荊棘的盡頭期待著您的光臨。——在辦公室加班的妹夫小崔上。

·8月26日，「不要緊，你們不要哭！」

　　這是大姐在 8 月 20 日，也就是那個生死攸關的凌晨進入手術室之前說的話。正是這句話，使當時六神無主、極度慌亂的我們才下定決心，在毫無把握的情況下簽下「同意手術，諒解意外」，允許醫生嘗試二次手術緊急搶救；也正如 Atsuko 說的，真正把大姐從死亡線上救回來的，不是醫生，也不是我們，而是大姐自己的堅強意志。

　　這，相信也是上帝對我們善良親愛的大姐的眷顧。

　　很多年以來，在像我們這樣出身普通的大家庭中，由於父母為生活奔波無暇照顧每個孩子，大姐總是身兼母職，負責照顧和教育我們 4 個姐妹，而且非常孝順地為父母分憂解難。她性格剛烈，但永遠熱情。無論是家裡還是單位的事情，她總是一馬當先，好像有一種與生俱來的強烈責任感。所以在我們家裡，她是個不折不扣的「精神領袖」人物。自 5 年前父母相繼去世之後，她更成為全家的主心骨。

　　我不知道是不是所有的家庭都是這樣的，在大姐的關愛下，我們其他姐妹多多少少都習慣了依賴大姐。尤其是家裡發生重大事情，大家遇到挫折時，總有大姐為我們開導、撐著，天踏下來了她也總是鎮定自若，各方面對應自如。相反，我們其他人就是不行，情緒很容易波動，可以

說「智商尚可，情商很低」。

大姐最怕見到人家哭哭啼啼。她特別瞭解我們對她的深切情懷，也許正是因為如此，她有一種責任感，覺得自己不能輕易這麼倒下去。

我清楚地記得，那天推進手術室前我們對她說：

「大姐，我們都在外面等著您啊，要堅持啊！」

她忍受著肝、膽內出血的巨大痛苦，用盡所有力氣大聲回答說：

「嗯，知道了！」

在大姐身上，我同時看到了父親和母親的影子。父親是個外剛內柔的漢子，永遠都是思維敏捷、條理清晰，性格剛烈但內心脆弱豐富。母親是個身體柔弱、寬容、內心堅強的人。父母有許多共同之處，就是善良、熱情、寬容。也許，大姐就是繼承了父母的這些基因，她想的是別人而非自己，所以才有如此巨大動力，能夠勇敢地面對可怕的病魔。

大姐不信宗教。但是我想，她早已經達到神要求的那種精神境界了。

· 8 月 28 日，病情危殆。

放下電話，我的手在顫抖，心像被堵了一樣難受。

下午 4 點多，大姐的病情突然惡化，一度昏迷，再次緊急入重病室。現在又清醒了，但呼吸非常困難，住院部總管和袁大夫對情況表示極不樂觀。現在，二姐，二哥，大哥，Barbara 和虹姐都在醫院，其他人正乘火車趕往醫院。

聽說，大姐疼痛得大聲喊叫，連整個走廊都能聽得見，令人心碎……

我焦急得快要瘋了，將趕明天早上頭班車前往深圳，從深圳飛回西安。

其實，今天也是我的 36 歲生日。Jeff 在尖沙咀雲陽閣訂了座，一家三人駕車前往為我慶祝，可惜我望著眼前平日愛吃的川菜卻一點胃口都沒有，想起大姐受苦的樣子，不禁痛心，眼淚止不住滴噠滴噠掉在飯菜上……Jeff 輕輕拍著我的肩，結果幾乎什麼都沒吃，就回家了。

主啊，我在此伏地懇求您，求您大慈大悲，再次眷顧大姐，減輕她的痛苦！

漫長啊……願主令大姐能得到片刻的寧靜和休息，阿門。

·9月1日，回到安康。

回到香港，很累，但是心裡稍微踏實了一些。感謝上帝，讓大姐再次創造了奇蹟，她再次被搶救活了。而且在兩名醫師和一名護士的精心陪護下，30 日早上平安地回到安康。

我和琴臨出發的晚上，一直陪護著大姐。她的精神狀況很好，半夜醒來跟我們聊了很長時間。我們一邊給大姐按摩，一邊聊天，差不多有 1 個多小時吧，聊這些天患病的感受，聊家常瑣事。大姐的聲音一直很宏亮，給我一種感覺，似乎她會好起來的！

大姐：全身沒力氣啊，不如起來活動活動，說不定恢復得快一點呢？

我們詫異：那怎麼行？你的傷口還沒好呢！

大姐心急：試一把嘛！

我們說：必須循序漸進，先活動手腳吧。

大姐就照著我們說的，開始左右踢腳，舞動雙手地活動。不過，才兩下就累了。我們心酸，說：明天再練習吧……

臨走我走到床邊跟大姐道別，大姐張開雙臂，摟著我和琴的頭，什麼話都沒有說。我眼淚又忍不住掉了下來，大姐擺擺手，跟我們說聲「拜拜」，我說了一句「中秋節再見」，就匆匆離開了，實在害怕哭出聲來。

·9月2日，挺過3次病危。

醫院已發出共3次病危通知。大姐格外堅強，她在努力令自己恢復。昨天她一直忍著疼痛，甚至換藥拆線的時候也堅持不打止痛針。因為這種俗稱「度冷丁」的止痛針屬於阿片類，以前限制得特別嚴，近來為了緩解末期癌症病患者的痛楚，才放寬使用。大姐說：「能不打就不打，我可不想上癮啊！」所以直到晚上10點多實在忍不住，才打了一針。前些天在她病危的時候，有時侯一天打3、4針呢。

·9月5日，板栗燜雞。

今天上午，外科醫生過來把大姐傷口的縫線給拆了。胸部一共縫了13針，幾天前拆了6針，今天又拆了7針。

醫生問大姐：疼嗎？

大姐搖搖頭：一點兒也不疼！

　　拆完線，傷口還是用紗布包紮著，主要是防止感染。因為傷口周圍還開了4個孔，分別有4條引流管插入內臟，排泄膽汁等。大姐很不喜歡這些管子，她覺得老是不利索，可是在身體機能沒有恢復的狀況下，不引流就無法排出，所以不能拔。

　　大姐很想快點坐起來。她給汪波說，快過中秋節了，最好到時候能回家。要張羅買些又甜又大的板栗，到時候好燜雞！大姐做的板栗燜雞可好吃了，想起來就流口水呢。下次，不如我們大家做給大姐吃吧！

　　9月6日，再度陷入危殆。

　　大姐情況又出現急劇惡化，她呼吸困難，心慌胸悶。剛跟二姐通過電話，現在大哥、二姐等都在醫院。早上還好好的。大姐喝了兩小杯二姐精心熬的粥，聽說情緒還挺好的。二姐每天上班前去醫院探望她，覺得沒問題了才去上班。剛才接到大哥電話，聽說病情有變，立即從公司飛奔到醫院。

　　醫生說，現在的情況非常危險，究竟能捱到何時很難預料。大家都希望能到11月12日，讓她看一眼外孫子出世，可是醫生說，也許過不了中秋節……

　　二姐和汪波都央求醫生盡可能地減輕大姐的痛苦，度冷丁不行的話，可以上濃些的嗎啡。

·9月7日，持續昏迷。

　　大姐情況很差，昨天持續昏迷了1個多小時，不停說糊話。後來注射了強心劑，才緩了過來。醫生兩次叫家屬

談話，反復強調病危程度。現在大姐體內多處有積水，估計癌細胞擴散至全身，所以壓迫內臟，導致疼痛及呼吸困難，而且各種器官功能逐漸衰弱。因抽取胸腔積液因距離心臟較近恐怕出現危險，醫生都建議不抽，儘量靠藥物排除。另外，從引流管流出的液體來看，體內似乎又出現滲血，可能今天要輸血。膽汁分泌不暢，部分開始從皮膚滲出，所以汗水顏色偏黃，臉色有些發黑。

醫生說，大姐的意志很堅強，這是生命得以維持的主要因素。從西安回來的那天淩晨，當時其實醫生認為可能過不了當天，沒料到可以維持下來，甚至後來她的體征如心律、血壓等都恢復正常，醫生覺得已經是奇跡。所以，醫生說從醫學角度看現在已處於極度危險狀態，但病人的精神也很重要，所以無法預見大姐的生命可以維持多久。

疼痛方面，現在主要是注射度冷丁止痛。由於太痛，現在有時侯一天打 3、4 針。但是這種藥物會使人產生幻覺，對心臟也會產生負荷，造成心慌胸悶。所以，醫生也經常不知所措。已經一個多月了，大姐就是靠各種藥液維持，用每一種藥，都像在走鋼絲，劑量和時間稍有偏差就會導致生命危險。

大姐的情緒時起時落，跟藥物作用也有關。想想每天幾乎 24 小時的點滴注射，正常人絕對無法忍受。大姐有時侯實在忍不住煩躁起來，就叫人把吊針都拔掉！可是過了一會兒，她稍微平靜下來，又叫來護士：「還有瓶利尿的針沒掛吧？」

她對自己的病情一定很清楚，因為她從來不問我們，也極少談論病情。她老是說：是我的運氣不好。我們都不

談這個話題，大家儘量什麼都不想，因為一切都不重要，只要這一刻我們還跟大姐在一起，就已經足夠。

這些天，有很多人都來看望大姐。

大姐從小不僅學業優秀，無論在學校，插隊下鄉或在工作單位都是活躍分子，待人俠氣仗義，所以從小學至高中的同學，到街坊鄰里，還有單位同事，大家都非常敬重信任她，朋友遍天下。

大姐在西安的時候，就有很多人曾經乘火車專門去探望她。現在回到安康，探望她的人更是絡繹不絕。從小朋友至 80 多歲的老人，凡是看過她的人，無不一邊讚歎和鼓勵她與癌搏鬥的勇氣，另一邊忍不住心酸落淚，久久不忍離開。每當這個時候，大姐就會拉著大家的手，寬慰人家，說她慢慢就會好了。

大姐是性情中人，有的人當著大姐的面流淚，她也不禁跟著傷心落淚，情緒受到影響。而且探望的人次太多太多，也明顯影響大姐休息，所以這兩天開始限制探望人數。

大姐說這兩天經常看到一些幻影，比如人影晃動，彩旗飄揚，而且好像周圍總是很吵鬧，所以感覺很累很煩躁，焦慮不安，老是出虛汗。後來醫生解釋說，部分度冷丁使用者會出現以上副作用症狀。

我記得癌症止痛藥中有些就是抗焦慮和抗抑鬱的。這說明，末期癌症患者會有焦慮抑鬱症狀……很難想像她所受到的煎熬如何難受，現在只有每天不停祈禱，祈禱，再祈禱，求上天讓大姐不要太痛苦。

前天大姐剛好些就打電話跟易易講：「大姨媽好多了，你和媽媽不用擔心，好好學習哦」。易易接到電話後高興

地跟我說：大姨媽說話跟她沒有害病前一樣，很清晰很有勁！

其實到了晚上我打電話時，知道大姐也就是下午那一小會兒感覺好一點，她就想將這好的一面及時傳給我們，讓我們放心，讓孩子不要惦記。這就是大姐。從上大學出來，後來將孩子交給她撫養和教育，從來電話裡聽到的永遠都是「家裡你就放心吧！好好幹啊」……

昨天告訴大姐我和易易定好票國慶日回來，大姐很有力地回答：「好！」

·9月9日，我有點害怕

這幾天大姐除了很想安靜以外，總是覺得口乾舌燥，要不停喝水，而且要冰水。不知是否喝水太多的緣故，她開始嘔吐。三姐告訴我，昨天嘔吐得比較厲害，幾乎是噴出來。她沒有進食，所以吐的都是水，泛淡紅色，好像有血絲。今天早上也吐了，稍微輕微一點。醫生注射了止吐藥，但是估計很快就會產生耐藥性。

大家很擔心，為什麼會突然變得這麼口渴呢？醫生說，大姐的所有臟器都開始衰竭、發燒了，所以內熱外冷。到了後期，甚至可能燒得吃冰塊。聽了心裡很難過，內臟發燒是多麼難受啊！天，有什麼辦法嗎？！

度冷丁從最初每劑 5mg 增到 75mg，現在每天打 4 針都不夠，不得已要轉用嗎啡了。可是使用嗎啡，就會加速各種器官的衰竭。

昨天，大姐久久地望著天花板，說：我有點害怕……在一旁的三姐說：姐，我們都在你身邊，不要想得太多……

大姐說，三哥在她比較放心，所以昨晚三哥就一直留在醫院陪她。

·9月10日，又見曙光。

因為大家的祈禱和鼓勵，大姐繼續著生命的奇跡。從昨晚到今天早上，她的精神好多了，昨晚甚至跟我和Jeff分別聊了幾句。今天早上醫生過來檢查，發現她腎和肺的迴響音變弱了，說明積水減退了！還有，浮腫情況也有所減輕。

大哥和妮娜都高興地對大姐說：「要是允許的話，我們用輪椅推著你去樓下花園轉轉！」大姐早就想下床了，只可惜她全身插滿了管子，連坐起來都很困難，更不能離開氧氣。

大姐操心著所有人，所以每一天，都要報告給她一些令人鼓舞的消息，例如：妮娜超聲波檢查結果胎兒正常，好像是個外孫女，大姐聽了說：女孩最好！

珂兒考上大學了，下個星期就要啟程去北京。二姐張羅答謝周圍人，大姐說：這是應該的！大家不能全部都守在醫院，該上班的上班，上學的好好上學，不要把正常生活都打亂了……

康仔參加了幼稚園的童聲合唱團，從今天開始每週六練歌。希望下週末去安康的時候，給大姨媽表演唱歌！

中秋節快要到了，大姐知道我跟康康週末就要來了，問：「你想吃什麼呀？叫你二姐做給你吃！」

我說：「見到你就最開心了，吃嘛，板栗燜雞或者涼皮就行啊！」

大姐說：「嗨，怎麼又是涼皮！……」

我問：「你能吃板栗燜雞嗎？」

大姐說：「我現在只能喝米湯，已經很不錯了！」

我問：「誰負責做給您喝呢？」

大姐說：「大家！你二姐和你三哥煮得最好吃了。」

我說：「好，我回去也試試！」

大姐說：「哈，你？好呀……星期六見！」

‧9月14日，珂兒上大學。

珂兒今天晚上要走了，去北京上大學。 大姐很高興，不僅讓大哥去參加答謝宴（回來後大哥極少離開醫院大樓），替她見證最開心的時刻，這兩天還把珂兒叫到床邊教導了一番。大姐勉勵他要努力學習，每個星期記得打電話回來，因為他離開家就像帶走了做媽媽的心肝兒一樣，二姐一定很不習慣。

珂兒不停地點頭。孩子真是長大了，不僅個子高了，也懂事多了。前幾天珂兒看見大姨媽情況轉差，難過得躲在陽臺上哭了好幾次。因為他想起從很小的時候開始，大姨媽一直非常關心痛愛他，很多時候學校裡的事情連媽媽也不想告訴，但就願意跟大姨媽訴說，因為大姨媽很開明，總能開導和理解他。

除了幻覺問題，大姐這幾天的情況比較穩定。夜晚疼痛得比較厲害，所以一般都是半夜或凌晨才打止痛針。她每天都努力喝下一些粥，大小便也逐漸正常了。醫生說可以喝一點橙汁，儘量靠食物補充營養，大家立即就去買鮮橙，榨些汁給她喝。

　　在包括大姐的所有人支持下，二姐跟二哥決定今晚乘火車送珂兒上大學。因為「送子上大學」是小家庭的大事，一家人乘坐火車，溝通感情，一定會留下難忘的回憶。四姐去太原出差了，估計今天就回北京，兩小家人可以在北京過中秋。

　　這邊三姐等人在大本營繼續陪護大姐，我和兒子後天就回去，跟大家一起過中秋節。不過無論在哪裡，我相信所有人的心都是連在一起的，大家互相守望，將一直陪著大姐！

　　秀今晚就要去西安了，心情比較激動，因為很快就可以見到大姐了！昨天她下午去香港最好的超市 City'super 買了幾個又大又靚的鮮橙，準備「走私」回去給大姐吃。雖然聽說「喜盈門」也有鮮橙賣，但鮮橙當然是香港的最好啦！香港人也喜歡送鮮橙，因為代表「誠心」。

　　二姐跟珂兒已經平安到達北京了，晚上就住在四姐那裡。無論是在火車上，還是到達目的地，大家身處不同地方，但跟安康大姐病房的熱線電話從未間斷過。手機真是個好東西，但是請記住充足電啊！我用的 SonyEricsson700 手機就不行，還不到一年就充不飽電了，每次才用不到一天就沒電了。所以昨天下午匆忙購買了一塊新電池，必須保證「永不消失的電波」！

　　大姐什麼都很清楚，雖然二姐臨走的時候並沒有特別告辭。二姐說，前兩天告訴大姐了，但是前天出發時就是不太想告辭，他們陪護了一天后，傍晚悄悄離開醫院的。大姐問了好幾次：一家人快到北京了吧？其實二姐途中打

了好幾次電話，就是不想讓她感覺到寂寞。

二姐去了北京，昨天早上大姐喝的粥是三姐精心熬制的。三姐身體一直比較差，有貧血，所以早上老起不來。但是為了大姐，她很早就起來熬粥，因為二姐千叮嚀萬囑咐，說必須用慢火慢慢熬，把米熬得爛透了，幾乎融化了的狀態才行。三姐把粥小心翼翼地送到醫院，一口一口餵給大姐。

三姐問：大姐，我熬的粥沒有二姐熬得好喝吧？

大姐說：都好喝，一樣的！

大姐似乎有了明顯的好轉。不僅幻影現象減少了，說話的聲音也比前幾天宏亮多了，聽了令人振奮。我說：「姐，您別著急啊，身體恢復可是需要一段時間的！」大姐聽了不假思索地回答：「那當然了，我不急，別擔心。」

・9月16日珂兒和易的來信

看了小姨的記錄，心裡頗有些不平靜。

這次考上北京的事情本來算是一件大喜事的，但是好象就是由於大姨得病的原因吧，心情總是不太暢快，總覺得空蕩蕩的，也許這就是所說的「血肉相連」吧。

我雖然說不是每天都呆在大姨的身邊，但是卻是大姨看著我從小長大的。我小的時候很淘氣，經常讓大姨淘神，惹大姨生氣。記得有一次我和大姨互相夾手指頭，比看誰的勁大，結果我狠命的夾，把大姨的戒指都夾掉了。大姨當時也許是被夾得痛了吧，沒有發覺，過了一陣之後才看到。她還怕我媽批評我，悄悄的告訴我不要給你媽媽說這件事……現在我再去想這件事情真的是懊悔極了。其實我

當時已經是一個小夥子了，一定把大姨夾的很痛了。

時間真是過的很快啊！好象還沒多長時間，我這就上大學了。一眨眼的工夫就7，8年了，我們這些孩子們都已經長大，大姨那張總是充滿自信的臉上又多了幾道皺紋，本來就快要享我們這幫孩子福的時候，她現在卻又倒下了⋯⋯

今天我來到了北京，算是踏上萬里長征的第一步，我的人生之路也就此算是正式開始了。我的航標，就是大姨給我帶來的那些精神上的榜樣：堅強，執著，永不放棄！

來自易易：看了哥哥發表的日誌我有一種難以言喻的感覺。是啊在我們這一群朝氣蓬勃的下一代裡我最受大姨媽寵愛，回想起當年在紅旗小學讀書時，每天下午都要在大姨媽和爺爺奶奶的嚴加看管下學習。最刻骨銘心的還是，那次「翹課記」我誤信同學明天不上學，結果被老師破口大罵，還掛上「逃犯」的美名。最後在大姨媽的幫助下我補回了那一天的課程。現在我已經成為一個中學生，在新的起跑線上又要有一段新的征途。我真心的祝願大姨媽早日康復。

·9月22日魂斷中秋

2005年9月18日淩晨4時40分，大姐因內臟衰竭不幸與世長辭，終年49歲。

她一直很清醒，頑強地堅持到生命的最後一刻，始終保持著尊嚴，保持著樂觀。她對人世間充滿了眷戀，但最終是安詳平靜地離開了我們。

9月20日告別式大約300人參加。秀代表家人致了

悼詞。

在今天這個無比悲痛的日子裡，首先請允許我代表所有家屬，感謝大家在百忙之中前來參加這個告別式。

此時此刻，我的心情跟各位親朋好友一樣，仍然不能完全接受大姐去世的現實。因為從她從患病治療到現在才短短 4 個月時間，這個噩耗來得太突然，也太難以令人置信了。在我眼前每時每刻都浮現著大姐熱情爽朗的笑容，她充滿自信，堅定而洪亮的聲音仿佛還縈繞在我的耳邊，所以我如何也不能相信，她會真的就這樣永遠的離開我們……

大姐從小勤奮向上，為人寬厚善良，無論在家庭或是在工作單位，她總是懷著一種強烈的責任感，做事追求盡善盡美。她的人格魅力使她不僅成為我們家庭的主心骨，更贏得單位和街坊們的贊許，她的朋友男女老少遍天下。她熱愛生命，熱愛生活，即使是患病之後，她也始終真切關心周圍每一個人，把最痛苦的時刻留給自己忍受，把最美好的笑容留給了大家，直到生命的最後一刻……她像天使一樣照亮和溫暖了周圍人的心。今生今世有這樣一位好大姐，是我們全家最大的幸福和驕傲，而失去她，卻是我們心中最大的痛苦和遺憾。

所幸的是，大姐在患病期間除了得到姐夫及家人無微不至的照顧外，也深深感受到了來自公司及社會各界的關愛。在此我謹代表大姐和所有家屬，衷心感謝各位親朋好友的深切關懷，感謝大家在她患病期間多次探望和問候她，給與了她莫大的支持和鼓勵；特別要感謝公司領導自始至終的高度重視及關懷，記得大姐在西安治療期間，單

位高層領導幾乎全部親自奔赴西安表示親切慰問，不僅令我們全家深受感動，更使大姐深深體會到人間有情和組織集體的溫暖。正是大家的這份真情關懷，給了大姐抵抗病魔的力量，使她始終保持積極的態度，她從未放棄，一直樂觀堅持到生命的最後。

大姐雖然和我們永別了，但她的深情，她的心，她的精神都毫無保留地留給了我們。同時她還留給我們了一個最重要的期望：期望大家一定要珍惜現在，珍惜周圍人，做人要堅強。

大姐，我向您保證：我們會記住您的期望的，您就放心地去吧！假如天若有情，假如還有來生，願他日我們再做好姐妹！

大姐，永別了，您安息吧！

大姐，您說您太累了，想去天堂休息一下；您還說，等休息好了，就去陪爸爸媽媽，讓弟妹們放心……，您真是我們的好大姐，那麼善解人意、那麼尊老愛幼、那麼克己待人。是您讓我們懂得了關愛，是您使我們體會了溫暖，還是您令我們難捨難分……。

您走了，但美德不會逝去，懂得感恩的人不會走得太遠，您是頭頂上細小而美麗的星辰！天若有情，讓我們來世還是姐妹。大姐，安息吧！

·9月24日，頭七忌日。

今天是大姐過世後的頭七。大姐，你在天上一切可安好？終於從痛苦中解脫，請跟爸媽快樂生活在一起，不要再牽掛人世間了！

從大姐葬禮結束回到香港，這些天一直很難熬。道理上，我知道自己必須儘快調整心情，應該要振作。可是心太痛，不知怎樣療傷。不敢跟人訴說，怕越說越痛；嘗試投入工作，但內心深處始終隱隱作痛，像一層薄霧罩在心上；夜深人靜，輾轉反側，久久不能入睡。一閉上眼睛，大姐的音容笑貌，從小到大在一起的一幕幕，永別時眷戀的情景，就會如同幻燈片般不斷閃現在我眼前。累極了，也會睡著一會兒，可是醒來的時候，一種無名的悲痛又會襲上心頭……

我告訴自己：悲傷是需要時間沖淡的。可是，這段時間真的好難受啊。

康仔每天都問我：媽媽，大姨媽是否很快就沒事了？誰照顧她呢？

我說：大姨媽病好了，再也不疼了，她去天堂了，有天使照顧她。

康仔：天堂在哪裡？在幾樓呀？我們去探望她吧！

我說：天堂很高，我們不用去探望她了……

康仔：是不是跟月亮一樣高呀？我們打電話給大姨媽吧！

我心裡不禁一陣難過，略過痛楚。上個星期的今天，兒子還跟大姨媽說話呢。記得我們從火車站直接去醫院，大姐神志清晰，還用廣東話跟康仔打招呼：「康仔乖，你們回來啦！」康仔親了大姨媽，還給大姨媽按摩，唱歌表演呢。後來兒子去了親戚家住，再之後見到的，就是許許多多悲痛的人們本來走去的樣子。兒子內心一定有許多問號，他很奇怪怎麼大家都不去看望大姨媽，在陌生的環境

裡究竟忙什麼，所以不停問我。那一天，他特別依戀我，連半步都不肯離開。我緊緊摟著兒子，我知道，兒子可能意識到，人是可以再也見不到的了。

誰想到我們帶回去的柳丁，還有月餅，大姐都微笑收下了，可惜最後竟然成了靈堂上的供品……

生命何其短暫，心靈何其脆弱！無限唏噓，綿綿思念在此刻。

·9月27日思念的長河

分幾次答謝完安康的親朋好友們，昨晚大哥又去了西安。除了辦理一些帳務手續，也是為了完成大姐的遺願。克飛、虹姐等也趕來問候，大家彼此安慰，互相鼓勵。

是時候該收拾心情了。人生的路還很長，我們不能就此悲痛、沈陷下去，因為這肯定不是大姐想看到的。因此，我決定使這個令人悲傷的畫面耳目一新！思念，就像一條長河，就讓它慢慢地靜靜地流淌在我們心裡吧！

大姐已經離去，我們雖難以釋懷，但也不能忘記：還有很多人和事在等著我們。一萬年太久，只爭朝夕。要珍惜回憶，但更要珍惜的，是自己的健康、現在的時光和身邊的人。

日落西山常見面，水流東海不回頭。

親愛的大姐，你一定知道，你留給我們太多太多，永遠在我們心裡。

我們已經知道，以後的每一天，我們都會相聚在晴朗的天空下。

第四章：萍聚

第四章 | 萍聚

從臘月開始，燕萍就一直忙個不停。

過年期間，大家庭來十五樓家裡聚好幾次。包括婆婆張文英，大人小孩四代人齊全時，差不多有二十個人，至少得擺兩桌酒席。所以少不了從年前開始準備各種年貨，吃的喝的零食飲料，老早寫個清單每天上街購買。然後就是夫妻倆在廚房裡搭檔，安康八大件的涼菜蒸碗子，蒸包子，鹵豆腐乾魔芋牛肉，好幾天都是忙到半夜三更。蒸煮到一半，遠在北京的四妹琴和香港的小妹秀微信來電，順便曬幾張照片，倆妹妹都直呼羨慕，說感受到濃濃的年味，這是最令她欣慰的事情了。正月十五過後，過年總算告一段落，稍微可以清閒一些了。

自從 2005 年大姐病逝以後，弟妹們都稱她為「家長」。不只是因為她是把大家凝聚起來的主心骨，也因為她確實像慈母一般，對每個家庭成員體貼關懷得無微不至。雖然五十五歲就退休了，但一直沒有閒下來。

2009 年 7 月大家在北京為她舉辦了「動感五十」生日會。

燕萍退休第二年，孫女兒果果就出生了，珂珂和兒媳雯雯工作忙，她和建安夫妻倆義不容辭地肩負起照顧孫女的任務，每天接送幼稚園，週末去興趣班，教識字。前年果果上了小學，跟爸爸媽媽一家三口搬到高新區去了，燕萍自己的時間又逐漸寬裕起來。

2019 年 7 月親朋好友相聚，舉辦「芳華六十，萍聚有

緣」生日會。

　　受到妹妹們的鼓勵，她幾年前就開始跑步。六十歲那年，姐妹們去夏威夷完成了人生第一次全程馬拉松。六十歲後開始練瑜伽，還學會了游泳，開始學古箏。所以每天安排得很充實，新冠疫情爆發之前，燕萍和建安幾乎每個月都會約上三五好友去旅行，或中學同學們聚會玩農家樂。每年都要安排全家或「五家十人組」的好友們去重慶溫泉鄉，小住幾個星期，是「快活得賽過活神仙」式的日子。

　　「你要採訪我呀？可是我的記性不好，好多事都記不清了呀。」

　　「沒關係，我問你答就行了，然後慢慢就會想起來了。」

1.萍的故事

漢陰

　　我應該是在漢陰出生的，因為以前上學和工作簡歷一直寫的就是漢陰。不過按照父親的自傳，1958 之前應該都在石泉，也許母親仍住在漢陰，父親自己去石泉工作。我生下來幾個月後就被送回洋縣，外婆照顧我。據說當年沒有奶吃，米泡開水就當奶餵我大的。後來再見到母親時，因為生疏不認她，依偎在外婆身邊不肯靠攏過去，令她難過自責了很久。去世前想起此事還跟秀提及，耿耿於懷傷心落淚。後來外婆也去了漢陰，陪過母親一段日子。

土地樓

1961 年 8 月父親工作調動，全家從石泉搬到安康城，起初住在小北街的「土地樓「。我上小學，去的就是離家不遠的」沙帽石「鼓樓小學。那年是 1966 年，記得剛報名上學不久文化大革命就開始了，到處都很亂，停學了一段日子。武鬥鬧的最凶的時候，聽到槍響，我們就躲到床鋪下面。回復上學後，鼓樓學校搬去了招待所附近。

琴就是 1966 年在土地樓出生的。那時母親在縫紉社上班，跟著師父學裁縫。我和大姐很小就開始做飯，也很簡單，放學後捅開火炭爐子，搭上鍋燒開水，下包穀針加一些城，然後就是煮或烤紅苕。家家戶戶都有酸菜缸，包穀針紅苕酸菜就是當年的標配，要是有豌豆面，簡直就跟過年一樣奢侈。也許是小時候吃傷了，以至於現在我們家也很少吃南瓜、洋芋、包穀和紅苕這四樣，導致連果果也很少有機會吃。

琴還很小的時候，我們幾個也要在家輪流看顧她。記得給母親送過飯，還把琴抱去餵奶。有次抱去打開包裹，發現竟然把娃子抱反了，頭一直在下面，幸虧沒事。那時家裡爐子燒的是煤炭，地面下有個爐洞，用來排出廢炭的方坑。我們把燃燒後的廢炭叫「乏炭」，平時爐洞蓋著木板，清理（掏乏炭）時才會打開。有一次，我們打開木板時忘了關，一旁爬來爬去的琴不小心掉進去了，把大人嚇了個半死。

龍窩街

百貨公司在龍窩街蓋了房子，所以 1968 年家屬們都搬去了龍窩街，一開始辦公室和住宅一起，每家一間，一家六口擠在簡陋的大通房。不過很快隔壁就蓋了家屬院，又搬進三間靠城牆的房子。搬家後，我們也就近轉學到紅旗小學，那時我三年級，大姐已經是五年級，燕燕差不多快上小學了。1969 年秀在龍窩街出生，那年大姐也上了永紅中學。秀出生後不久，百貨公司有了自己的被服廠，母親從縫紉社就去了被服廠，流水線生產工裝，母親負責踩縫紉機。我們姊妹幾個經常去廠裡，我也學會了踩縫紉機，有時候還幫忙幹活。

因為是文革期間，當年去學校就是當紅小兵，廣播體操就是跳忠字舞，各種勞動，大煉鋼鐵需要我們四處找廢銅爛鐵，釘子舊電線都上繳給學校。沒有太多文化課，而且中途上上停停，稀裡糊塗地就上完了六年。如今仍有來往的同學就是陳敏霞了，因為後來插隊和工作都在一起，所以彼此才知道的。大姐一直在東風小學（後來改名為東關小學），五年級轉到紅旗小學，很快就畢業升中學了。

龍窩街大院從小玩的夥伴，記得有王曉慧（王龍珍女兒）、李瑞玉（蓮蓮的姐姐）、小英（周俊英）、張建安、孔衛軍、秦福華（秦勇女兒）、王貴民（王紅民姐姐）、劉仁秀等等。為了幫補家計幹過很多活，挖土方掙錢還得托關係，因為搶著幹活的人很多，記得我們星期天偷偷去「開小灶」幹活，一天下來有一元二毛工錢，在當時可是一筆不小的錢。還有刻蠟版，用刻刀在蠟版上刻字，簡易印刷檔。

永紅中學

1972 年至 1976 年底，當時初中高中各上兩年。那時學校裡拿毛主席紅語錄的紅衛兵是很炫耀神氣的。批鬥老師的事情我沒參與，只記得到處都貼滿了大字報，樹和樹之間拴著繩子，上面也掛滿了大字報。永紅中學在張灘有個分校，每年各班學生都要分批去住十天半個月，開墾農田，挖紅苔。生活衛生條件很差，廁所就是簡陋的茅坑，記得都感染了紅眼病。平時還要送肥，那時大部分家庭都養有雞鴨，主要是到處收集雞糞，裝進糞筐抬過去。去張灘要經過一條河，冬天寒冷刺骨，為了完成任務也顧不了太多，生理期也照樣咬著牙下河，回家母親知道後又氣又心疼，說我也太能吃苦，任勞任怨了。當年文化課基本上已經很齊全了，數理化，音樂美術都有，外語學的是俄語。但印象中幾乎沒有什麼考試，升學也是推薦的。中學同學現在還有聯繫，有群組時而聚會。初中時代的李亞莉和張傳群，高中時代的王建志、康秀珍、陳敏霞和張建琴等都是我很要好的同學，《萍聚》活動那次也都來了。我們初中班主任是段忠澤老師，也是秀中學的班主任，多年後在街上遇見還常常關心秀的情況。最近這些年沒聯繫了，不知道是否還健在。

插隊

當年高中畢業的知青都要上山下鄉，大姐是 1975 年插隊的，分到五裡區河溪公社。我晚兩年 1977 年 3 月插隊也去了河溪公社，不過是不同的生產大隊，記得叫「安平

三隊」。當年下鄉去向，主要是根據父母們所在單位由政府統一安排，例如當年安康商業系統的子女大概都安排去河溪公社那一帶插隊，當然也有人請願，主動要求去艱苦邊遠地區插隊體驗生活的。插隊生活基本上就跟當地農民一樣，餵豬種莊稼，幹農活，自己做飯洗衣。大姐所在的生產隊有一所小學，她在校學習很好，就在小學當過一段時間老師。記得我還去臨時代過一段時間課，教過小學三年級呢。

招工回城

1978 年恢復高考，大姐申請回城複習參加高考，可是不慎遇到車禍受傷，所以最終放棄高考，休息了一段時間後參加招工考試，大約 1979 年順利進入土產公司。我是 1980 年底被招工回城的，進入副食公司下屬的副食廠工作了一段時間，主要就是做餅乾和糖果的工人。1982 年調去商業局，當了好些年打字員，最後的打字室在辦公樓的一角，很寬敞也很安靜。那時的打字機是古舊的活鉛字，密密麻麻，必須一個個記住位置。當年很努力，記性也很好，所以打字又快又準確。我很愛乾淨，辦公室總是打掃得一塵不染，局裡上下口碑都很好。

1983 年安康特大水災的時候，母親病了，我和大姐先護送母親和琴、秀、妮娜去地勢略高的土產公司，帶了韭菜餃子和洋芋，安頓好之後，又回到龍窩街和父親繼續守護在家。唐爺值班，很多老人不願離開，父親只好帶領大家死守。眼看著大水湧進城裡，隔壁冰棒廠的門板隨著激流漂浮而去，四處哀嚎一片。當時家雖在三樓，但龍窩街

地勢實在太矮，很快水就漫上來了。房子是新油漆不到一年多的，傢俱沙發也都是新的，我們實在捨不得，連忙把家裡的傢俱一件件搬上五樓，也不知哪來的那麼大力氣。翌日秀過來龍窩找我們，說解放軍把她背上岸的，我們沿著城牆邊走出去，死裡逃生後，把母親送往五裡附近的鐵路醫院治療。

新安路院子

2022 年 3 月底的一天，萍和建安來到新安路舊房，最後再檢查一邊，順便拍段視頻當作留念。根據賣房協定，今天就得把鑰匙交給買主。說也奇怪，已經搬離十七年了，近來經常夢見這間舊房子，看來真是「日有所思，夜有所夢」。之前已經來過幾次，該留存的都搬去婆婆家了，尤其是 1994 年秀去日本留學前，從西安搬家回來的一些書信和紀念品。每次收拾舊東西，就會心潮起伏，實在有太多的回憶了。

新安路的房子當初是煙草公司分配給職工的住房，所以象徵性收了一萬多元。當然在當時一萬多元也是一大筆錢，但畢竟算是福利房。從 1993-2005 年住了十二年，後來又出租過。如今算是物超所值，一筆成功的房產投資了。自從國家「房住不炒」政策出臺後，房地產投資不再像以前那麼保證回報豐厚了，加之去年買了江北新房，銀行貸款也不輕鬆，是時候放下了。再說，房子空置總歸不太好，能「物盡其用」發揮最大價值也是一種功德。

萍的思緒，似乎被遠在千里之外的妹妹秀察覺到了，她打來電話一起回憶，而且安慰她：「房子本身只是一堆

鋼筋水泥，一個空殼，最有價值和令人懷念的，不是物體空間本身，而是房子裡曾經發生的人和事。當房子有了煙火氣，充滿愛和故事，就成了家，也成為了共同記憶的載體。」萍感到釋然，秀喜歡搜集整理家族史，她常說故事和文字可以是雋永的。也是的，歷史如滾滾紅塵，多少帝王將相和金碧輝煌的宮殿廟宇都經不起時代的洪流，早已灰飛煙滅了，更何況普通人肉身棲息之所呢。

她的思緒回到上世紀八九十年代。1985 年她認識了建安，1986 年結婚。婚後和公公婆婆一直住在一起。安康城發展很快，很多單位都在蓋新家屬院。1993 年在安康新蓋的樓房中，煙草公司的家屬院地勢優越，離大橋不遠，對面就是影劇院，房間格局也很大氣。當年從鐵路局到煙草公司，都是福利待遇很優越的單位，能搬進寬敞的新樓房，很令人艷羨。記得搬進去不久就安裝了座機電話，花了兩千多元。那時大家都還在用 BB 呼叫機，安康普通家庭沒有安電話的概念，龍窩街家率先安裝，接著萍家也安裝了，算是引領潮流「前衛派」了。這一年珂珂剛好上小學。

那年秋天，四妹琴從漢中回安康待產。到了 11 月，外甥出生，滿月後按安康人的習俗需要「挪窩」，就來到萍家住了一段日子。萍熱情接待，悉心照料，每天做好吃的，哄抱小外甥，不亦樂乎。家裡有電話也方便，全家人輪流來看月娃，熱鬧極了。

最令她難忘的，是父母也在這房子裡住過一段日子。1995 年，大外甥女青春期反叛離家出走。龍窩街家每個人心裡都亂亂的，母親在廚房裡油潑辣椒，也失神忘了關

火，鍋裡的油著火把廚房燒焦了，叫了消防車來才撲滅。所幸人沒受傷，家裡一片狼藉，需要收拾裝修，所以萍就把父母接了過來。這是她結婚離開娘家後，唯一跟爸媽溫馨地朝夕相處的一段愉快的時光，留下很多溫暖美好的回憶。父母住在主臥，他們仨住在小房間。

每天晚上，父母早早就休息了，但不到天亮就醒來了，因為害怕吵醒孩子們，掩著門，半躺在床上呱嗒嗒呱嗒嗒聊天。可是隱隱約約地還是知道。白天的時候，萍好奇地問他們都聊些啥？父母笑了：「把你們姊妹五個每個都嘮叨一遍，時間一下就過去了！」媽媽不是誇讚：「你這裡的絲絨被蓋著太舒服了，又輕又柔的！」萍默記在心，她悄悄買了新的，等龍窩街房子裝修好父母回去的時候，就送了回去。女兒的貼心，讓母親大為感動。父親戲稱萍是「總司令」，所有的事情都安排得妥妥當當的。

煙草公司後來在果園蓋了新樓，萍一家也分到十五樓的新房。2005年元旦過後不久，就從新安路舊房搬了過來。這年珂珂高中畢業，考上了北京的大學。孩子小學到高中的求學階段，都是在新安路的這所房子裡度過的，學區房就此完成了最大的使命。

2004年燕燕註冊成立了百惠公司，搬出創業初期的秦巴市場。開始在糧食局租了一間辦公室，後來人員不斷擴大，需要自己的地方，燕燕來跟萍和建安商量。萍慷慨支持，把新安路的房子借給了百惠。所以這套房子也曾經是百惠創業的搖籃，為日後發展做出了很大的貢獻。2011年6月百惠在江北的大樓竣工，搬進高新區自己的辦公樓。再後來，大外甥女妮娜開的煙酒商店就在家屬院門口，萍

索性把儲藏室的鑰匙交給她，方便存放貨物。所以這套房子曾經也完成了協助大家庭創業的使命。

她這樣回憶著，好像放電影一樣一幕幕播過腦海。她想，如此這樣看來，新安路舊房簡直就是「物超所值」，曾經為大家庭做出了多少貢獻，倘若用人來比喻，堪稱「圓滿人生」了。這一切，連同父母的恩情和家庭溫暖的氣息，那些曾經的歲月，親人姐妹們走過的路一樣，成為彌足珍貴的一頁，從此翻篇了。就像洋縣石山下的老家，父母曾經住過的石泉漢陰，小時候住過的土地樓舊房，龍窩街六十九號家屬院後院平房，舊新樓房，都曾經留下了不同的記憶，這些記憶才是最令人念念不忘，值得留存的精華。從明天起，新的戶主入住，將會有屬於他們新的故事了。她深深吸了一口氣掃視了一圈，關了燈，拉上閘門，在心裡說了一聲：「再見了，謝謝！」

2. 安的故事

2019 年 8 月 14 日，甘肅武威市。從新疆烏魯木齊出發後，孫增先跟兒子孫珂輪流開車在西北大漠的高速路一路狂奔，從戈壁灘到綠洲，每天幾乎都是七百多公里。沿途走哪歇哪，昨晚在瓜州住了一宿，今天開去著名的胡楊林參觀完後接著走，到達武威時天空已經是藏藍色了。

新疆到平涼

「今天到這兒差不多了吧？」 父子倆回頭望瞭望後座，燕萍和果果婆孫倆換著姿勢睡睡醒醒已經不知多少次了。她搖醒了孫女兒，揉了揉惺忪睡眼，聽說快到了，精

神振作起來。這一路她感覺骨頭都快要散架了，確實應驗了那句話——坐車的比開車的還累得慌！父子倆瞅著下高速的路口，決定今晚就在這裡歇腳。

這次大西北自駕游路線是兒子珂兒一手策劃的，幾乎是安排好了才告知他們的，老孫剛聽到時，有點難以置信。去年秋天，他跟弟兄姊妹們在東京參加了一場馬拉松比賽活動，旅途中慶祝了自己的六十歲。上個月燕萍也滿了六十歲，親朋好友們歡聚一堂，來了個別具一格的慶宴「萍聚」，也是回味無窮，他倆已經很滿足了。想不到珂兒很有心，安排的這次旅行要橫跨陝西甘肅新疆，幾乎是整個大西北，一趟下來好幾千公里。說實在的，這種大膽的旅程，他自己做夢也沒想過，但確實又很有吸引力。尤其是會經過甘肅省，那可是自己年輕時當兵曾經駐紮過的地方，珂兒說就是想陪老爸來個故地重遊，不僅如此，去新疆是希望了卻奶奶的心願，因為奶奶的二妹，也是孫增先二姨媽嫁去新疆多年，還沒人去看望過她，如今也年事已高，已經多次在電話裡念叨了。這些話都戳中了老孫夫婦的軟肋，令他們感動，兒子真的長大懂事了。

燕萍起初有些擔心和顧慮，表示抗拒。她也喜歡旅行，但反對自駕。主要是路途太遙遠，一般坐飛機去新疆在西安轉機都得好幾個小時呢，這一路開過去說不操心那是假的。老孫退休前是職業司機，就那樣每次出行她都心神不安，無法不操心。直到老孫 2013 年內退後，才終於踏實了。她 2014 年也正式退休，家裡買了輛車，時不時也會開車外出旅行，但她每次堅持坐在副駕位，打醒精神默默陪伴，削個水果，遞個吃的什麼的，或說些話，免得老孫

打盹兒。大家都笑她過於操心了，因為老孫是出了名的安全駕駛模範，格外沉穩，否則不可能獲得信賴，一直給單位最高領導開專車。

其實珂兒當然也不是心血來潮，貿然安排的，他在心裡想了好久的。這些年，生活條件越來越好，資訊也很發達，說真的上了四通八達的高速公路，去哪兒都行。他和雯雯差不多每年寒暑假都會帶著果果兒出去自駕遊，積累了不少自信和經驗，這次也想挑戰一下更遠的距離，由父親同行，他更不擔心了。最可惜的是，本來計畫全家一起出遊的，雯雯單位的工作太忙實在抽不開身，所以最終只好四人出發。

他們沿途隨心而動，邊走邊玩。路過一些景點，歇腳順道參觀，珂兒是學文科的，對歷史有著濃厚興趣，一路百度一路給父母和女兒講解。來的時候沿途經過了甘肅的天水，去了麥積山；路過張掖，去看了七彩丹霞、平山湖大峽；進入新疆後，肯定也少不了吐魯番盆地，看看《西遊記》傳說中的火焰山，吃串酸甜的馬奶子葡萄。二姨家上下歡喜得像過大年，望眼欲穿期盼著他們的到來，幾乎每天都在打電話問今天走到哪兒了？怎麼還沒到呀？到烏魯木齊見面時，二姨激動得熱淚盈眶，無以言語，這是幾十年來第一次見到家鄉的親人哪！

這種場景，讓他和燕萍也感動不已，眼淺的燕萍也跟著淚目唏噓。他們感慨著，覺得一路的疲累都值得了，也在心裡感激兒子給策劃的這次旅程，實在太有意義了。二姨家熱情接待了他們，表親們陪著去天山牧場遊玩，都說希望他們多住些日子，捨不得他們走。但是回家的路也很

漫長，所以住了兩三天，跟二姨依依惜別後就啟程了。這一路其實就是古老而著名的絲綢之路，但因為時間關係，敦煌和嘉峪關，酒泉等地，也沒有時間慢慢細逛，只能是蜻蜓點水匆匆路過了。

　　一家四口在武威休息了一晚，翌日清晨，老孫如常醒來了。年輕時當軍人的訓練，加之多年來養成的習慣，他很少睡懶覺。退休後這些年他跟燕萍一直堅持跑步鍛煉身體，體質也還不錯，所以開車其實也不覺得太累。這一路甚至還有點興奮，他有一種久違的感覺，好像又回到披星戴月專注的歲月，畢竟多年駕駛生涯不是白乾的，心裡暗暗來勁：「咱還可以麼，寶刀未老！」跟兒子互相輪流開車，也讓他心裡高興。雖然職業司機少不了偶爾指點一兩句，但總地說來還是滿意的，他暗自觀察，發現珂兒膽大心細，說不清楚哪些地方，總若隱若現有些自己年輕時的影子。在安康平時兒子忙得要緊，父子倆也沒空聊天，也沒啥好聊的。這次可不一樣，幾乎時刻都在一起，並排坐著不時討論地圖路線，互相給對方當導航，不再是父子，更多的是兩個成熟男人的對等交流。

　　今天對老孫而言則更加特別，早上醒來之後，心裡有些按捺不住的激動。因為按照珂兒的建議，今天要繞去平涼了。說也奇怪，隨著距離的接近，已經塵封了多年的記憶，突然間像洪水一樣傾瀉了出來。吃完酒店的早餐，出發了。他的話漸漸多了起來，給珂兒講起以前在平涼部隊的生活，很多小故事連跟他生活了幾十年的燕萍也沒有聽過，所以大家都聽得津津有味。

榮武和文英

老孫的父親孫榮武是關中人，2009 年已經仙逝了。老家在西安郊區的丈八溝鄉，家中弟兄三人，榮武排行老二。小時候經歷過抗日戰爭和國共內戰，因為常年戰亂民不聊生，孫家孩子多生活困苦，他在鄉下上了兩年小學就輟學了。父母托一位鄉親帶他進西安城，被介紹到一家棉花公司當雜工。1949 年解放後，私有企業作為資本家財產，全部被收歸公有化，由新社會政府統一接管。棉花公司也不例外，變成國有棉花廠。工人夥計們都被收編為國有企業人員，等待分配。這時的孫榮武十六歲，在店裡幹了兩三年，已經算是有些工作經驗的老人手了。

1949 年 5 月 12 日，經中共中央中原局批准，中共安康地委、安康分區（今地區）專員公署在湖北省鄖西縣組建成立。隨著解放戰爭的節節勝利，安康地區各縣也在 1949 年和 1950 年初陸續獲得解放，專署駐在安康縣城關鎮東大街。解放兩年前 1947 年安康城的樣子，被挪威傳教士家庭的尤約翰，和美國紐約來的卡爾•莫特森拍攝記錄了下來，也是後來發現的中國第一部彩色紀錄片，裡面再現了 20 世紀四十年代安康的婚喪嫁娶、飲食服飾、耕田勞作等歷史場景。

也就是這個階段，孫榮武被省上分配到安康，投入社會主義改造建設中。1950 年他來到安康後，被分配到副食公司屬下的安康茶廠工作。在茶廠主要是當採購員，由於以前在棉花廠有些經驗，加之勤奮好學，孫榮武很快熟悉了業務，跟廠裡工人們打成一片。他利用業餘時間，如

饑似渴學習文化知識，積極爭取上進。比起省城，安康還
很落後，這位來自省城的好青年引起本地人的好奇，為人
作風認真踏實，也獲得人們的好感。幾年後因工作積極，
獲得上級表揚提拔，調往副食公司。

在安康茶廠，他認識到一位紮著兩條大辮子，相貌性
格都很出眾的女孩，叫張文英。據說她家是安康城郊張灘
的，張母是廠裡職工，負責挑揀茶葉。文英家姊妹六人，
她排行老大，老三是個弟弟，其餘都是妹妹。那時候家家
戶戶都是多子女家庭，生個兒子才算對得起祖宗。文英的
舅爺，也就是外婆的兄長是國民革命軍的，牛蹄嶺戰役後，
安康被共產黨的解放軍解放，成為軍俘，又收編為解放軍。
1958年去朝鮮戰後援助，此後便杳無音訊。那個動盪的
年代，人命如草，是死是活，也無從查找無從知曉。

張文英在張灘上學，每年暑假都跟隨母親來廠裡打散
工，幫補家計。第一次二人在茶廠遇見時，彼此都有些好
奇，眉清目秀的青年跟本地人很不同，給張文英留下深刻
印象。那個年代還不興自由戀愛，有些好感也不能說出口，
只能暗自彼此留意。有次張母對張文英說：「這個年輕人
倒是不錯，唯一不好的就是外地的，不可靠。」文英反駁
起母親：「外地的那又怕啥呢？」聽了這話，張母知道女
兒可能喜歡，也就不再說什麼了。

1956年張母生下小女兒也就是文英的小妹之後，不幸
落下婦科病根，不久便離開了人世，這件事對張家上下打
擊頗大。守喪期過後，考慮到家中子女多生活困苦，張家
父親開始托媒人給文英說媒。這時孫榮武二十多歲，早已
到了適婚年齡，其實周圍早就不斷有人來說媒，他都婉言

拒絕了。偶爾聽人說張文英家好像也在給她說媒，卻有些坐不住了。接到公司調令時，孫榮武知道自己即將要離開茶廠前往副食公司了，他意識到心裡挺放不下這個女孩，於是托人提親。張家父親認為這青年起碼有份固定的工作，收入穩定，思前想後，就問女兒願不願意。張文英心裡暗自高興，點頭答應。1958年有情人終成眷屬，孫榮武終於迎娶了張文英。

婚後不久，孫榮武被副食公司派往紫陽縣常駐。這年開始，社會主義建設進入新階段，全國都在大煉鋼鐵，各家各戶把鍋都送去煉鋼，吃大鍋飯。目標是加快工業生產，早日趕超英美，「從社會主義跑步奔向共產主義」。在安康這樣的城鎮，上級要求各企業單位加快建立二級購銷站，以便進一步統購統銷。紫陽縣是自古以來的茶鄉，也是安康地區下屬較大的縣。但一切都很落後，工作開展從零開始，要啥沒啥。孫榮武跟同事們找了房子，購置了最基本的桌椅，在簡陋的條件下走訪農民，搭建收購管道。榮武為人厚道，寡言少語但思維敏捷。解放後在安康第一批搞商業的，也就是他們這批幹部，分別負責百貨、五金、副食部門，後來都成了各公司的一把手。

因為當時還是窮鄉僻壤，生活條件太差，孫榮武讓新婚妻子留在安康城小北街家裡，自己單身往返紫陽，每星期回家一次。共和國建國十周年慶典後不久，1959年11月在安康城小北街孫家，張文英順利生下第一個孩子，取名孫增先，小名「建安」。孫榮武欣喜若狂，但在家待的時間總是很短暫，大躍進令物資變得短缺緊張，尤其是糧食和副食品，紫陽那邊的購銷都需要緊盯著，不能離開崗

位太久。1962 年前的三年裡，糧食短缺餓死不少人，張文英背著孩子，跟人到地裡去挖紅薯充饑。大躍進結束後情況逐漸好轉，1963 年 7 月又得了小女夏麗，榮武申請回城團聚被批准，也終於回到了安康城。

1966 年文化大革命爆發。不同群眾組織之間更發生了武裝衝突，常發生於造反派與保守派之間或造反派內部，也發生於不同派系的紅衛兵之間。1966 年 12 月上海的康平路事件、重慶一二•四事件成為全國大規模武鬥的開端。1967 年 1 月上海爆發「一月風暴」，引發各地群眾展開大規模奪權運動，並導致權力鬥爭。1967 年夏在江青提出「文攻武衛」後，武鬥迅速升級並導致中國進入混亂狀態。

文革中成長

1967 年夏麗四歲，建安快七歲，他到了該上學的時候。可是現在學校在鬧鬥爭，都停課封鎖了，還上個什麼呢？孫家也被捲入了這場史無前例的鬥爭。當年安康的武鬥就像是全國地方縣城的縮影，在全省也是出了名的慘烈。所有的機關單位都分成了兩派，剛開始是大字報互相揭發吵罵，接著是棍棒群架互毆，鬧得不可開交。後來部隊也開始動搖分派，人們怒目相視，爭得臉紅脖子粗。歇斯底里的年輕人們，竟然紛紛跑到軍分區奪取槍械，城外「紅三司」和城裡「六總司」各霸一方，互不相讓，每個人必須表態歸隊，非友即敵。

孫榮武主要是在城外工作，所以被迫歸屬於「紅三司」，而且差陽錯還被推舉成了一名小頭目。可是一家人

又居住在城裡的小北街，那裡是屬於六總司的地盤。情況
有些尷尬，一家人突然間變得有家難歸，因為不敢隨便進
城，更不敢在小北街出入，否則隨時會被「六總司」的人
開槍打死。無奈之下，榮武和文英只好拖著建安和夏利兄
妹倆，悄悄搬離小北街，在城外的副食公司倉庫找了個落
腳的地方，暫時躲避起來。

副食公司的倉庫裡搭建起來的臨時避難所，其實非常
簡陋，用裝著冰糖的麻袋，堆起來當作一道道「牆壁」，
隔開一間間「房屋」，供副食公司幾十戶人家在這裡避難
一時。建安和小夥伴們可是樂不可支，冰糖在當年都是稀
缺物資，現在竟然就是自家的「牆壁」甚至當枕頭睡，肚
子餓了就悄悄在麻袋上戳個洞，掏出幾顆冰糖含在嘴裡吮
吸，實在方便又爽快！

外面成天鬧得亂哄哄的，時不時都有砰砰槍聲傳來。
大人們個個提心吊膽，惴惴不安中想著怎樣才能躲避劫
難。只有小孩子們卻渾然不覺天下危險，個個天真無邪，
仍然無憂無慮地瘋來跑去。建安和馬路倉庫裡的幾十個小
夥伴們在簡陋的倉庫附近就地取材，永遠都能找到玩耍的
方法。男孩子們玩炮殼、打鬥雞和打仗遊戲，不知誰從縣
醫院里弄來廢棄藥瓶子，也能玩一通；女孩子則玩沙包，
跳皮筋。大幾歲的哥哥們不屑于跟小兄弟們玩，他們常常
愛去河壩或池塘裡釣魚。倉庫對面有個「紅三司」搭的炮
樓，還修了臨時戰壕，紅衛兵們看護把守。有些紅衛兵其
實也就十幾歲的中學生，比建安他們大不了多少。有一些
「二杆子」，動不動對著空牆開機關槍一陣掃射，說的是
為了威懾外來的死對頭「紅三司」的敵人，更多的只圖好

玩痛快。在建安和孩子們眼裡確實很刺激。建安知道其實家裡也有一把手槍，還有子彈，那是紅三司發給父親的，但是父親此前從沒摸過槍，他小心翼翼地收藏在櫃子裡，不許孩子們碰觸。

城裡面鬧得越來越凶了，大家守著倉庫也不知何時會被對方攻破，每天都在一起討論局勢。榮武和文英不放心，再三商量後，決定還把兄妹倆送回張灘老家，畢竟鄉下衝突少一些，再說那邊張家親戚人多，總歸穩妥些。於是 1967 年底兄妹倆被送去了張灘農村外爺家，榮武和文英留在安康城。

1968 年夏，在中共中央和相關政府部門的干預下，全國各地的武鬥逐漸結束。轟動一時的安康武鬥也逐漸消停。政府開著卡車在城裡用高音喇叭呼籲交出槍械，人們紛紛拿出藏著家中的槍支彈藥丟進卡車裡，就算完事了。那時也沒有什麼實名註冊登記手續，有些人還是偷偷在家留藏了一些槍械子彈的。直到 1990 年初，建安的一位哥們跟人吵架，對方是個流氓，狠狠欺負毆打了這位哥們，哥們一氣之下拿出家裡私藏了多年的手榴彈闖入流氓家，揚言要炸了他們全家，對方父母一見嚇得臉色煞白，撲通一聲跪地求饒，好說歹說才勸住了。

1968 年底建安和妹妹夏麗先後從張灘被接回安康。一家人在倉庫裡又住了一段日子，翌年搬到城裡金銀巷子新蓋的平房。這是副食公司為了方便統一管理，在金銀巷子買下一塊地，給職工們蓋的家屬院。孫家是第一個搬進新房的家庭，折騰了幾年後，總算安頓了下來，榮武和文英如釋重負。這一住就是十年多，整個 70 年代，建安兄

妹的青春時代就是在金銀巷子度過的，留下了最深刻的記憶。

　　文革武鬥期間，孫榮武陰差陽錯當過「紅三司」小頭目這件事，想不到後來可是給他惹來不少麻煩。武鬥結束後，孫榮武繼續積極申請要求入黨，但卻遲遲得不到組織批准。幾經打聽，才知道其中主要原因，就是曾經有過這個政治「黑點」。黨組織反覆審查榮武的家庭背景，甚至連西安丈八溝的老家也派人去調查過。榮武為人厚道大方，口碑很好，周圍接觸過他的人都很替他說好話，所以組織嚴格審查後沒發現問題，又觀察了一兩年，大約1971年前後，榮武終於被接納加入了共產黨。收到上級通知，宣誓入黨的那天，榮武激動不已，從不喝酒的他高興得讓妻子買了一瓶白酒，暢飲慶祝。他心裡清楚這一切意味著什麼，這是他人生中的重要時刻，一個關鍵的轉捩點。

　　回到安康後，機關學校逐漸恢復正常，建安也報名上了小學。因為武鬥結束，1969年學生們的入學時間比較特殊，年初新學年開始。此時的建安剛滿九歲，就近在培新小學就讀。培新小學是安康城裡最老的小學，始建於1929年，在民國時期是安康城中唯一的學堂。建安倆兄妹都在培新上學，直到初中畢業。

　　新中國的小學經過幾次學制改革的。1949年解放後，到1951年廢除了民國時期的舊教育制度，但仍保留了小學中學高中「六三三」學制。到了1958年，在「大躍進」形勢下，全國掀起了中小學學制改革試驗的浪潮。1959年各地開展了學制改革試驗，曾試驗過的形式有中學四年制、中學五年一貫制的，也有中學三•二制、中學四•二制、

中小學五•四•二制、中小學九•二制、高中二年制分科、高中三年制分科、初中三年制、中小學十年一貫制、中小學九年一貫制、中小學七年一貫制的等等，可謂五花八門。

文革期間 1969 年，遵照「學制要縮短，教育要革命」的最高指示，小學開始推行五年制，中學實行二、二制（初、高中各兩年），也有辦七年制（小學五年，初中兩年）、九年制（小學五年，初高中四年）學校的。1973 年 2 月秋季入學改為春季入學。直至改革開放後的 1980 年 12 月，政府宣佈小學學制可以五年制和六年制並存，城市小學可先試行六年制，農村小學學制暫時不動。1982 年北京、天津、上海、浙江聯合編寫的六年制小學課本投入使用，全國範圍內開始實行 12 年制，小學 6 年，中學 6 年。

陽光大隊林場

回到 1969 年的安康，培新小學也是在當時的大環境下，成為七年制學校的。建安這年入讀小學，所以在培新一直上了七年直到 1976 年初中畢業。也就是在這年，毛主席和周總理先後去世，華國鋒上臺宣佈文革結束，打到了四人幫，中國發生了翻天覆地的變化。不過，知識青年仍然需要「上山下鄉，接受貧下中農的再教育」。所以建安和其他同學們一樣，被分配到不同農村下鄉插隊。

1976 年 3 月 12 日，建安和一起畢業的同學們抵達花園公社陽光大隊林場報到。這次他們隊一共九個人，七個男生兩個女生。花園公社在安康北方的五裡鎮的花園鄉，現在都改稱為人民公社了。這些十六七歲的年輕人們個個

都很單純，離開家庭過集體生活，既新鮮又好奇。當地的農民很照顧城裡來的知識青年，提前蓋好了三間大瓦房給他們當集體宿舍。林場是以種植樹林為主的地方，不像其他鄉村，沒有水稻田，所以知青們不需要插秧。平時有人帶領他們下地幹農活，種麥子和綠豆黃豆，也種菜，餵養雞鴨豬牛，過著自給自足的生活。農閒時他們去給鄉親幫忙打面收賬，有女生去村裡的學校給孩子們教書。最受大家歡迎的是逢年過節，給村裡進行的各種文藝表演。拉二胡的，手風琴的，唱歌跳舞的，每個人都有些自學的絕活兒，建安也學會了吹口琴。農村裡沒有通電，點的還是煤油燈。每到夏天黃昏，夕陽西下後，大夥兒在大場壩裡納涼，互相切磋練習自己的拿手好戲。

九個人分工合作，每天輪流做飯。到了週末總有人回家探親，所以大致上每星期每個人輪一天做飯。建安從小就會做些簡單的飯，因為父母是雙職工都要上班，他要帶著妹妹，所以母親教會他熬包穀針，蒸米飯和擀面。插隊後，這些本領都得到進一步發揮，而且每個人會燒的菜都不太一樣，互相切磋之下，很快學會了各種炒菜。農村人都很老實，他們羨慕城裡人懂文化，尤其是年輕人腦袋瓜轉得快，個個都顯得聰明。當然其中也有幾個鬼馬精靈，常常趁夜色到菜地裡偷菜，回來改善伙食。農民們拿他們也沒辦法。也有幾個很能折騰的，到山裡能打到野兔和狐狸，回來也變成一頓美味佳餚，飽餐一頓。

四人幫倒臺後，鄧小平被推舉上臺主政。1978年中國宣佈開始改革開放，全國恢復高考，允許應屆和畢業的學生參加高考。這些重大變化的春風，也吹入花園公社知青

們的耳朵裡，當獲悉有機會告別插隊生活，每個人都摩拳擦掌，躊躇滿志地找門路。當年就有兩個人考上了大學，其中一人後來更成為武漢大學的教授。第二批離開的有 3 人，其中一人考上大學，建安和另一位同學應徵入伍，1978 年 11 月 27 日當兵。在即將離開的時候，建安和同學們感受到，插隊的幾年裡看似辛苦，但每個人都迅速成長了。比起剛來時的茫然不知所措，如今都練就了獨立生活的本領。而且集體生活讓他們學會了處理人際關係，這些後來都受益最深遠。多年之後再回想起來，那些日子裡無憂無慮，是多麼淳樸簡單和快樂。

建安萬沒想到的是，自己後來的另一半，其實已經悄然接近。就在一山之隔的另一個鄉村裡，一個紮著辮子的大眼睛女生也在插隊。當然，此時的彼此還不認識，也不可能知道有對方存在。兩個年輕人之間的緣分，仍然在廣袤的天地之間孕育著，各自憧憬著未知的將來。他們還要經歷幾番生活的磨練後，等到九年之後才邂逅，愛情的萌芽才會破土而出。

當年一起插隊的 9 人如今甚少來往聯繫了，但建安對每個人的情況還是比較留意的，至少知道每個人的職業。7 位男生中有 1 人做生意，1 人在石油公司，1 人在飲食服務行業，1 人在鐵路上，1 人在百貨公司，還有考上大學的 1 人如今在武漢大學當教授；2 位女生 1 個在水電三局，1 個在醫藥公司。

平涼工程兵

離開威武市區後，父子倆按照導航指示，很快找到了

去平涼的路。從安康出來十天了，每天平均七百公里，幾千公里大西北走過來，看地圖找路已經是駕輕就熟了。沿著連霍高速公路，直到平涼市崆峒區的縱三路，再上青蘭高速公路，最後從福銀高速公路下來就到了平涼峽門溝。

建安的腦海裡不斷回憶起離開時的景象，努力在眼前的畫面中尋找，看看能不能發現一些蛛絲馬跡，跟記憶重疊對上號。雖然他心裡也明白這大概不太現實，因為畢竟最後離開這個地方，已經是上世紀八十年代初的事兒，距離現在已經整整過去四十年了。

「看地圖應該就在這附近了，以前是非常荒涼的大漠，除了我們工程部隊的施工車輛和軍營，啥都沒有！」然而眼前是一片鬱鬱蔥蔥的樹林和一望無際的綠色田野，道路筆直，井然有序。變化太大了，珂兒開著車，老孫兜來繞去幾圈兒，終於找到一個不起眼的入口，寫著「防空洞入口」，但是門緊閉著，看來已經塵封已久，閒人免進。老孫有點悻悻然，珂兒心有不甘，又在附近繞著找。有點可惜，本以為可以進去參觀，邊看邊回憶介紹的。不過還是讓建安興奮，畢竟找到了入口，他們把車停在路旁，下來在附近走著，老孫繼續講解往日的故事，叫大家腦補畫面。

1978 年建安參軍時，有很多同齡人對他羨慕不已。孩子們從小到大接受的教育中，解放軍叔叔是祖國的守護英雄，每個男孩都曾經做過英雄夢，認定解放軍戰士堅無不催。聽到的故事，也是說能當上解放軍是一件很酷的事。那時能考大學的畢竟是少數，參軍當兵專業後國家會給退伍軍人安置工作，相當於「鐵飯碗」工作了，所以很多年輕人爭先恐後，由於報名參軍人多名額有限，爭奪名額非

常激烈，過五關斬六將考核憑運氣，還有人托關係走後門的。

從安康參軍的大約有好幾百人，都被編入番號84516-76部隊即218團，屬於工程兵。該團有三個營，每營4個連，每連4個班。建安所在的班上有16名新兵。兩個安康來的新兵連，先是在武山縣接受了三個月的集中訓練。武山縣在甘肅省東南部，隸屬於天水市，地處秦嶺北坡西段與隴中黃土高原西南邊緣的複合地帶，海拔在1365~3120米之間，是名副其實荒涼的大漠戈壁灘。經過緊鑼密鼓的操練之後，新兵們都變得健康壯實，積極性也高漲起來。三個月之後，被派往平涼，正式投入挖洞工程隊中。

1972年，毛澤東根據中國面臨的國內外形勢和國家的社會主義性質，提出了「備戰、備荒、為人民」「深挖洞，廣積糧，不稱霸」的方針。「深挖洞」就是要構築堅固的地下防空工事，特別是加強戰略要地和大中城市的防護工程建設，防備敵人的大規模戰略空襲，為反侵略戰爭和核戰爭做準備。「廣積糧」是要增加糧食儲備，以應付可能發生的戰爭或自然災害，也是為了發展工農業生產，把國民經濟搞上去，厚積國力，搞好戰略物資儲備。在這個方針指引下，解放軍加強國防工程建設，全國各重點防空城市掀起了人民防空工程建設的熱潮，構築大量地下工事，加強戰略物資儲備，形成了國家、軍隊和地方分級儲備的戰略儲備體系。

平涼的防空洞，便是當年甘肅省重要的地下設施之一，用於儲備石油，糧食等各種物資，應有盡有。洞內十分寬

敞，有軌道可跑小火車。牆壁是用幾十公分厚的混凝土封砌而成，可謂堅固無比，正常情況下幾百年也不會坍塌。

建安在新兵連集訓時，嚴守紀律，操練勤奮，已經屢屢獲得班連長表揚。進入工程施工後，吃苦耐勞和一絲不苟的作風，備受上級肯定。一般情況下，普通士兵需要3至5年才能獲得提拔，1978入伍的建安，因為表現優異，1979年底已經被破格升為副班長。這個19歲的年輕人備受激勵和鼓舞，他想起父母從小的教導，只要踏實認真，一定會得到周圍人的認可和肯定，他在西北荒漠的鍛煉中變得陽光和自信，更加積極勤奮了。

然而，正當他和戰友們以為挖洞工程會一直持續下去的時候，情況突然發生了變化。1978年十一屆三中全會上政府宣佈實行改革開放政策，1979年1月1日中美宣佈恢復邦交，結束了長達30年的不正常關係。

1979年初中越邊境摩擦升級，戰爭一觸即發。原因是越南1975年結束抗美戰爭、實現國家統一後，在蘇聯的拉攏慫恿下把中國視為「頭號敵人」，中越關係急劇惡化。這年元旦中美宣佈關係正常化後，2月17日中央軍委命令邊防部隊對入侵的越南軍隊還擊作戰，3月16日全部撤回國內，完成了作戰任務。

建安所在的平涼部隊，當年也派了部分士兵上前線作戰。在動員大會上，有許多熱血激情的官兵自動請纓，報名要求赴前線。但是部隊經過綜合考評，積極報名的官兵往往不一定被選中，反而大多是那些平時不大守紀律，早操遲到缺席，作風懶散的士兵被選中了。比建安大幾歲的一位戰友上了前線，但剛踏入越南境內不久，就結束作戰

了。

1979 年 4 月 12 日，中華人民共和國常駐聯合國代表團致聯合國秘書長 K. 瓦爾德海姆的信中，就聯合國裁軍審議委員會首屆會議審議《綜合裁軍方案》問題指出：爭取裁軍的鬥爭應立足於進一步鞏固和擴大國際反霸統一戰線、反對超級大國的侵略政策和戰爭政策、保衛世界和平的總的鬥爭任務，並成為該鬥爭的一個組成部分；兩個超級大國必須首先裁軍；應把核裁軍和常規軍備的裁減置於同等重要的地位並結合起來進行；超級大國應承諾首先削減軍事開支，停止軍備競賽，把節省下來的資金轉用於援助發展中國家的經濟和社會發展；裁軍和安全問題，應由世界各國在平等的基礎上參加審議。1979 年 5 月 15 日，中國代表團在聯合國裁軍審議委員會首屆會議上提出關於《綜合裁軍方案》主要內容的建議。

鄧小平主政下，改革開放的政策方向很明確，認為爆發世界大戰的危險性減低，未來國家的重點將加強經濟建設，不再是防止反華的臨戰性準備。為了經濟長遠發展和軍隊現代化建設，配合聯合國的裁軍方案，鄧小平開始積極醞釀大刀闊斧的裁軍。在著名的「百萬大裁軍」宣佈兩年前，1980 年 3 月就已決定部隊實行簡編，將一部分移交地方，並轉發《關於軍隊精簡整編的方案》。

1980 年秋天的某一天，平涼 218 團 1 營的官兵們接到命令，說他們在第一批裁軍名單中，需要裁掉一半，也就是兩個連的人。這一切毫無預兆，來得實在是太突然了，官兵們陷入一片茫然失落的氣氛，有人歡喜有人愁。官兵復員的原則是「原地返回」，城市戶口的可到退伍軍人安

置辦要求分配轉業，農村戶口的則要回家務農。官兵們各自開始四處打聽，開始鋪墊下一步的去路。

　　建安倒是沒有慌亂，他寫信給安康的父親，商量下一步去向，也開始思考自己究竟想做什麼。在安康，孫榮武此時已經是煙草公司的經理，在商業系統頗有聲望。按照正常的轉業方案，建安屬於商業系統企業的子弟，他可以要求分配到商業系統工作。加上父親的人脈關係，商業系統八大公司任何一間都可以任他挑選。父親發了電報給他，部隊安排辦好了退伍手續。

　　想不到軍隊生活就這樣匆匆結束了，戰友們依依惜別。離開平涼之前，戰友們灑淚共唱一首紅遍大江南北的蔣大為歌曲《駝鈴》。他們告別的不是哪個留下的戰友，更是自己兩年短暫而充實的軍旅生涯。

送戰友，踏征程

默默無語兩眼淚

耳邊響起駝鈴聲

路漫漫，霧茫茫

革命生涯常分手

一樣分別兩樣情

戰友啊戰友

親愛的弟兄

當心夜半北風寒

一路多保重

　　這些戰友們轉業後，散落在各行各業，每個人都各自施展才能，過得很好。大家一直保持著聯繫，如今仍然經常聚會。當年最吃香的工作去向是機關單位，其次是商業

系統，因為職業性質，轉業軍人最容易進，反而大家都不太樂意去的是公安政法系統，後來大大改觀了。農村戶口的以為沒前途的也錯了，有土地遇到開發搞基建，或開餐館當廚師，一個一個都比城裡人富裕多了。說到底，建安和他的戰友們，還是趕上了中國改革開放經濟全面發展的最好時代了，各行各業都很精彩，百花齊放。

湘渝線的列車員

1980 年 12 月，建安從部隊回到了安康。到安置辦報到後，在家等待分配通知。他沒回來前父親就開始四處張羅了，想給他安排在商業系統公司。但是 21 歲的年輕人不情願，反而越來越抗拒了。在部隊經過兩年錘煉後，本已經獨當一面，可是回到安康來，在家一切仿佛又打回原形。父母還是把他當作不諳世事的小孩子對待，這令他心裡很不爽快，也很鬱悶。他不甘心上班離父親太近，不願一直在父親庇護傘下，所以拒絕了父親的建議。此時他心裡已經另有打算，只是，他的這個願望，仍然需要父親助他一臂之力才能實現。

在閒置待命的幾個月裡，他常常找好友們玩耍，其中對他影響最大的，是家屬院裡的一位名叫楊波的哥們。正是這位哥們的一句話，讓建安在選擇工作時改變主意的。

楊波比孫建安大三歲，是 19 號院家屬樓的鄰居。楊波小時候本來隨父姓曾，但幼時父母就離婚了，他跟母親相依為命，隨母親改姓楊。楊母是漢中人，在副食公司當會計。孫家上下對鄰家這對孤兒寡母非常關照，建安也喜歡跟楊波一起玩，自小熟稔。楊波早熟，中學畢業後就在鐵

路工作。

當建安從部隊回來的時候，他已經是寶成線的火車司機了。聽了建安跟說起就業的煩惱和糾結，他就建議：「嗨，乾脆來鐵路局吧！我們列車段正好缺人手，我可以介紹你進來，你肯定沒問題！」建安備受鼓舞，到鐵路公司倒是很吸引他，跑火車可以走南闖北，聽起來不錯。他把自己想去鐵路局工作的想法告訴了父親，希望得到父親的同意和支持。父親很驚訝，開始還是勸說他留在商業系統，工作穩定也好照顧，但建安心意已定，非常堅持。最後父親還是同意了：「兒大不由人嚕！不過有自己的想法很不錯，出去闖蕩一下，也好！」

經過熟人介紹，建安如願以償，經過退伍軍人安置辦被分配到鐵路局列車段工作。1981 年春天，建安到新單位報到。因為是新人，有位師傅帶著他跑火車，教他熟悉工作內容和環境。建安聽得很認真仔細，把師傅說的重點都默記在心，實習了 13 天後，就開始單獨跑車了。他成為了一名運轉車長，負責湘渝線（湖南至四川）安康至達縣段的貨運。大部分時間跟的是貨車，偶爾也跟客車，同行們管叫「客貨混跑」。

火車上的貨物車廂通常都在列車尾段，這裡就是建安工作的活動範圍。每次跟車跑一趟大約六七個小時，從安康到達縣中途，偶爾停靠萬源站。鐵路局在達縣和萬源都有公寓，為列車員們提供吃住。公寓方便舒適，還配有廚師專門為列車乘務員們服務。每次列車到站後，建安到公寓都會先洗個熱水澡，倒頭美美睡一覺，睡醒來了想吃什麼給廚房打個招呼隨便點，內部食堂價，每份肉菜三毛五，

青菜才一毛五。熱騰騰的小炒端上來，米飯隨便吃，吃飽了再上火車回安康，很爽快。

家裡人都覺得跑車很辛苦，但建安並不以為然，他覺得工作很充實心裡踏實，再說待遇條件好，他把工作看成「美差」。但是許多乘務員都喜歡跑一兩天休息待班一天，建安很少休假，他表現積極勤奮，主動要求排班，幾乎每天都在跑車。這樣下來，待遇也是豐厚的，因為乘務員的薪資除了基本工資外，按勞時有補貼，滿勞時之外的「超勞費」比平時高兩三倍。1981年的時候，建安的工資已經是55元，加上各種補貼和超勞費，能拿到70-90元。這可是相當高薪了，父親是公司企業一把手，這時月薪也不過45.5元。孫榮武想不到兒子剛轉業工作就比他收入還高，比工資更重要的，是看見兒子幹勁十足，不禁感到欣慰和自豪。看來尊重兒子的選擇，讓他幹自己喜歡的工作，是做對了。如果當初非逼他進商業系統，萬一進單位他不喜歡悶悶不樂的話，也沒什麼意思，得不償失。建安也心存感激，父母對他的品行要求很嚴格，教他做人一定要踏實本分，除此之外的人生道路上，都極大地尊重和支持他，想辦法幫助他達成願望。

建安也沒有辜負父母的期待，工作勤奮認真，兢兢業業，為人慷慨大方。在列車段工作了6年，每年都評選為先進工作者，跟同事們相處得很好，尤其是深得老師傅們的信任和喜歡。每次一起跑車到萬源或達縣，建安都會請愛喝酒的老師傅們小酌幾杯，而且主動買單請客。他覺得自己輩分小，又沒有家庭經濟負擔，工資高待遇好，所以不愛斤斤計較。也是這個時候，建安學會了喝白酒，每次

微醺狀態天南海北侃侃而談最開心，回到公寓倒頭就能睡著，旅途疲勞消解得也快。他漸漸變得遊刃有餘，更喜歡這份工作帶來的樂趣了。

年過二十五，父母開始操心他的個人問題。可是總是在跑火車，沒有機會像其他年輕人那樣參加這樣那樣的舞會或晚會活動，認識女孩的機會也有限。介紹過一些也不太合適。然而，上天給有緣人安排的機會終於還是來到了。1985年商業局的吳叔介紹了一位女生，她父親也是商業系統的，人長得漂亮，開朗活潑，還參加過歌舞比賽。都是在家長的撮合之下，安排了一次見面。結果女方好像看不上，委婉表達說嫌鐵路上奔波無定時，反應冷淡。建安卻一見傾心，回家後久久不能忘懷，隨展開了追求。愛情的力量是無限的，激發了一個不善表達的年輕人寫起情書，使出渾身解數軟磨硬泡，精誠所至金石為開，終於打動了這個聰明漂亮的女生。她家住在龍窩街，姓氏很特別，名叫吉燕萍。家裡有五姊妹，鄰里們都稱她們為「吉家的五朵金花」。

四川達縣的水果豐富，建安每次跑車回家，都會順便帶一些當季的新鮮柚子橘子或廣柑，送給親朋好友，當然也送給燕萍家。逢年過節，還能搞到一些當地的奇珍野味，例如半吊子狸子肉，這在安康都是很新鮮的事情。自從心裡有了牽掛的人，建安突然覺得每次出車都變得漫長起來。他想調回城工作，以解相思之苦，也是解決現實問題。父母當然也支持他，於是托人找關係活動。直接轉行有些抗拒，找到了鐵路生活段，段長聽了很高興：「這樣的好青年，當然想要啊！隨時歡迎，但是列車段那邊肯放

人嗎？」

　　事情果然被這位段長猜中了，列車段領導很器重建安，還想重點培養未來的接班人呢，所以表示堅決不放人。幾次提出來，都被一口回絕了。

　　1986年臘月二十四，有情人終成眷屬，建安和燕萍結婚了。他答應燕萍會想盡一切辦法往回調動。這年春節期間，他給列車段長拜年，被挽留吃飯。酒過三巡，大家喝到半醉微醺時，他訴說苦衷，再次提出希望放他回城。這次段長爽快答應了，建安有些不敢相信，他害怕這是酒席之言過後反悔，趕緊不失時機地請段長打電話給人事部門打招呼，段長果然打了電話。生活段那邊也立即接納。就這樣，不到一小時的時間內，竟然快刀斬亂麻迅速辦完了調動手續。

　　第二天上班後，段長把建安叫進辦公室，罵罵咧咧了一上午，說自己昨晚似乎被人灌醉，稀裡糊塗答應了事情，實在不應該。建安笑嘻嘻不語，段長歎息一聲，說：「君子一言駟馬難追，調令已經下達，調動手續已經辦妥，那就放過你小子啦！」

　　1986年2月，建安結束了六年的鐵路局列車段運轉車長的工作，到同樣是鐵路局的「生活段」報到就職了。他實現了對新婚妻子的承諾，如願以償回到安康城開始比較穩定的工作生活。「生活段」主要是為鐵路局負責物資採購的，也許是看見建安的簡歷和背景，段領導有意培訓他當汽車駕駛員。此時的他其實還不會開車，所以先要學駕駛。建安先跟同樣是部隊轉業而來的老司機胡安寧學習了一個多月，接著去車隊教練中心接受了6個月專業培訓，

成為一名職業司機。

在生活段工作期間，他開過一年嘎斯車，一年福如大巴車，因為表現優異穩重，被領導看中，開始成為段長專用司機，開始駕駛高級轎車。

可是那位當年帶他入行的楊波，卻是命運多舛。1983年楊波找到了對象，正張羅準備結婚，新房都快裝修好了，他母親高興極了，這一天她盼望已久。然而這年7月31日安康遭受了百年不遇的洪災，孫榮武去家屬院老院子呼籲大家趕緊疏散，看見楊波母親還沒走，就把她和其他人開車拉去地勢較高的江北倉庫了。誰知道楊母操心兒子的新婚房，找了個藉口說回去拿東西，結果再也沒有回來。城牆決堤後大水洶湧漫入安康城，老院子全被淹了。第二天，楊波發瘋了似地忙大街找他媽，最終也沒有找到。

工作後由於彼此忙碌，建安和楊波來往也漸漸少了。有一次在街上兩個人偶然遇見，建安見楊波神情憔悴，問他怎麼了？

楊波嘶啞著聲音說：「兄弟呀，你看哥明明頭腦清醒好好的，可是再過兩天我就要死了！」建安聽了大吃一驚，連忙問緣由。原來，楊波前不久在萬源公寓吃了不乾淨的東西，回到安康後就中毒了，醫院診斷為出血熱，說這種病是無藥可救。已經連續發了十幾天高燒，突發性水腫，據說器官衰竭就會沒命。建安震撼不已，簡直不敢相信眼前這個生龍活虎的朋友會真的死去。後來機務段派人把楊波送到西安的大醫院，試圖救治。大醫院為楊波換了兩次血，據說有些患者換了幾次血，挺過去就好了。但醫生說這是最後辦法，要是再復發就真的沒治了。換血後剛開始

效果似乎不錯，一切好像慢慢恢復正常。正當楊波和他妻子以為躲過一劫，重燃希望的時候，十幾天之後突然復發病情陡然急轉直下，過了一兩天就去世了，享年才 29 歲。這件事對 26 歲新婚燕爾的建安打擊不小，他很震撼，深受觸動，感慨生命的脆弱和無常，也更珍惜眼前的幸福了。

煙草局老司機

1987 年六月珂兒出生，兩家人都喜出望外。1992 年珂兒五歲，眼看就要上小學了。建安的父親 59 歲，也快退休了。為了照顧家人，建安主動要求調動工作，1992 年 9 月成功調到煙草公司。這次也是費了一番周折，因為鐵路局生活段也捨不得讓他走，但段長跟孫榮武關係很熟，最後還是同意了。段長本人也將被調去省裡工作，他理解並支援建安的請求。於是煙草公司和鐵路局互相發函，一切水到渠成，建安很快就受到正式調令。到了煙草公司，父親仍然是一把手，問他想做什麼崗位，建安仍然喜歡他的老本行，於是開始駕駛鈴木五十的小麵包車。

1993 年對孫家來說是重要的轉捩點，孫榮武六十歲正式退休，珂兒也上了小學。孫榮武退休時的唯一請求，是想回一趟西安老家，尋訪當年自己離開時當過「向工」的棉花公司。公司新上任的總經理對榮武很敬重，謙恭有禮。他爽快答應，安排建安擔任這趟特殊出行任務的司機，叮囑他：「陪老領導慢慢轉，想去多久就多久。」

建安開著鈴木五十陪父母翻越秦嶺到達西安，四處打探棉花店的下落。自從去了安康，其實已經失去聯繫很多年了，不知道那些人都還在不在？功夫不負有心人，最後

終於找到當年介紹自己進店的那戶人家，可惜當事人已經去世不在了，但他老婆還活著，已經是一位白髮蒼蒼的老太太。老太太接待了孫家三口，話說當年，激動不已。

孫榮武此行是想表達感恩之情的，回顧自己自少年就離鄉別井，忙碌奮鬥的一生，總地說來還是很幸運的。而所有一切其實就是從棉花公司開始的。

孫榮武和張文英都很知足。煙草公司是納稅大企業，由於經營得當，屢次獲得上級政府的表揚和贊許。他也不吝為員工謀福利，很早的時候，就安排全國旅遊，自己也去過不少地方，全國幾乎跑遍了。甚至還去過東南亞國家，也去過香港澳門。

建安在煙草公司工作一如既往敬業，做事一絲不苟，深得各部門和領導們的信賴。1998 年，他被指派為總經理開車，換成了三菱越野車。2004 年換成陸地巡洋艦，2008 年又換了奧迪，一直開到 2013 年退休為止。

在幾十年的職業司機生涯裡開過各種車輛，算起來也有十幾輛車了：老式東風車、解放車（駕駛訓練期間）、嘎斯、長沙福如、日本大發、北京吉普、波羅乃茲、鈴木五十、三菱越野、陸地巡洋艦、奧迪。

他的車保養得非常好，車身總是擦洗得一塵不染，油光亮。車裡也是乾乾淨淨，一股清新。生活習慣也非常規律，每天很早起來，仔細檢查，保持最佳狀態隨時待命。雖然他很喜歡喝酒，但平時絕對煙酒不沾。新上任的領導不允許在車內抽煙，建安非常高興，求之不得，這樣的話車裡肯定可以一直保持清新無味。

他的專業操守和敬業精神也是出了名的。給領導當司

機駕駛技術過硬是基本要求，還要求品行端正，保持低調謹慎，只有絕對可靠才能獲得長期信賴。除此之外，還要隨時待命準備好應對突發情況。這一些素養，建安都做到了無可挑剔。

有次休假期間，建安正跟弟兄們在外吃飯，突然收到領導來電。通常對方會客氣地先問一句：「現在有事沒有？」建安立即放下碗筷，不假思索回答：「沒有，閒著呢，您有什麼儘管吩咐吧！」

為此妹夫張勇和幾個好友都已經習以為常了，常常調侃說：「不管哥在忙啥事，領導只要來個電話，就變得閒著了啦！」建安對兄弟們的揶揄習以為常，他嘿嘿笑了，起身告辭：「不好意思了，突然有任務了，你們繼續哈！」

有時候他感覺自己其實一直都是軍人，雖然工作崗位不同了，但他的態度從鐵路局到煙草公司，一直保持如一，凡事以大局為重，軍令如山倒，排除萬難也要「使命必達」。

所以在煙草公司工作期間，屢次被評為「先進工作者」。最後一次，還代表獲獎者在公司的表彰大會上發表感言，是他人生中的高光時刻。每次獲獎，工會都會安排獲獎員工們帶上配偶由單位出錢旅行，因而建安也帶著燕萍跟團旅行。印象最深的有兩次，一次是西雙版納，另一次是南京蘇杭，都是高規格榮耀之旅，留下美好回憶。

去西雙版納的那次全程來回飛機，堪稱豪華之旅。每日行程緊湊，白天參觀景點，晚上欣賞少數民族歌舞表演。在回程的前一天民航局突然有人來通知，說由於工作人員疏忽，建安夫婦的名字不在登機名單中，要麼提前單獨離

開搭乘更早的航班，這樣就不能參加集體活動看演出；或可以看演出，但改變航程，連夜經普洱名產地思茅飛昆明，再跟大部隊會合返回西安。建安選擇了後者，於是晚上參加完集體活動後，民航局派專車來接他去思茅，多了一程旅途。民航局不停道歉，作為補償，昆明飛回西安的航班給旅行團都升級為商務艙，因禍得福，大家都爽極了。

另一次是 2010 年去的華東旅行，也很奢華。每到一地，同系統的當地煙草公司安排接待陪同。先遊覽了南京，然後一行人坐著旅遊大巴，經過了雄偉壯觀的「杭州灣大橋」，那是 2008 年北京奧運那年才開通的世界最長跨海大橋。過橋之後抵達浙江省，浙江煙草公司的同僚已經在等候了。在蘇州也住了一晚，還去了普陀山，第二天乘坐遊艇飽覽美景。最後回到上海，參觀了當年正在舉辦的上海世博會。

無常所以珍惜

生活不可能事事如意，總會有跌宕起伏，無常中難免離別。

孫榮武 1999 年中風後不幸偏癱，張文英常年陪伴，悉心照料。建安和燕萍住在附近，經常上門陪伴安慰。老人備受煎熬，在與病魔搏鬥了長達十年之後，於 2009 年 3 月 7 日溘然長逝，享年 76 歲。

文英在同一年裡痛失父親和丈夫，悲痛不已。但她很快想通看透了人生的無常。走出痛苦後，她開始積極享受生活。凡事身體力行，年過八旬也堅持獨居做飯，不願麻煩兒女。她慈祥和藹，總是把弟妹家人對她的好掛在嘴上，

誇讚子孫們孝順，臉上總是掛著滿足的笑容。

　　在建安的司機職業生涯中，每次建安只要出車，燕萍都會牽掛擔心。懸著的心直到安全回家後才踏實。雖然她也知道，建安做事很穩重，安全駕駛也是有口皆碑。但畢竟天天出門，所謂「意外」就是意料之外，尤其是遇到飛來的橫禍。

　　在建安的記憶中，有三次意外事故印象深刻。第一次是在鐵路生活段工作時，有次開福如車去茨溝出差，途中水箱過熱燒開了，下車打開檢查時，因為沸騰車蓋突然爆開飛出，滾燙的開水澆了一身，右手二度燒傷，緊急送院治療，傷癒後至今仍留有疤痕。第二次是到煙草公司後，開大發車從江北飯店去關廟的途中遇到的車禍。前方突然躥出一名女子橫過馬路，為了避開，建安本能地踩下剎車，結果被後來的汽車追尾撞上，車子受損。當時的汽車還沒有配備 ABS 安全氣囊，所以人還是受了些傷，所幸是輕傷，並無大礙。第三次是開三菱車期間，有次去西安出差，走在一條中間沒有護欄的馬路上，對面一輛大發汽車無緣無故突然從右邊跑到左邊車道，眼看就要迎面相撞，對方仍無躲避的意思，估計是司機打瞌睡或失神了。驚愕之間，建安趕緊扭轉方向盤躲閃，但還是被撞上，對方翻了車，三菱車的葉子板嚴重損毀，所幸建安也是輕傷躲過一劫。但回顧每次意外，建安和燕萍都十分感恩，覺得上天一直在眷顧，每次都是有驚無險，三次較大的意外事故也能倖免於難，是不幸中的萬幸。

　　珂兒 2009 年大學畢業，回到安康後，幾經周轉最終也到煙草公司工作，是不折不扣的三代傳承。建安很高興也

很自豪，冥冥之中命運自有最好的安排。想當年他跟父親同事過短暫的一年多，如今又能跟兒子當同事，沒有比這更令人幸福欣慰的了。就好像參加一場人生的長跑接力比賽，從父親手上接下來的接力棒，如今又傳給兒子，還能陪著再護送一段，建安感到完成了父親交給他的使命，越來越輕鬆。

2013 年煙草公司人事改組，鼓勵老員工們儘量提前退休，並提供相對豐厚的退休金。建安這年 54 歲，他已經沒有後顧之憂，再次以大局為重，積極回應公司的政策，決定提前退休，擁抱新的人生。32 年的職業生涯（27 年司機）畫上了完美的句號。

建安跟公司上下級都保持著良好關係，因長年的信賴，退休後都成了好友。他被公司領導熱情邀請發揮餘熱，於是退休後獲返聘在公司旗下商店，又忙活了兩年。直到 2014 年燕萍也退休了，這年 10 月孫女果果出生，他終於全身而退，辭掉商店工作，專心在家陪伴家人，享受天倫之樂。

晚年的張文英活得越來越輕盈，童心未泯，大膽嘗試新事物。每年跟著兒孫們去四川泡溫泉，媳婦跟她親密無間，八十多歲時給她穿上游泳衣，她笑得合不攏嘴：「這些都是我以前做夢也沒想過的！兒女陪伴，媳婦孝順，我這輩子啥都見過試過，值了。」

2022 年夏天，安康城遭遇多年不遇的酷熱天氣，連續多天都超過四十度。7 月 16 日這天，張文英在寓所睡夢中因內臟衰竭，無疾而終，享年 83 歲。因為毫無預兆，當兒女們接到噩耗時，震驚而難以置信，為老人臨終前沒能

見最後一面而遺憾悔恨。尤其是親如母女的燕萍，前一天果果還在給太奶奶表演跳舞，燕萍為婆婆沐浴更衣。備受打擊。

燕燕和張勇陪著燕萍和建安，來到海南島散心。悅海灣窗外，是一望無際的碧海藍天。趕海的人每天天濛濛亮就出現在海邊，三五成群，在退潮後的海灘上勞作，日復一日。遠眺浩瀚的大海，在大自然的面前，在天際間，人影僅剩下一個黑色的點，顯得格外渺小。

燕萍逐漸釋懷了。婆婆沒有受病痛折磨，壽終正寢，何嘗不是一種善終之福？或許也是老人給兒女們最後的啟示：「緣來緣去，緣聚緣散。你仔細看，生命本來就是這樣無常的。」她忽然更加懂得當年婆婆面對公公離去的心境，她眼中的無常如今也很清晰地浮現在自己眼前。

因為懂得，所以慈悲；因為無常，所以才要珍惜。身邊人和當下每一天都不是無緣無故的。倉央嘉措的那句話：「除了生死，一切都是浮雲。」既然是浮雲，那就當作旅途中的景致，好好感受和欣賞。

第五章：百惠園

第五章 │ 百惠園

精壯的小伙子們正把一筐筐的物資往卡車裡裝，院子裡堆滿了分好的塑膠袋，裡面裝著豬肉、菜和粉條，還有安康特產獅頭柑，穿著羽絨衣的女職員們在有條不紊地分配著。百惠上下總動員，下午就要發車，必須趕在今天之內把這批物資送到西安。

電視台來了，燕群正在接受記者採訪。當了董事長十幾年，經常對員工們講話，也習慣於各種社交場合，發言駕輕就熟的她，對於宣傳直播還是有些不太習慣。她是一個實在人，總覺得太高調的話說不來。不過這次不同，代表百惠一定要表達「眾志成城抗疫情」的心意。她在腦海裡迅速梳理了一下，簡短卻動情地說了幾句真心話：「西安的疫情牽動著我們的心，作為陝西人，作為安康的一個企業，我們組織了一些物資表達心意。希望你我安然無恙，西安加油！」

西安那邊的疫情確實越來越嚴重。1300 萬人口的古城，12 月 23 日按下暫停鍵，實施封城措施。人們措手不及，生活亂套了。每天看新聞，燕群確實被牽動著，聶總在西安那邊鎮守一時半會肯定是回不來，陝西百惠分公司的員工們都遵守政府指示全部居家隔離。這突如其來的變化，令許多人措手不及，但必須立即調整，緊急應對。

幾年前，她將經營管理全權交給聶總和他的團隊，逐漸淡出實際業務指揮工作。如今必須當機立斷，出面統籌總指揮。

1. 百惠園的故事

　　今天已經是農曆臘月初五，年關將至，除了要支援西安，接下來這段日子將會是公司一年裡最繁忙的。城裡熙熙攘攘，置辦年貨的人們步履匆匆，百貨商店超市里人頭攢動，熱鬧非凡。要提前配送大量貨物給每個超市，春節前日用雜品，食物部門都忙得應接不暇，物流部門的年輕人們起早貪黑，已經連續奮戰好多天了。昨天物流小伙子送貨到夜裡，她看著很心疼，所以也執意跟著在場，親自打氣給年輕人們鼓勁兒。

　　當然，這也不是第一次了。自從創辦百惠以來，幾十年來每年這個時候都一樣。她比誰都清楚該何時進貨，何時安排人員配送。如今駕輕就熟的還有早就獨當一面的高管團隊，其中李娥最優秀。燕群見證了二十年來李娥的蛻變和成長，也是最令她欣慰和信賴的中堅骨幹。

　　甜甜帶著倆寶貝從東京回來了，幸虧 11 月 9 日到西安時疫情還沒有大爆發，在酒店隔離兩周順利回到安康。全家人自覺居家隔離，二姐和汪波每天早上輪流送些新鮮蔬菜和肉食，或孩子們愛吃的麵包。

　　在家隔離是天賜機會，也算一家人閉關休息了。隔離一結束，工作又迅速忙碌起來。時間永遠不夠用，看來古箏課暫時是沒空去了。燕群剛掀開琴套，打算練練手，倆福娃蹦蹦跳跳就像哼哈二將，立即圍上前站在左右兩旁，充滿好奇的小臉蛋湊過來，興致勃勃。倆好奇寶寶望著姥姥表演，琴弦發出的聲音好奇妙，忍不住用小手要撥弄。姥姥哭笑不得，只好投降放棄：「好啦好啦，不練了，陪

你們玩！」。

跑步也暫停，去年不慎摔了三次跤，筋骨仍在恢復治療之中。朋友介紹了一位中醫針灸，相當不錯。這位中醫年紀不老，但很肯鑽研琢磨，不僅給她治好了腿傷，還把困擾多年，早已不抱希望的美尼爾式綜合症 —— 左耳失聰的問題，竟然也治好了一半。最近感覺又能聽到一些聲音了，這實在是歪打正著，令她簡直喜出望外。她打算介紹給姐妹們，有什麼疑難雜症，不妨一試。中醫真是博大精深，遇到好中醫，就跟中彩似的，絕對是緣分和運氣。

三隻「老虎」

春節連休假的最後一天，漫天大雪下了一夜。安康城多年都沒有積雪了，這次竟然坐住了，早上銀裝素裹，水墨畫的世界。人們紛紛外出拍照，朋友圈裡雪景刷屏了。今天剛好是虎年大年初六，也是百惠公司開工大吉的日子。

昨晚通知了八名高管，早上七點十分先到公司，準備迎接員工。唐筱六點半就到了。二十八歲的小伙子身上有一股猛勁，去年剛成為最年輕的合夥人，備受燕群的賞識和器重。

燕群和高管們都身穿喜慶的新年裝，精神抖擻。七點半，員工們陸續來上班了，高管們站在百惠院子門口，冒著雪花，夾道歡迎，給每個員工遞上一朵康乃馨，送上新年祝福賀語。女員工們互相還來一個擁抱。

燕群時時提醒自己謙恭，這是在她骨子裡貫穿始終的。業務上分工不同，平時沒有所謂高階低階，她心目中感覺

更像是一家人。平時大家習慣互相稱為「百惠家人」，這是她的夢想和理念。看見每個人在這裡成長，實現各自的理想，找到歸屬感，她有一種踏實感。

每年春節後第一天上班，燕群都會安排一個「收心大會」鼓勵士氣。看著員工們個個精神飽滿，臉上洋溢著燦爛的笑容，不禁滿心喜悅，即興說到：

「瑞雪瑞雪兆豐年，收到紅花喜開顏。

三隻老虎齊上陣，虎虎生威迎新年！

2022再創佳績，大家齊心衝衝衝！」

「三隻老虎」指的是她、張勇和聶總，三個人剛好都是屬虎的。大家都不禁拍手歡笑起來。說起來，她跟屬虎的確實很有緣分。今年大家都是本命年，新年伊始，回憶起創業一路走來的幾十年，感覺一直都是在奔跑的路上，從未停歇，數十載不過彈指一揮間。

抗疫先鋒隊

2020年2月，武漢爆發新冠疫情，震動全世界。

百惠經營的商品之中，也包含消毒產品。疫情就是命令，燕群很快意識到身上肩負著責任。抗疫戰鬥打響的第一天，百惠人自覺承擔起了抗疫物資供應的先鋒。

百榮王經理衝鋒在第一線，進行全面佈局，緊急多方組織抗疫急需的貨源，消毒產品84消毒液、洗手液等。從進貨、入庫、發貨、送至客戶手中都是親力親為。配送部禹經理在得知貨源緊缺、物流停運的情況下，不顧個人安危，主動請命率領配送團隊運消毒液去西安，無怨無悔衝鋒在第一線。

百榮任經理也放棄假日，留守西安採購貨源。配送部個個都是英雄，接到指令，不管多麼危險，全力配合卸貨、裝貨、送貨，有條不紊地將消毒產品送至疫情戰鬥前沿。庫房保管員不管多晚也堅守崗位，配合卸貨、配貨、發貨、裝貨，直到最後一個訂單完成，送走最後一位配送司機才下班。被大家稱為最美最可愛的 80 後財務主管小方是中堅力量，正月初一清晨，當家家戶戶都團聚在一起吃餃子的時候，她接到指令有超市急需 84 消毒液，二話沒說騎車直奔庫房獨當一面，包攬出單、發貨、收款等全部工作。銷售團隊是百惠團隊中最勇敢的，一個個衝鋒在抗戰疫情第一線，把消毒產品、生活必須品親自送至客戶的手中，落實到家服務。

一場突如其來的疫情，打亂了很多企業的計畫和策略，容易陷入被動和悲觀，但往往也是考驗團隊韌力的時候。燕群和聶總帶領下的百惠年輕人，展現出了極強的學習力和凝聚力。紙品部李總帶領團隊率先逆勢而為，借助網路會議形式，聯手百亞廠家展開聲勢浩大的鋪貨行動，號召百惠團結奮進。

燕群教導百惠員工們在銷售創效益的同時，不忘愛心行動。他們代領團隊慰問抗戰在一線的醫護人員、公安民警等抗疫前線人員，為他們送去關懷愛心。百惠人用自己的方式為抗疫出錢獻力，電視台報道「他們在疫情面前，眾志成城，共克時艱」。

花式團建

年輕人眾多的企業，充滿活力，也有著無限創意，這

讓燕群非常自豪和欣賞。

2021年三月，姹紫嫣紅的季節，百惠全體員工、廠家代表及受邀嘉賓歡聚一堂，在石泉池河滄海桑田景區開展了第一季度團建活動暨第二屆「百惠杯」廣播體操比賽，給第一季度畫上了圓滿句號，留下了難忘的回憶。

「百惠杯」第二屆廣播體操比賽，口號是「科學簡便、普及實用、因地制宜、健身趣味」，除了第九套廣播體操的傳統動作，還引入武術、踢毽、游泳、保齡球及現代舞等時尚運動元素，健康、歡樂、時尚，令人耳目一新。

2021年4月，唐總帶領員工兌現2020年12月冷酸靈標杆門店打造未達成目標的承諾——徒步天柱山自罰。這些活動得到年輕員工們的積極響應，來回25公里，不止強身健體，更加成為一場修行之旅。活動結束後，年輕人們紛紛留下感言，燕群默默反覆仔細閱讀，她看得出這些都是年輕人的肺腑之言，感動不已，沒有什麼比看到新生代自我成長更令她欣慰的了——

「成長的路上怎能不經歷風雨，失敗挫折是成長過程中的必經之路，唯有堅持才能化繭為蝶，百惠鐵軍們言必行、行必果兌現承諾，深刻反省為的是，重新出發，團結一致，再攀高峰！加油！」

「團結一心的力量，堅定達成的決心。一路上，大家互相幫助，奮勇向前，不言棄，誰落後了，拉一把，鼓勵加油。在這過程中，有的汗流浹背，有的腿疼走不動，也有的想中途放棄，有的還想偷著走捷徑。然而當用心去感受就可以發現，其實人生就像是一次徒步旅行，有開心，也有痛苦，有堅持，也有猶豫，在徒步中去感受人生，不

要總是畏懼前方未知的道路，不去嘗試就得不到收穫；在徒步中去領悟做人，不要總是抬頭傲視遠方，要腳踏實地走好腳下的每一步路，在徒步中去體會做事，遇到困難不要輕言放棄，唯有堅持才能取得成功。」

「日常工作中，很多時候，並不是因為事情難，不敢做，而是因為我們不敢做，事情才難的。方法總比困難多，沒有任何事情是完成不了的。」

「現實中，當面對工作，面對生活，面對壓力，會變的有點無奈，有點膽怯，當自己拋開所有雜念，就像今天，定下要堅持徒步走完往返路程時，決心影響彼此，團結一心，互相幫助，堅持不懈，勇往直前！定能完美達成！」

鐵軍 PK

2021 年 7 月，百亞公司提出突擊銷售紙製品的目標。燕群這次重新回歸銷售第一線，攢著一股勁兒。幾個高管聽了百亞的建議，決定來個 PK 活動促銷。全公司總動員，分了三個小組，包括從未做過銷售的總務後勤人員。方法簡明，要求每個小組必須在指定期間，點對點直接銷售，具體就是以微信朋友圈銷售方式促銷，以接單對話作憑證不能作弊，避免有些人省事偷偷自己掏錢買。

燕群親自披掛上陣，她帶領的是全體後勤（財務，配送，辦公室），組成黃隊，口號是「我的字典裡沒有輸」。在啟動儀式上，大家唱「團結就是力量」，把商場比喻為戰場，很快就有一個別稱——打滿雞血的「百惠鐵軍」。

PK 結果黃隊完勝，達成率 168.9%。隊員們沸騰了，員工分享感言時寫道：「感謝您帶領我們不斷突破自己。

只要拼盡全力，結果不會太差，我們面對挑戰不畏縮，不退縮。」另一名隊員寫到：「再次證明只要相信，就有可能，只要拼盡全力，一切皆有可能，要我們成長的路上多一次綻放，我們是最棒的團隊！」

燕群感到之前的疲累一掃而光。這一切都是她最想看見的，因為比起任何結果，並肩奮鬥的過程最重要。

慶功會上，唐筱捧上來一束鮮花，送給他敬重的董事長，燕群百感交集。她一手栽培過不少年輕人，去年有個器重多年的下屬辭職單飛，曾令她痛惜不已。最後還是坦然接受了，所謂緣來緣去，緣聚緣散，都是緣。她調整好心態，放下，並且祝福不甘現狀而飛走的鳥兒。其實仔細想想，自己的孩子又何嘗不是這樣呢？所謂人各有志，真正的愛護無法捆綁，而是自由放飛。她囑咐百惠員工們，做好自己，以實力競爭，對事不對人。上天的安排，往往有意想不到的驚喜，如今新一代年輕人加入，給百惠注入了新鮮活力，吹入一股清新的風氣，所謂「塞翁失馬，焉知非福？」這是每個員工都能感受到的。

百惠大樓門外牆上寫著「百年企業，惠澤萬家」八個大字，這是燕群提醒自己和大家的，也是她創業的初衷。當年挑著擔子，推著三輪車，挨家挨戶一件件貨品兜售過來，如今是否隨時還能拿得起，放得下？其實回歸初心，就沒有什麼是做不到的。陪伴年輕人們一起活動，她感到自己重新燃起了激情。這種激情，讓她每天都精神抖擻。她和夥伴們看得更遠，已經在思索十年二十年後乃至更遠公司應該有的模樣，琢磨著如何把百惠的精神和能量薪火相傳。

百惠管理層進行了銳意改組。聶總主要在西安坐鎮，安康這邊，燕群運籌帷幄，鼓勵後輩們大膽地挑起大樑。愛將李娥被推舉為行銷總監，躊躇滿志的新班子，雷厲風行，為百惠設定了未來三年銷售目標。大家摩拳擦掌，積極佈陣排兵，大展拳腳準備推動落實。

突破的力量

這兩年，百惠不斷面臨新挑戰，也不斷有新突破。

2021 年 7 月 20 日在江小白三人飲新品上市品鑒會上，燕群感恩努力拼搏的百惠家人，鼓動士氣說：「生活與工作沒有藉口和放棄，只有堅持和努力。」

別人在抱怨，我們在改變，所以我們更優秀！

別人在猶豫，我們在繼續，所以我們有結果！

別人在觀望，我們在路上，所以我們更輝煌！

李娥細心籌畫、精心佈局，展開動銷大會。百亞廠家給予了大力支持，百惠動員 24 家門店參與，安康喜盈門系統平利縣、漢陰縣、嵐皋縣四城聯動，百惠攜手百亞採用創新的線上加線下模式，打造新的多維動銷策略。

燕群極力支持。她走出董事長辦公室，回歸銷售員，發朋友圈：「親愛的朋友們！我已離開銷售戰場十餘年了，這次重新披掛上陣啦，拜託所有朋友支持一下哦。這次重新披掛上陣，讓我有了太多的感動，感恩支持我的女企協姐妹們，以及所有朋友，親人和我的戰隊戰友們，今天最後一天啦，我會拼盡全力戰鬥到底……親愛的朋友們大家好！戰鬥結束我激動不已，在此感謝所有支持幫助我的戰友、朋友，親人們！謝謝大家的支持鼓勵！」

2021 年八月，冷酸靈聯合喜盈門連鎖系統進行換購活動，燕群再次有感而發：

「突破的力量我知道！後疫情時代，管道碎片化加劇、線上新模式、新玩法層出不窮，傳統線下管道是否只能堅守堆頭和貨架？不，我們要變化，消費者不過來，那我們就過去！找好目標，做正確的事情！正確的事情堅持做！」她所指的的「突破」，此刻具體指的是要突破局限，將商品送到最接近消費者的地方。

2021 年十月被百惠人形容是「決戰雙十一」。百惠紙品部門舉行誓師大會，燕群發朋友圈鼓勵士氣：「面對艱難的市場形式，我們唯有創新、聚焦、做專，不斷提升服務品質，才能持續成長！決戰雙十一，做動銷我們是認真的！」

2. 群的故事

世間有些大事，經不住歲月磨蝕，時過境遷而灰飛煙滅。

但卻有些瑣碎的小事，卻因那所愛的人，靜靜地留存在記憶深處。有一天不小心翻開時，彷彿一切如昨天剛發生，余溫尚存。

父輩們的記憶

燕燕不能確定自己出生的地方，只記得戶口本上的「出生地」寫著石泉，從小到大的履歷表也是這樣寫的。當年父親和他的同志們奔走在安康各縣，創建商業供銷的二級站。從寧陝，漢陰到石泉再到漢陰，當他建好供銷社的基

本架構之後，1961 年調到安康城開始投入百貨公司籌建工作。人生地不熟的地方，父親先是單身赴任，此時母親帶著四歲的玲和兩歲的萍仍然住在石泉。

等到 1962 年群出生之後不久，單位在安康城東一個叫「土地樓」的院子為父親找了一間公租房，母親拖著三個小姐妹，從石泉搬來安康團聚。之前每隔幾年就要搬家，而這一次，吉家沒有再離開過安康城。

母親 1930 年代初出生在洋縣農村薛家砭，家裡有兩兄一弟，被父母視為掌上明珠，備受疼愛。年輕時學過裁縫，當時家境富裕的人家，才有條件讓孩子拜師學手藝。母親聰慧好學，雖然學的時間不長，但很快掌握了基本技能。只是她也沒想到，在後來的人生，這門手藝還果真派上了大用場。

1949 年陝西解放，這年父親剛好 17 歲高中畢業，報名參加了陝南公學，其後滿腔熱情地投入了工作。離開洋縣前往陝南公學前，按家人的吩咐依早前訂好的婚約結了婚，然後開始了長達六七年的兩地生活。婚後曾經得過一個長子，可惜七個月大的時候不幸夭折。母親到石泉跟父親團聚後，曾在水泥廠工作過一段日子，那時工作很辛苦，防護條件也很差，石灰飛塵吸入太多，得了肺病和風濕性關節炎。晚年肺氣腫，經常咳嗽不止，究其根源大概也是在此時落下的。

燕燕對母親的記憶。其實身體應該還是硬朗的，在石泉水泥廠落下肺病後，呼吸系統就一直不好。很溫柔，但很有骨氣。心靈手巧，父親年輕時愛打籃球，記得在燈下連夜納鞋底，可是一場籃球賽下來就斷了。去服裝廠上班

後早出晚歸，很辛苦。拿回邊角布料，拼湊成各種圖案的被套或床墊。會變著法子做各種好吃的飯菜，親和力很強，也是女婿們都喜歡的。非常愛乾淨，喜歡把家裡收拾得井井有條、整整齊齊。即使住在龍窩街舊平房的那些年，也會把床位置換來換去，要求我們每天把家裡的土地面打掃得乾乾淨淨。

對父親的記憶。年輕時就很活躍，會拉二胡、唱秦腔、打籃球。工作忙，一直全國出差，每次都會帶水果糖回來，大家開始攢各種精美的糖紙，還和小夥伴們交換糖紙。

土地樓的鬼故事

土地樓舊居，記憶還很清晰。

前後兩個院子，吉家住在前院，對面住著河南來的馬映明家。後院有三戶人家，那時鄰里之間都很親近，其中有一家跟母親一樣也姓薛，很喜歡吉家的三姐妹，孩子們乾脆就把他叫作「舅舅」。

當年院子裡沒有自來水，人們要憑著政府發放的水票，拿桶去自來水站自己挑水。水站的附近有一座「土地廟」，經常聽大人們說那裡供奉著肉眼看不見的神，有鬼靈出沒，對想像力豐富的小孩子們來說充滿了神秘和詭異，也是燕燕小時候最害怕的地方。

燕燕那麼害怕是有原因的，至少有兩件事忘不了。那時家裡的屋頂樑柱上，常常會掛著母親蒸的饃。一方面是防止小孩偷吃，另一方面是怕老鼠咬。有一次她放學回家，赫然看見一個男人爬在柱子上，她嚇得魂飛魄散，尖叫著跑出去，不敢回屋。一直等到父親回來，以為進賊了，可

是父親屋裡屋外床底下找了半天，沒抓到賊，檢查了蒸饃也沒有少。這是個不解之謎，鄰居們七嘴八舌，說：「可能小孩子看見髒東西了。」這件事不了了之，可是群自己明明是看見了的，所以心有餘悸。從此特別害怕一個人在家，更不敢抬頭看屋樑。

另一次是跟琴有關的。琴大概兩歲多剛學會走路不久，這時候群也不過才六七歲，父母工作忙，主要靠姐姐們照顧妹妹。有一次，不知怎的琴走丟了。大人們焦急萬分四處尋找，終於在小北街找到了。琴被接回家後，只見兩隻口袋裡塞滿了甘蔗梢，只會傻笑，在床上站老是不穩，扶好了又倒下。父親母親都很擔心，還送去醫院進行了檢查，並沒有大礙，醫生說可能是受了驚嚇導致的。目睹這一情景的群，在心裡驚詫不已，她百思不得其解，幼小的心靈受到巨大的震撼和衝擊。所以對於神靈有一種莫名的恐懼。不僅不敢經過土地廟，甚至連土地樓的後院也不敢去，總覺得陰森可怕。

1969 年初，全家從土地樓搬家到龍窩街。二姐開始上小學。1970 年群和萍從洋縣回來繼續上小學。第一次去紅旗小學的那天，碰巧學校有人剛去世了，學生們上前圍觀，結果因為還沒有處理好，群看見了最不該看的一幕，死者的面孔。這下糟糕了，回家晚上嚇得睡不著，一閉眼就浮現令人毛骨悚然的畫面，大哭不止。一個想像力豐富的六七歲孩子，內心裡充滿了魑魅魍魎的故事，時而無限放大，卻不知道如何給父母表達，悄然形成了心結，以至於後來很多年，只要提到跟死人相關的事情就心驚膽顫。

當年安康城的習俗，紅白喜事都極盡隆重。要是哪家

有人過世，通常都會在家門口搭設靈堂。若是住在大院子，整個院子就變成臨時的靈堂，街坊鄰里都來幫忙搭建張羅，短則三五天，長則一星期。靈堂中央擺放棺柩，兩側是花圈，遠近的親朋好友都來奔喪，香火不斷，夜裡有戲班敲鑼打鼓唱戲，認識不認識的人都來湊熱鬧。城裡有些上了年紀的老人講究提前做好壽衣，甚至叫孝子賢孫為自己提前定制好棺材。記得東關有人家乾脆把棺材放在客廳，平時房門敞開，來往路過的人都能看見那口棺材。燕燕很怕這些，每次大白天經過東關這家時心裡「撲通撲通」狂跳不已。更別說要是聽說哪條路上有靈堂，遠遠看見花圈就嚇得趕緊繞路走。

大姐和卷毛老三

其實吉家姐妹裡，只有老大玲從來不怕這些場面。她膽大潑辣，是從小練就的。父親工作忙碌，常年要全國出差，母親身體又比較虛弱，她從小就開始承擔起半個父母的角色，教導幾個妹妹。每當遇到誰敢欺負妹妹們，一種好強的使命感，驅使她覺得要挺身而出，張開雙臂擋在前面。這種意念和底氣，一方面來自她對父親的模仿和崇拜，因為在她心目中，父親就是那種堅強勇敢的榜樣。另一方面，也來自父親對她的無比信任和囑託。她口齒伶俐，做事雷屬風行，凡事一馬當先，處處閃現著父親的影子，在妹妹們面前樹立了毋庸置疑的威信。她雖然強悍剛烈，但遇事冷靜，淡定自若，所以很多事情上，尤其是教導妹妹們的言行舉止方面，連溫柔的母親都不得不承認和妥協。

玲還沒上小學時，已經開始幫著母親做家務，她踩在

小板凳上，揉面蒸饅做飯，儼然已經是個小大人。妹妹們的起居也得照顧，例如早上起來梳頭，母親是無暇顧及的。玲讓妹妹們排隊輪流一個個梳頭，給她們紮各種當年流行的辮子。燕燕小時候頭髮偏黃，有些自來卷兒，大家都叫她「卷毛兒」。有時起床晚了，玲自己急著要上學，可是妹妹們頭髮還沒梳好，她就急得直跺腳。尤其是老三，卷髮老是梳不整齊，玲不由得心煩氣躁，這時要是妹妹不聽話扭來動去，她就火冒三丈，不由分說拿梳子敲打。好幾把木頭梳子都被敲斷過。妹妹們頑皮起來常常不怕父母，但是大姐要是一聲獅吼，都乖乖地順從了。有時候，溫柔的母親覺得玲管教得太嚴苛了，會出面制止，這時玲就會委屈得眼裡滿含淚水，倔強地駁斥：「都是被你給寵慣壞了的！」然後向父親哭訴，很多時候父親怕傷了玲的自尊心，也不想打擊她承擔責任的積極性，只好打圓場予以默許，過後再勸慰母親。及至後來，父親偶爾也忍不住袒護妹妹們，玲就會說：「好吧，你們自己使勁寵去吧，我再也不管了！」話雖那樣說，她是個性情中人，事情過了很快就忘了。她的內心深處是溫柔的，既有母親的慈愛，也有父親的嚴格，對妹妹們愛之深恨之切，完全不亞於護犢子的老虎。

1969 農村生活

琴兩歲多的時候，母親又有了身孕。父親在吉家是單傳獨子，傳宗接代的觀念根深蒂固，來自洋縣老家的閒言碎語和壓力是無形的，至少當時人們還不能掙脫這些舊傳統，總覺得延續香火是自己的責任。所以還是抱著希望，

期盼第五個孩子能是個男孩。1969 年夏天，母親身子越來越重了，眼看隨時就快要臨盆。家裡孩子太多，考慮到老五出生後可能照顧不過來，所以父親決定暑假把萍和燕燕送回老家洋縣。

父親自小父母雙亡，是他的堂叔夫婦養大的，孩子們把堂叔夫婦喚作二爺二婆，由於夫婦倆經常來安康探望，所以並不陌生。接到父親的親筆求援信，倆人從洋縣趕來安康，準備接走兩個小姊妹。二爺二婆告訴小姊妹要帶她倆坐汽車回老家，一聽到可以坐汽車去遠方，孩子們簡直高興壞了，燕燕從小到大也沒有出過遠門，一想到那該是多麼刺激的探險旅程呀！興奮得幾乎睡不著覺。萍也很期盼，因為她小時候在洋縣長大，跟外婆很親近，回到安康後很久沒見外婆了，她十分想念，經常做夢都見到外婆慈祥溫柔的樣子。母親告訴她，回到洋縣很快就可以見到外婆了。

六七月的陝南，正值酷熱的炎夏，也是玉米成熟的季節。早上從安康出發的長途汽車，直到下午才到洋縣。午後的陽光依然明媚，拖拉機帶著老小四人回到石山下村時，人民公社的大曬穀場上，堆滿了村民們收回來的包穀。遠遠望去，在四周綠田的襯托下，好像黃燦燦的大地毯。倆小姐妹興奮極了，興高采烈地在大場壩裡撒野般地奔跑起來，看什麼都新鮮。戲耍累了，二婆烤了幾個鮮嫩的包穀給她們，小姐妹從沒見過，吃得津津有味。村裡的親戚們都圍過來看車娃叔的孩子，也很新鮮。

太陽落山了，夜幕降臨，四周漸漸變得漆黑一片，安靜得只聽見蛐蛐兒青蛙叫，偶爾傳來狗吠聲。倆姐妹問二婆：「為啥不開電燈呀？」二爺說農村只有煤油燈，倆孩

子開始害怕了，嚷嚷著要回家。她們沒有距離概念，沒想到玩夠了不可以回家。那些關於黑暗的神鬼故事，又浮現在眼前了。倆孩子一邊一個緊緊抱著二婆的大腿，寸步不離。夫婦倆交換眼神，其實這也是意料之中的事情。二婆摟著小姐妹終於把她們哄睡著了，開始在昏暗的煤油燈下紡線。

那時父親在城裡工作，從每月工資裡摳出一些，源源不絕資助洋縣老家。其中最大的貢獻，就是蓋了一間大瓦房。當時人們住的還是茅草房，瓦房算是大豪宅了。家裡大堂放著一台織布機，那時家家戶戶女人們都會紡線，衣服大都是自家縫製的。二婆是紡線織布的能手，母親在老家時，在二婆教導下也紡得一手好線。倆姊妹在睡房睡著了，二婆開始紡線。她右手搖動紡線機，左手拿著棉花，儘量小心輕放。可是，咯吱咯吱的響聲還是把孩子們吵醒了。不見了二婆的燕燕哇哇大哭，萍也跟著醒了。二婆只好收起紡線機，陪她們入睡。

時間過的很快，孩子們哭鬧了幾天後無奈接受了現實，很快被每天的新鮮事吸引，漸漸也忘了要回家這件事。家裡養有豬和雞，每天必須割豬草回來，拌著糟糠餵豬。萍被外婆接去薛家砭了，白天燕燕就跟二婆去拔豬草。二婆教她識別哪些草有毒，哪些是豬最愛吃的灰灰草，手把手教她怎樣連根拔起來。燕燕愛幹這個活兒，二婆帶著她去了幾次之後，村裡的路也熟悉了，記住了那幾種草，有時就背個小竹簍自己去附近山坡拔草，二婆二爺每次都誇獎她拔的草又多又鮮嫩，她得意洋洋，也越來越膽大。

有一天，路過一塊豌豆地，看見綠油油的豌豆秧上結

滿了嫩綠的豌豆，她摘了一條吃了，很香甜，心想：「這麼好吃，豬肯定也愛吃。」於是就彎腰開始拔起來。正當她興致勃勃，裝了快半簍子的時候，遠處走來一個大人呵斥：「偷豌豆的賊娃子！」燕燕被突如其來的怒喝嚇壞了，一臉無辜大哭起來。後來又來了一群人，二婆二爺聞訊也趕來了，連忙給人家賠禮道歉：「這是城裡來的娃子家，不懂農村的規矩，分不清野草和農田瞎亂拔！」最後是還是沒收了背簍，扣了二爺的工分才息事寧人。回到家，二婆才說：「娃呀，你也太膽大了！那可是公家田，要是真當「偷竊」論罪，你娃子可是要被抓去批鬥的！二回可千萬不敢亂拔人家地裡的東西了哈。」

轉眼到了九月，學校該開學了。安康那邊，母親剛生下了老五，還是個女娃。講迷信的人曾說，母親命裡養不活男娃，果然一語成讖。這次產後母親身體更虛弱，落下了腰疼病。那時安康城文革武鬥還在鬧，社會動盪不安，父親忙著工作養活一家人，十二歲的玲擔負起照顧母親和小月娃的重任。暫時回不了安康的萍和燕，準備暫時在村裡上學。二婆二爺的兒子海清這年 17 歲，年齡跟小姐妹們相差不大但輩分不同，是父親的堂弟，所以吉家姐妹叫他「大大」。他剛在城裡的洋縣中學讀完高中，畢業回來分到石山下小學教書。開學後，萍就和燕燕在石山下村的「孤魂廟小學」當插班生，燕燕一年級，萍三年級。

學校非常簡陋，「孤魂廟」確實就是村裡唯一的老寺廟，廟堂打掃一下，就當作學校了。什麼設施都沒有，學生從家裡自帶板凳，上學期間放在學校，放假後拿回家。

秋天農村人很忙碌。大人收割麥子，小孩子們跟在後

面在田地裡拾麥穗。村裡有很多柿子樹，成熟後的柿子摘下來還是硬的，很澀很難吃。村裡人把柿子埋進附近的爛泥田邊，漚幾天拿出來，柿子就不澀了。這是古老的「袪澀法」，據說泥土能扯走澀味。農村人的生活裡，有各種各樣的土法。逢年過節或有紅白喜事時，一般都會殺雞宰豬，其中豬大腸烹煮之前，會用城和蔥抹在上面，用盆扣起來捂上一夜，翌日就能扯走腥味。

母親患過風濕性關節炎，每次回到洋縣，二婆就想各種土法給她治療。二婆說「冬病夏治」，夏天炎熱時節，每天等午後麥場上的穀子曬得熾熱發燙，就讓母親把雙腿伸進麥堆裡捂著，直到大汗淋漓。可惜效果不太大。二婆沒有洩氣，又想其他辦法。那時村裡很多家都種有黃豆和葵花，主要是用來炸油。炸完油後的油渣還可以做成油餅。二婆用剛炸出來熱烘烘的油渣捏在餅狀，把母親的雙腿包裹得嚴嚴實實。她說母親身體裡有寒氣，這樣才能把寒氣逼出來。想不到這次的土法竟然真奏了效，此後關節炎沒有再犯。多年後母親回憶說，其他土法不記得了，應該就是這次把病根給剷掉的。

秋去冬來，農村的冬日寒風凜冽，哈一口氣都能結冰似的。二婆自己從小得過小兒麻痺症，腿腳不靈便，走路一瘸一拐的。但是她很能幹，也非常疼愛倆姐妹，特意縫製了新棉衣褲。每天又在灶火燒些木炭，燒紅放進鐵絲網套，讓她們烤手取暖。上學的途中要經過一條小河，平時可以踩著大石頭過河，但有時連綿陰雨，河水上漲，會漫過石頭。這時候必須卷起褲筒，提著鞋子淌過去。有一次，過河時又遇見漲水，姐妹倆不得不淌過去。燕燕背的書包

裡裝著寫毛筆字用的墨水，小心翼翼，生怕滑倒了。可是怕什麼來什麼，走到河中心還是不小心一腳踩空，滑倒在河裡。雖然很快爬了起來，但新棉褲已經濕透，墨水還灑了一身。冬天的河水冷得刺骨，整個人都快凍僵了。萍拖著妹妹，咬著牙好容易回到家，二婆見狀大驚失色，連忙讓把衣服脫下來，燒灶生火直到徹底烘乾。

翌年，春暖花開。洋縣開始修水庫，就在石山下村附近。因為家裡寬敞，村裡跟二爺二婆商量，施工隊十幾個人每天都來家裡，管吃管住，村裡給一些補助開銷，也算是為革命建設做貢獻。家裡突然變得熱鬧起來，二婆從早到晚更是忙個不停做飯。每天晚飯後工人們都聚集在一起談天論地，雖然聽不懂他們在說什麼，小姐妹覺得很好奇有趣，大家也很喜歡逗活潑可愛的小姐妹玩。

這年春夏交際，在安康小妹妹秀秀已經半歲多了，母親的身體也恢復了許多。她日夜牽掛著倆個女兒，於是萍和燕終於被接回安康家。在洋縣石山下的大半年農村生活，是倆姐妹童年回憶裡不可磨滅的一部分。

1986 祖墳

多年之後的 1986 年，燕燕陪母親回了一趟洋縣老家。那年父親剛從單位退居二線，也許是生活節奏驟然改變，身心未能馬上適應，情緒出現了焦慮症狀，伴隨著身體不適。尤其是腿疼得厲害，看過西醫和中醫，都找不到明確的病因。母親偷偷跟著姑婆一起去過郊區的金堂寺，求神拜佛，還請道士指點迷津。一位元老道士聽母親說的情況，算卦說：「看看祖墳是否浸水了。」

母親滿腹狐疑，因為心想婆婆的墳埋在半坡良田，怎麼可能浸水？但是她決心回去查看一下。父親是個無神論者，對搞迷信十分反感，身份也不允許。所以這一切都是瞞著父親暗中悄悄進行的，回洋縣也只說回去掃墓。燕燕陪著母親坐火車到洋縣，臭婆娘大大開著拖拉機來接母女倆，沿路正在修路，顛簸不堪，倆人暈得快吐了，回到石山下老家已是黃昏。

母親說明來意，海清卻告訴嫂子：「哎呀不巧，我去年用半坡那塊地換了水田，因為水田收成高。不過婆的墳還在的，可以隨時去掃墓。」母親氣得說不出話，因為守住家業和祖墳，是父親對這個堂弟最重要的囑託。第二天清早起來就去掃墓，發現位於半坡的旱田已被改造成梯田，祖墳剛巧位於平地處，周圍確實是水田。想起道士的話，母親暗自驚恐不已，對海清勃然大怒，狠狠數落了一番，讓他不惜一切代價把土地換回來。海清也嚇壞了，不敢辯駁，趕緊交涉要回土地，把梯田拆掉，修回旱地。哥嫂對他的恩，他從不敢忘記。想當年哥嫂們自己捨不得吃穿，為了讓他娶媳婦成家，從裡到外準備聘禮，包括新娘的「的確良」新衣服。說也奇怪，回到安康後不久，父親的腿疼果然就好了。世上有很多解不開的奇妙事情，大概也是機緣巧合。如今再看此事，當年本來就是半退休後的情緒問題，經過家人一番苦心折騰，父親緊張的情緒慢慢得到了舒緩和釋放，最後也就自然好了吧。

紅旗小學

萍和燕燕回到安康後，就在龍窩街大院出門不遠處的

紅旗小學，插班繼續上學。燕燕上了二年級，小學老師裡
印象最深的是一位女老師姓馬，是回族。安康城裡馬姓人
家大部分都是回族，很巧二年級班主任也是一位回族，叫
來老師。印象深刻是因為兩位老師經常來家訪。剛從農村
回到城裡時，就像放養的野孩子從山裡剛出來，在學校不
太守規矩，又隔三岔五跟同學打架，老師接到告狀就家訪
反映情況。

　　但不知何時開始，燕燕突然對妝扮有了濃厚的興趣。
大姐穿了一件紅色毛衣特別好看，她就等她入睡後，悄悄
穿在自己身上，在屋裡走來走去，美夠了再悄悄脫下放回
原處。那時秀還小，一雙大眼睛忽閃忽閃，長得像個洋娃
娃。燕燕常常拿她當作化妝的「模特兒」試驗，強行給她
化妝。可是秀從小就很抗拒被姐姐們過度擺弄，逆反心很
強，以至於後來故意把自己打扮得像個男孩，也愛跟男孩
們混在一起玩，上樹鑽洞，趴在地上玩打仗遊戲，或甩響
板。常常渾身上下弄得髒兮兮回家，免不了被姐姐們一陣
批評。

　　那時只要看見有飛機從天上飛過，秀總是興奮得從前
院追到後院，邊跑邊大聲歡呼：「飛機，戰鬥機，把我帶
上去！」多年後，父親回憶起來笑著說過：「想不到當年
成天喊叫坐飛機的孩子，如今真的成天坐飛機滿世界亂跑
了。」

　　燕燕的小學同學們，大部分都跟她一樣，一直在安康
生活。馬光蓮、何世梅、喬蘭清都曾是一起玩的小夥伴，
劉英則是一起砸過石頭、撿過乏碳的同伴。班長是孟康漢
學習很好，後來考到漢中師範學院，畢業後當了老師，如

今在永紅中學任教。每年三月五日前後有「學雷鋒」活動，學校要求每個同學發揚樂於助人的精神，時不時表揚好人好事。最多的是攙扶老奶奶或盲人過馬路，拾金不昧等等。當時班上有一位叫趙安琴的同學，患有腿疾，家住在北馬道。於是燕燕一大清早就去她家，打算背她上學。誰知道去到趙同學家時，門口已經站了好幾個同學，原來大家想的都一樣，所以還爭搶了一番。結果誰也沒有堅持下去，過了一段日子就不了了之了。

還有一位小學同學叫劉桂雲，雖然從未同過班，卻成為了友誼最深厚持久的閨蜜。父親們是同事，桂雲小學三年級時，母親在漢陰病逝後，跟隨父親從漢陰來到安康，插班到紅旗小學三班，燕燕在一班。父親叮囑燕燕要多照顧桂雲，說她自幼喪母，家裡有兩個哥哥，年齡相差較大。大哥早早就下鄉插隊了，父親在漢陰把兩個兄妹拉扯大很不容易。

桂雲長個子瘦小，但學習成績非常優異。燕燕把父親的話牢記在心，彷彿接受了神聖的使命一樣決心要保護桂雲。桂雲在漢陰長大，剛來時自然是一口漢陰鄉音，常常被調皮的男同學模仿取笑。每當此時，燕燕就挺身而出，不讓同學欺負桂雲。她想起自己剛從洋縣轉校過來時也有過類似的經歷，所以感同身受，有一種行俠仗義的感覺。桂雲也感受到來自小夥伴的友愛的保護，倆人從此成為形影不離的好朋友。桂雲學習好，每天作業寫得又快又整齊。燕燕本性貪玩，每天下午玩夠了，就借好朋友的作業抄寫交差了事。桂雲做事認真踏實，一絲不苟，燕燕對她十分信任。這份信任一直延續到多年以後，當燕燕籌畫自己的

公司物色財會主管時，第一個就想到了桂雲。事實證明，桂雲不辱使命，作風嚴謹嚴格把關，一直盡心盡力做到退休，為百惠的發展立下了汗馬功勞。

龍窩街大院的小夥伴很多，都是百貨公司的子弟。每天放學後，放下書包就會互相叫喊出來，成群結伴奔來跑去地瘋玩。朱潔的母親是公司的會計，劉仁秀則是食堂廚師老劉的女兒。王萍、羅溪蘭、杜柳茵、蓮蓮，還有很多也是有姊妹兄弟的。例如，劉文華和姐姐劉英，因為劉英皮膚黑，外號叫「黑女」；還有鄧家三兄弟，老大鄧建安跟玲是同學，老二鄧建哲小名建華，跟萍是同學，老三鄧健康則跟燕燕是同學。前院的張家五兄弟，更是和吉家五姐妹年齡差不多。陳靜叫曼曼，她母親和哥哥都是漢劇團的演員。那時各家各戶彼此都很瞭解，家屬們做些什麼工作，從日常大人們的閒談之中總能聽到，孩子們之間更是沒有秘密。

學工學農

燕燕 1974 年上永紅中學，初中在四班，文革還沒結束，比起上課更多的是學工學農活動。參觀過七一機械廠的機床車間，也去過繅絲二廠參觀如何「扯繭子」抽絲；每年都去學校定向的五裡、張灘農村幫農民割麥子，有一次還被麥秸劃傷過胳膊。到了高中，雖然只上了兩年但中途分過好幾次班，先後在高一四班、二班和九班上過。最後一學期分文理科，九班是文科尖子班，六班是理科尖子班。高一九班裡，有一位從湖北恩施轉學過來的男同學叫張勇，長得清瘦斯文，他留意到了活潑開朗的燕燕，但她

卻沒有太留意他。更沒想到，再過若干年後的某一天，會跟這個同學再次邂逅，命中註定的緣分已悄悄來到埋下了種子。

燕燕和兩位姐姐上中學時，適逢地區百貨公司修建倉庫，大院子弟們暑假都去打散工幫忙。玲和萍挖土方，燕燕砸石頭。砸石頭的幾個人分為一組，先去富甲河撿石頭，然後再砸成石頭子。天氣熱，劉仁秀去了一天就沒再去了。砸石頭最快的是燕燕和黑女，隊裡還有楊漢東，後來分配到煙草公司的夥伴。燕燕自己捉摸著安排了計畫：太陽落山前把撿的石頭推到砸石場，第二天一大早就去砸石頭。等下午天熱了，就去涼爽的河裡撿石頭。

有一次早上去到砸石場，發現自己那堆少了一些，很明顯有人偷走了。燕燕就叉腰大聲說：「誰偷了我的石頭？站出來承認了，就算了，不然小心查出來我就告去辦公室！」

結果，楊漢東悻悻然站出來：「姐我錯了，是我拿了。為啥你總是能找到那麼好砸的石頭呢？我撿回來的都很難砸，所以砸得慢。」燕燕原諒了他，之後還教他怎樣辨別石頭紋理挑揀。又有一次，下雨後去寇家溝的河渠岸上，燕燕越走越遠，土裡挖出來的石頭上帶著黃泥巴，還有一縷縷頭髮。眾人大聲尖叫起來：「你這怕是扒了人家的墳吧，肯定是死人的頭髮！」嚇得她一把扔回河裡，拔腿就跑。後來每次回想起來，都感覺有些瘆人。

1978 高考

1978 年全國改革開放，從前一年冬季就開始恢復了高

考制度。1977年第一屆高考人員眾多，包括在學的工農兵大學生們也重新高考，1978年夏天全面展開。

燕燕和同學們趕上了時代的潮流，恢復高考後第三年剛好高中畢業，每個人都積極複習考試。結果好朋友馬孝芳考得最好，被陝西機械學院錄取，學習精密計量專業；喬蘭清則考上了中專；燕燕的好友，平時學習成績很好的劉桂雲卻發揮失誤，沒能考上大學，很沮喪。她分數線夠上大專了，但她主動放棄，決心複讀重考。

燕燕和張勇都落榜了。1979年仍然由國家負責分配知識青年，但不再上山下鄉插隊了。燕燕和吳敏、劉桂雲等約莫二三十個年輕人被分配到江北油庫實習。

實習結束時，油庫負責人要求將其中表現最好的四個人留下來擔任正式的保管員，因為這四個年輕人工作積極主動、肯吃苦耐勞，燕燕被選中了。張勇被分配到水電局前方大沙壩，在三局開挖隊食堂當廚師。

張勇的父母都是陝北人，父親很小就參了軍。他在家排行老三，還有兩個姐姐及兩個妹妹。因為是張家唯一的兒子，張母非常疼愛，呵護有加。從小到大幾乎從來沒做過家務，更別說做飯了。剛被分到食堂的時候，根本沒有學過做飯，一切都很新鮮，也鬧了不少笑話。

有一次，大廚讓他煮掛麵。張勇把掛麵直接就扔進生冷水裡，惹得大家哭笑不得。剛開始什麼也不會，所以只能聽從廚師們吩咐，幹些打雜的活兒：掃地洗碗，為大家打飯。但他有個優點是少言寡語，謙虛認真。師傅喜歡他，開始教他揉面、切菜，最後才是炒菜。當他回到家，告訴母親食堂工作的情景，母親葉彩萍簡直不敢相信兒子會做

那麼多事情。

1981 年燕燕被招工返回了安康城，分配到五金公司。無獨有偶，張勇也獲分配到同一個單位。在五金公司。起初燕燕被安排在江北倉庫當過保管員，工作勤快麻利，很快就被調到業務科做銷售。在庫房的時候，張勇曾經悄悄寫過情詩塞進燕燕的抽屜，見沒有什麼反應，有一次鼓起勇氣找機會搭訕：「盤點數位對不上，想跟你一起對賬行不？」幾次接觸後，終於開始在城牆上約會散步，看電影。

八十年代初期，改革的春風吹遍大江南北，人們著裝打扮，以及生活習慣等開始趕時髦。燕燕在江北倉庫時，女孩們之間流行鉤針和竹針編織各種服飾，或居家裝飾布。燕燕學得很快，手很靈巧，用鉤針可以鉤出各種圖案，給家裡當作被子套、茶几墊、枕頭套等，鉤針圖互相傳閱，她速度總是第一快。毛線活也是一流，還能把單位發的勞保手套拆開，給自己和家人打線褲線衣。第一次跟人學打線褲的時候，先從腰打起，人家讓她慢慢打，起碼一個星期再加襠開口。結果她三天就打了二尺多，師傅大吃一驚，說腰最多一尺一就夠了，完全沒想到新學的人手這麼快。

1983 大水

1982 年龍窩街家屬院蓋起了樓房，吉家準備搬到三樓。搬家之前，張勇懷著忐忑不安的心情，推著鳳凰牌自行車，藉口幫忙送燕燕單位發的水果，第一次來到龍窩街拜見未來的岳父母。第一次父親比較嚴肅，認為戴眼鏡近視不太好，加之張家父親是商業局領導，父親不喜歡被人

說嫁女有攀附權貴之嫌。母親倒是很溫和：「娃們家喜歡就行了嘛！」她做了很多可口的飯菜招待這個彬彬有禮的年輕人，想到可能是未來女婿，心裡甚是喜歡。張勇也對這位慈祥的母親印象深刻，尤其是做的油餅太好吃了。搬家時，張勇叫了幾個要好的哥們可是給吉家幫了大忙。

熱戀中的兩個人，開始憧憬美好的未來，打算自食其力。兩個人開始一起攢錢，燕燕每個月除了給母親交一些生活費之外，兩個人都存在一起。每個月最快樂的事情就是拿到工資，去火車站附近的銀行存款。他們想著等攢夠錢就去買一輛摩托車——那個時代，這對絕大多數人來說是想也不敢想的事。

1983 年發大水的那天，倆人用自行車把爐子和蜂窩煤拉去土產公司家屬院，然後從西大街走到大橋路，去河堤看漢江河的水勢。當時河水洶湧，很多人開始慌忙逃走，看著不對勁，倆人也開始往城裡逃走。

路過糧食局門口時，看見一輛卡車，很多人都在往上擠，燕燕說：「咱們也上卡車躲吧！」張勇說應該去樓上，想不到這一選擇竟然救了命。因為後來等他們爬上糧食局大樓的樓頂，眼見河堤決裂，滔天的巨浪咆哮著漫過河堤，湧入城市，卡車瞬間被洪流沖走，呼救聲和尖叫聲瞬間消失在呼嘯的水流聲。第二天，有人撐著皮划艇四處救人，這才逃了出來。

水災後返回城裡，一起經歷了死裡逃生的倆人都認定對方就是命中註定的另一半，感情更加堅固了。水災後許多群眾疏散，吉家倆妹妹去了洋縣老家，張家妹妹送回陝北老家。秋天的陝北已經是冬天，寒冷無比。燕燕熬了兩

夜通宵，織了兩條毛褲，托人送過去。未來嫂子的雪中送炭，令妹妹們感激涕零。

七號路

1983 年燕燕從五金公司的江北倉庫調回城裡，分到化工科開始搞業務。在業務科，化工科的趙科長很器重她和另一同事王文群。她獲得了好幾次去上海培訓的機會，每年還有兩次機會參加全國訂貨會。當年人們還沒有自費旅行的概念，出差公費有補貼，而且訂貨會通常都安排在不同城市，參加人員順道也旅行參觀，絕對是開眼界的美差。燕燕在後來的十多年業務員工作期間，差不多走遍了全國大江南北，包括較偏遠的柳州、寧夏等地方，結識了來自五湖四海的同行好友，也徹底拓展了眼界。

此時全國上下經濟改革正在展開，逐漸從計劃經濟向市場經濟過渡。安康也不例外，以前由國營企業統購統銷的商品，開始放開允許私有企業經營。燕燕所在的化工科負責的油漆等產品，就已經放開了。但仍然有一部分商品例如純鹼，仍保持計畫統一採購，按各縣市的配額銷售。以前安康人的飲食習慣中，包穀針（玉米粥）是家家戶戶必不可少的。以前糧食缺少，熬粥時放的水多，需要加些城才能黏稠，所以純鹼很緊俏。燕燕負責分配額度，有很多人找上門要貨，想走後門。有一次，有人提出送金耳環，換取一兩噸純鹼額度，都被燕燕拒絕了。這方面從她工作第一天開始，父親就教導得很嚴格。因為業務做得出色且遊刃有餘，幾乎年年被公司評選為先進工作者，獲得嘉獎。

1984 年 10 月，中共十二屆三中全會討論通過了關於

經濟體制改革的決定，突破了把計劃經濟同商品經濟對立起來的傳統觀念，確認中國社會主義經濟是公有制基礎上的有計劃的商品經濟，進一步打破了人們的思想禁錮，激發了人們跳出體制、投身市場經濟之海的熱情。在這種熱情的帶動下，1984年成為中國現代企業和企業家誕生最為集中的一年。第一波「下海經商」潮出現，千千萬萬不甘心「捧鐵飯碗、拿死工資」的年輕人一頭紮進了商海，「我們下海吧」已經成為流傳在年輕人之間最具誘惑力的口號。

也就是這一年，王石辭掉廣東省外經委負責招商引資的工作，用倒賣玉米賺的第一桶金成立了一家公司，這就是後來的萬科；柳傳志走出中科院創辦公司，為了賺錢養活公司裡的十幾口人，他擺過攤，賣電子錶和旱冰鞋，還批發過運動褲衩和電冰箱。那個時候他絕對不會想到，這家小公司多年後將成為IT業知名度最高的品牌——聯想。也是這一年，華南理工大學畢業的李東生，在惠州一個簡陋的農機倉庫開闢了自己的工廠，與香港人合作生產錄音磁帶，成就了日後赫赫有名的TCL。1984年前後，萬科、聯想、海爾、健力寶……這些後來在中國風雲馳騁的企業相繼誕生。有人把1984年稱為中國的「公司元年」，「下海」這個詞也迅速在中國大地上滾燙地流行。

那時，越來越多體制內的國家公職人員開始躁動，嚮往外面精彩的世界。不過起初，「下海」意味著打破"鐵飯碗"，這種頗有風險的做法還是讓很多人猶豫不決。1984年最賺錢的職業前三名是計程車司機、個體戶、廚師，排在最後的三個選項是科學家、醫生、教師，「腦體

倒掛」的問題在社會上熱議，讓諸多身懷絕技的知識份子胸有不平。另一方面，改革開放後的鄉鎮企業如雨後春筍，對科技人才需求急劇上升，長三角一帶甚至出現了借休息日到鄉鎮企業打工的「星期六工程師」，「當教授還是做老闆」成了八十年代高級知識份子面臨的最大抉擇。

1983 年，當時的勞動人事部、國家經濟委員會聯合下發《關於企業職工要求「停薪留職」問題的通知》，以「保留鐵飯碗」的優惠條件鼓勵國有企事業單位人員「下海」經商，頓時打破了國有企事業單位「死水一潭」的局面，再加上「鄧小平南巡」及經濟特區的示範效應，一大批嗅覺靈敏的先知先覺者紛紛踏上創業之路，掀起了以 1984 年為發端的第一波「下海」浪潮。他們尋找的不只是錢，還有生命的意義，所以只要體制透出一個小小的口，活力就會像水一樣噴湧而出。這些早期「下海」的弄潮兒們，在為中國經濟創造財富的同時，也走出了一條更能發揮自己潛質、更能提升自我價值的道路。

內地比沿海城市開放得晚，1987 年秀去西安上大學時，西安人最愛逛的是城裡的騾馬市服裝市場，也有了康復路批發市場，但是做這些生意的個體戶，給人得印象仍然是倒買倒賣的「二道販子」。有很多人賺錢，成了「萬元戶」，知識份子們也會嗤之以鼻稱之為沒文化的「暴發戶」。

改革的春風也吹到了安康城，雖然真正的開放思想被人們廣泛接受，花了上十年的時間。高中畢業後分配不到工作的，甚至沒上完中學的年輕人，是最先去街上擺攤的

一批人，也成了最初的一批改革受惠者。起初大家很瞧不起，大人教訓小孩時，經常會說：「不好好學習的話，長大了就去拉黃包車，補鞋，賣冰棍，去七號路擺地攤！」人們的觀念仍然陳舊，覺得有「鐵飯碗」才算是正式工作，很自豪，瞧不起自己謀生的「個體戶」。

當年人們口中的這個「七號路」，多年後改名為興安中路。這是當年安康城第一條賣日用雜貨批發零售的自由市場，可以說是改革開放最早的「試驗田」。關於「七號路」名稱的由來有兩個說法：一個是說早期安康城區規劃有四橫三縱七條路，三縱指解放路、紅衛路（即金州路）、大橋路，四橫指東西大街、興安路、巴山路、育才路。因為興安路原本是一條水溝，是 1983 年漲水前開拓出來的第七條路，故名曰「七號路」。1983 年 7 月 31 日安康發生特大洪水，災後城市恢復建設規劃的會議上，有人建議規劃一條由東往西的大街，會議一致通過，那天是 9 月 7 號，就暫定為「七號路」。

水災後，有一天群兒在街上看見從小在院子裡玩的夥伴劉仁秀竟然在七號路賣塑膠涼鞋，她大吃一驚，很不理解，甚至有些同情。她沒有想到，再過幾年，自己也停薪留職下海了，而且做夢也沒想到，有一天自己的公司發展壯大到比曾經「鐵飯碗」的國營公司規模還要大。遇到了偉大的好時代，一切突飛猛進都超乎想象。

騎嘉陵下海

1984 年，燕燕和張勇賣掉鳳凰牌自行車，加上災後補助金，以及所有積蓄湊夠大約 600 元，終於買了一輛嚮往

已久的重慶「嘉陵」摩托車，可太炫酷了！一位在鐵路局
跑陽平關線的朋友趙慧花委託熟人幫他們買回來的。熱戀
中的兩個年輕人騎著摩托車，在安康城飛馳，青春的快樂
洋溢在他們臉上。

燕燕的工作也漸入佳境，深得公司肯定，獲得重點栽
培。1984 年去上海培訓了三個月，1985 年又去了培訓了
長達九個月。這兩次的上海生活是燕燕的人生重要的啟發
時期，如饑似渴地學習，令她的視野徹底開闊，品味和觸
角提升，真個人迅速成長，不斷蛻變，青春時尚，充滿了
陽光和自信。

然而，燕燕還是決定下海了。多少是受了大姐燕玲的
影響。燕玲這時在土產公司當會計，思維很活躍，她利用
業餘時間協助丈夫老杜做生意，替他出謀劃策。老杜主要
是賣漢斯啤酒。火車從西安運過來，一批就是幾千上萬元，
動輒一筆就是父母全年加起來的工資。

燕燕開始自己嘗試起來。她利用節假日，先用三輪車
拉著一捆捆啤酒，挨家挨戶兜售。五金公司的效益越來越
差，無論是採購還是銷售，根本競爭不過街上那些產品靈
活多樣，服務周到的個體戶們。在國營單位，每人每月乾
巴巴幾百元工資，大家缺乏激勵，人浮於事。

1998 年甜甜上了中學，不像小時候那樣黏著媽媽了，
燕燕感到生活失去重心，進入瓶頸期，她不想再吃大鍋飯
混日子，每天都在想著該怎樣打破現狀。這時公司鼓勵大
家「停薪留職」，她眼前一亮，決定試一試。

七號路人滿為患，聽說新開的秦巴市場租金便宜，她
租了一個攤位，後來換成距離門口較近的獨立房間。

　　父親很支持她。每天興致勃勃聽她講做生意的經歷，一起分析，出謀劃策。在女兒身上，吉成祥似乎看見了年輕時在漢陰，石泉奮鬥創業的自己。那時是為公家創業，但也是從一無所有開始，租房子，桌椅板凳，聯繫貨源，一手一腳做起來的。他鼓勵燕燕挺住壓力：「萬事開頭難麼！做順了就好了。」

　　週末回到家，燕燕忙得臉都顧不得洗，媽媽心疼起來，邊做飯邊嗔怪：「看看你，咋忙成這樣，都變成花貓臉！」父親卻拉著她的手：「快坐下，說說今天又有什麼新鮮事兒了！」

　　從寶雞到成都的「寶成線」經過安康，是安康人走向城外省外最熟悉的交通工具，坐火車的故事也最多。

　　1984年初，有一次燕燕跟公司趙科長去成都出差到訪香精廠洽談業務。工作順利結束，火車返回途中火車同坐的乘客是一位來自廣東電白的青年，大家年齡相仿，互相攀談起來。天南地北聊了十幾個小時下來，青年被眼前這位時尚大方的安康女孩吸引了，青年要去西安，燕燕下車時，大家彼此留了姓名和工作單位。不料一個多月後，這位青年竟然追到了安康，當他提著香蕉敲響龍窩街吉家大門時，燕燕驚訝得半天說不出話來。青年單刀直入，說他對燕燕一見鍾情，自從那天在火車上分手後一直難以忘懷，幾經輾轉查到趙科長電話，又打電話問了趙科長才找到的。青年向燕燕發出猛烈的追求，燕燕哭笑不得，想不到萍水相逢的人，如此熱烈。她當然是毫不猶豫謝絕了青年的追求，此時的她眼裡只有一個人，當場告訴青年自己已經「名花有主」，心有所屬了。青年失望地離開了，也

忘不了臨別祝福。這個年代的人們純粹真誠，樸實無華，也因為這段插曲，讓燕燕記住了「廣東電白」這個地名。

第二次去上海前，燕燕和張勇已經開始談婚論嫁。如何打造自己的安樂窩，籌備一場浪漫的婚禮，燕燕充滿了心思。她在上海排隊購買了剛開始流行的紗織草莓床罩、唐三彩老虎等作為未來新居的擺設品，穿丫丫牌羽絨服，更去找上海的老裁縫定制婚禮上穿的三件套禮裙。用的是當時純真毛料，上海的朋友介紹了一名著名的裁縫，沒有門面店，只在家接單。

那是弄堂裡的一座舊式閣樓，進門見到一位約莫六七十歲的老頭，穿著非常精緻講究。定制需要去三次，第一次打樣，第二次用細線穿起來試樣，第三次才完成。這套紅色的裙子，穿上確實很炸眼。1986年11月9日婚宴在健康餐廳舉行，當時已經是深秋，裡面半截毛褲打底，根據二廠同學馬曉蘭後來說：「當天很多人都在傳，說今天餐廳婚禮新娘的紅裙簡直美炸天了！」燕燕很喜歡這套裙子，不僅做工精細毛料漂亮，更是具有各種紀念意義，她一直穿了十幾年，直到最後住十號樓，放床底下被蟲蛀了，惋惜了很久。

婚後第二年生下甜甜，公公婆婆十分疼愛，家裡還請了保姆，有人照顧相對輕鬆。此後的十年大約是她生活最為悠閒愜意歡樂的日子。在國營企業上班越來越清閒，大部分時候坐辦公室並沒事幹，每天早上到公司報到後泡好茶，打掃完衛生，大家然後就去買菜，回到辦公室待一陣就下班回家午休做飯。倒是業餘生活很豐富，公司年輕人很多，大家都將充沛的精力和滿腔的熱情投入各種流行的

集體活動中。燕燕是組織者和活躍分子，跳舞唱歌樣樣精，在同齡人中備受矚目。

燕燕最癡迷的是跳舞。早在上海培訓學習時，因為熱心積極，被推舉為班幹部。上海老師們每逢週末都去參加舞會，俄羅斯舞蹈都會跳，在他們的邀請和薰陶下，她和同學們也學會了跳舞，週末經常組織舞會。回到安康後，她也積極參加各種交際舞活動，當時流行的三步、四步、恰恰舞或探戈，她都反復練習跳得嫻熟優美，渾身煥發著自信的光彩。1989 年安康舉辦了首屆交際舞大賽，她和來自水電三局的舞伴參賽跳恰恰舞，初選入圍後，經過三輪篩選，最終進入決賽，在影劇院登臺表演。張勇性格安靜內向，他並不熱衷這些社交活動，但很欣賞和佩服妻子的開朗活躍，他倆是典型的互補型夫妻。

1995 年，五金公司家屬院樓下有幾間門面房，公司打算用來出租。早在一年前，公司決定培訓家電修理員。王經理找來趙威，他曾經在汽車班修理過汽車，後來公司把貨車賣掉了，他閑著無事可幹，公司有意培訓他。可是趙威卻不願意，有自己的想法，他以自己年齡大了，「四十以上不學藝」為理由推辭了王經理的邀請。這個消息在辦公室裡很快就傳開了，燕燕聽到後被吸引了，她覺得這可能是個難得的機會，積極勸說張勇，希望他參加培訓，這樣既可以從江北倉庫調回城裡，還能學一門手藝。此時的張勇，仍在倉庫兢兢業業當保管員。當初同來的七個年輕人，其他六個人包括燕燕、劉桂雲都調回城了，他卻不慌不忙，不羨慕別人，也不急不躁。其實有一次公司本來想招他回城當物價員，可是倉庫的陳本銀主任不放人。因為

他器重張勇認真負責，有意培養他當倉庫主任的接班人。

　　燕燕不氣餒，軟磨硬泡反復勸說。張勇終於耐不住她苦口婆心的絮叨，終於心動了。他也知道，自己對家電維修是有興趣的，嘗試一下未嘗不可，再說回城可以有更多時間陪女兒，這是最大的吸引力。於是跟陳主任坦誠吐露了想法，最終得到了諒解和支援，成為五金公司第一個學習家電維修的員工。1995年當公司招租門面店時，他和另一位熱情積極的同事——也叫章勇，決定承包家電修理部。這是當年國企搞活經濟的一種嘗試，公司只是象徵性徵收他們一些管理費，要求其餘自負盈虧，兩位年輕人爽快答應了。這時安康城裡開始流行家電，新婚嫁娶「三大件」指的是電視機電風扇和電冰箱，可是維修服務很少。維修店開門後生意很好，兩位年輕人第一個月就賺了800多元，這在當時相當於國營單位職工的幾個月工資，倆人備受鼓舞，又請了幾個人幫忙，維修店擴大到五六個人。燕燕也很高興，積極為修理店出謀劃策，憧憬著進一步擴大業務。可惜好景不長，1996年公司新領導上任，也許是看見修理部生意不錯，陳經理決定將其收回由辦公室統一管理，增加公司的收益。這樣一來，個人的收入銳減，年輕人的積極性漸漸減退了。

　　國企在改革，鼓勵人們打破「鐵飯碗」，允許職工「停薪留職」創業。張勇肯鑽研，他的修理技術很受歡迎，維修部被公司收回後收入減少了，但親朋好友家電壞了都找他幫忙，有求必應的他人緣很好。有一年夏天奇熱無比，姐夫孫建安所在的煙草公司的櫃式空調壞了，公司找了幾個人修理都搞不定，姐夫就請他去試試看。到了現場，他

仔細檢查一番，發現原來是兩條線接駁錯了而已，他小心翼翼重新連接上，空調「轟」一聲馬上就恢復運轉了。眾人嘖嘖稱歎，鼓掌歡呼，還給了他 500 元酬勞。這件事啟發了燕燕，她鼓勵張勇乾脆下海自己開維修部，可以名正言順接攬更多維修活兒，發揮自己的專長。可是張勇拒絕了。在他看來，家電維修並沒有前途，屬於「夕陽行業」，這幾年眼見家電更新換代越來越快，人們喜新厭舊，可以預見將來壞了的電器很可能像衣服那樣直接換新的，不一定稀罕修理舊的。還有一點，修理戶外空調可能要上下攀爬，他有恐高症也不太適合。他倒是覺得妻子很適合做生意，每天回家途中，看見培新街對面那家「健康餐廳」生意紅火，從一間很小的門面，很快擴大變成兩間三間，他就對燕燕說：「我覺得你要是自己開店做生意的話，肯定也能行。」

燕燕還是不甘心，一邊繼續遊說張勇，一邊開始物色修理店鋪面。有一次，她在雷神殿附近看中了一間靠街面的出租房，約好了房東面議。可是張勇就是不願意一起去，她只好硬著頭皮去跟房東應酬了一下，沮喪極了。回家路上經過大姐大哥的商店，她坐下嘮叨閒聊。大哥開玩笑說：「人家不願也不能強迫，你自己想做就自己做唄！」這句話倒是提醒了她，她有些半賭氣地想：「就是啊，為什麼我自己不做呢？」

碰巧第二天中午，有位同事邀她去逛街，說大橋路秦巴市場裡有很多賣小菜的不錯。她跟著一起去了，這個市場離單位不遠，已經開張了一年左右，但從沒進去逛過。她們繞了一圈兒，買了一些榨菜之類的，發現很多店還是

空空蕩蕩的沒租出去。準備離開時，在市場門口附近有間房門的告示上，發現有些眼熟：「此房轉讓，有意請致電xxx——地百司」。且慢，地百司，不就是父親公司嗎？這讓她很訝異和好奇，想不到正規公司的地百司也在這裡開店，誰在負責呢？她可是從小在地百司家屬院長大的，幾乎沒有人不認識。就算自己不認識，父親也不會不認識。前一天的念頭又閃現出來，她突然有些驚喜和激動，趕緊抄下電話號碼。回到單位，就立即撥打電話。很快弄清楚了，原來是地區百貨公司為了支援搞活經濟，秦巴市場開辦後，認租店鋪，並交給紡織科經營，負責人是董炳林科長，父親以前的部下。細問之下，才知道紡織科租了一年，可惜經營了大半年一直虧損，還剩下三個月打算轉租出去。

燕燕連忙問是否可以租給自己？對方欣然應允，說每月600元，如果有意就交三個月租金，店內桌櫃可以送給她。當時全部儲蓄只有2000元，她跟張勇一說，得到全力支持：「你早就該這樣做了！」他們當機立斷交了1800元，又去秦巴市場花200元以婆婆的名義註冊辦了經營執照，名字叫做「百惠商行」。拿到鑰匙後，她興奮不已，連蹦帶跳地回到父母家告知喜訊，終於有了自己的商店！父親非常高興，表示了巨大的支持。

上海買房記

話說進入千禧年後，房地產市場日益興旺。秀回國後極力主張在上海浦東區投資買房，考慮到辦理手續方便，姐妹之間商量之後，乾脆以燕燕名義購買。裝修之後其實

也沒有入住，2003年決定出售，燕燕需要去上海辦理過戶手續。

適逢五一節前夕，秦巴市場改修重建，反正商店也暫時休業，燕燕勸說張勇一起去上海。結婚前燕燕和張勇分別在上海接受過培訓，很多地方都去過，有著很多美好的青春回憶。但兩人沒有一起來過，這次剛好順便故地重遊。買家是朋友，在上海的售房手續辦理得很順利。可是準備回安康時，卻發現因為長假客運高峰期，火車票早就是一票難求了。住在錦江飯店快一星期了，燕燕心裡有些過意不去，很是焦急。秀建議去火車站貴賓候車室碰碰運氣，接待貴賓時有突發情況，常用這個方法。果然不錯，他們幸運買到了第二天晚上去成都路過安康的兩張臥鋪票。

眼看還有一天時間，困在上海這幾天裡把市內該玩的地方都去遍了，張勇建議說不如去杭州，買到票滿心歡喜的燕燕欣然贊同。翌日，二人清早退了酒店房間，把行李寄存好，搭貨車去了杭州。玩得盡興，準備回上海時，張勇意猶未盡，突發奇想建議不如坐大巴，可以見識一下傳說中的華東高速公路。燕燕擔心萬一路上遇到堵車趕不及火車，糾結良久，再一次耐不住張勇遊說，又諮詢了車站乘務員的意見，說時間充裕應該能趕得上。

不料汽車駛入上海郊外的時候，在高速公路上竟然遇到了大塞車，半個小時都停滯不前。眼看著時間一分一秒過去，燕燕心急如焚，在車上來回走動，不停看手錶，詢問司機大概多久才能到。看見張勇一副若無其事的樣子，燕燕不禁火冒三丈，悔不該聽他的遊說。張勇不緊不慢地回了一句：「誰讓你說堵車壞車的，看看還真給應驗

了⋯⋯」燕燕氣得跳腳，鄰座的上海人看見你一言我一語拌嘴的倆人，勸慰了一番，給他們出主意：「要是正常到汽車總站下車再去取行李，肯定是來不及了。讓司機在下高速路口放下你們，打的士也許還能趕上。」

高速公路上漫長的車隊終於開始鬆動了，燕燕反復懇請，旁邊旅客也幫忙說好話，終於打動了司機。下了高速公路，剛好遇到一個紅燈位，二人飛奔下去。非常巧的是，旁邊就聽了一輛強生計程車。司機聽說要趕車，要求加五十元，心急如焚的燕燕二話不說就答應了。要是趕不上火車，不僅兩張臥鋪車票作廢，今晚住哪裡還沒有著落。所以別說五十元，五百元也要拼命趕呀！司機也給力，飛車去酒店去了行李，又抄各種小路飛馳到火車站。當二人爭分奪秒狂奔到月臺，就近車廂跳上火車後火車就開動了，簡直驚險萬分！

筋疲力盡的二人緩過氣來時，才發現所在的車廂是 2 號，臥鋪車廂在 10 號。那時臥鋪車的旅客必須在上車後立即換特別的鋁制床位牌以便識別，下車時再倒回去。火車上人滿為患，走廊裡、椅子下、車門口甚至廁所門口都擠得水泄不通，跟春運差不多。二人艱難地挪動著，不停跟人說「對不起，不好意思，借過，謝謝！」來到十號車廂時，已經過去了快兩個小時，換票時間已經過去，找到列車員一臉難色。又說了一通好話，才算換了臥鋪。當安排妥當，骨頭散架似的倒在臥鋪上，這才如釋重負。

這件事成了後來大家津津樂道的典故之一。尤其是後來北上廣深房地產一波又一波暴漲，他們都始料未及。但是每次想起上海買房子，大家都從沒有覺得遺憾，倒是曾

經參與過其中，還發生過有趣的插曲，似乎也足夠了。

3. 勇的故事

援朝志願軍

1953 年 7 月 27 日，朝鮮板門店。朝鮮人民軍最高司令官及中國人民志願軍司令員一方與聯合國軍總司令另一方簽訂了《朝鮮停戰協定》，抗美援朝宣佈勝利結束。這場被西方稱為「韓戰」，在中國被稱為「抗美援朝戰爭」終於停火了。

張懷友和他的戰友們上個月奉命抵達朝鮮，當他跟著部隊跨過鴨綠江之後不久，就被告知停戰了，雙方部隊各自退回三八線。但是野戰部隊還是留了下來，負責戰後重建恢復任務。比他們早些去的戰友們，不知有多少犧牲在長津湖戰場。如今戰事雖然平息了，整個朝鮮半島已是滿目瘡痍。志願軍們不可能袖手旁觀一走了事。他們要收拾殘局，要掩埋戰友們的屍骨，收繳散落各地的武器軍械，並修補傷痕累累的城市和鄉村，撫慰那些並肩作戰，飽受苦難的朝鮮兄弟們，這是道義之師們要完成的任務。

從青海出發前，張懷友碰巧見到從臨夏過來剿匪的三哥懷智。想不到三哥已經從班長、排長升級為營指導員了。來自陝北米脂的張家三兄弟裡，張懷友是第一個參軍的。1947 年過完春節，剛滿 16 歲的張懷友就參軍加入了第一野戰軍。先在米脂縣城裡接受了三個月訓練，然後被分到西北野戰軍 358 旅，當時以英勇驍戰著稱的旅長是余秋裡。懷智比懷友晚了幾個月參軍，當時被編入警三旅，屬

於第四軍，跟懷友在一個軍部。懷智在 11 師，懷友在 1 師。此時的軍長是王世才，政委張軍良，後來是張大福。他們一直在西北戰場打仗，最遠打到青海。倆兄弟一參軍就隨部隊奔赴甘肅慶陽了。

1947 年的冬天，慶陽已經是寒冬臘月，紅軍官兵們都還穿著單薄的夏衣，沒有棉衣，冷得瑟瑟發抖。部隊只好回到陝北的橫山，再到甘南、定北，駐紮在安塞縣休整。到安塞的第三天，就參加了激烈的瓦子街戰鬥，迎攻胡宗南麾下的劉堪軍隊。這一仗解放軍採取從公路上跟其他隊伍聯合伏擊的戰略，左右夾攻，整整打了三天三夜。最後大獲全勝，國民黨軍五萬人被殲滅，基本上把劉堪的一個軍和一個師打垮了。

休整數天之後，他們又投入一系列解放戰鬥。1948 年先是扶眉戰役，攻佔了寶雞。一軍有四個團，分別在銅川、旬邑縣休整了 40 多天後，接連攻打了蒲城、黃帝陵、白水、合陽、澄城縣。十一師的師長叫郭秉坤，是當時紅軍著名的戰鬥指揮員。

1949 年解放西安的戰鬥中，11 師負責在涇陽打週邊戰。西北野戰軍攻佔了銅川、耀縣等地，解放了渭北廣大地區。胡宗南集團收縮兵力，向後撤退到涇、渭兩河。5月 11 日，第一野戰軍司令員兼政治委員彭德懷為打亂胡宗南集團逃往四川的撤退計畫，決心乘機進軍陝中。11 師在涇陽、成陽等地殲滅國民黨軍第 90 軍及騎兵第 2 旅各一部，俘 2200 餘人，進佔咸陽、興平、武功、扶風、岐山等地。5月 20 日解放西安，至 5月底，第一野戰軍控制了虢鎮以東、渭河南北廣大地區，胡宗南集團撤至寶雞及

秦嶺西段佈防。1949 年解放後，兄弟倆一直駐紮在青海
負責西北地方剿匪，但甚少見面。

懷智聽懷友說即將開赴朝鮮，有些驚訝，告訴他二哥
懷貴也是剛從朝鮮戰場剛撤回來的。作為第一批志願軍
1950 年去到朝鮮戰場，那邊格外慘烈，環境及其惡劣。
懷貴在浴血奮戰中受了傷，幾經波折死裡逃生回來，身心
疲憊，此時正在四川萬縣的原國民黨療養院養傷。懷友和
懷智在青海互道珍重，就匆匆各奔東西了。懷貴繼續在西
北，懷友則到達朝鮮。他們彼此心裡都清楚，當兵的個個
都把命別在腰帶上，隨時生死未蔔，所以每一次見面都可
能是最後一面，這一別也許就意味著永別。

米脂張家兄弟

此時懷友已經 22 歲，這次離開米脂的時候，家裡給他
找了鄰村葉家的姑娘結了親。老人們都說：「屋裡有了媳
婦兒，就算是有了家和盼頭，你在外打仗，遲早都會回來
的。」這葉家的姑娘叫彩萍，留在米脂等他的消息。

張家在米脂也算是大戶人家，祖上一直人丁興旺，曾
經有過顯赫的家世。太太爺張登第的兄弟三人都是清朝
的武秀才，張家每代人都引以自豪，並以傳宗接代光耀
祖先作為光榮的使命。彩萍的公公，張忠庭（1895.5.23-
1976.5）的膝下有五個兒子，但 1931 年老大張懷傑
十三歲，遇上罕見鼠疫，不幸染鼠疫夭折了。同年的臘
月二十六日（1932 年 2 月 2 日）曹氏誕下老四張懷友。
1936 年又誕下老五懷鈞。

張忠庭和曹氏本以為能夠享受多子多福，但翌年即爆

發抗日戰爭，兵荒馬亂裡能養活全家都不容易。1945年抗戰結束後不久又爆發國共內戰，四個兒子除了老五以外，三個兒子都去當了兵。幸運的是捱過了解放戰爭，都平安生還。老二懷貴家1956年誕下長孫張成，張家視為命根子，所以小名就叫「根子」。這年老四懷貴從甘肅回鄉探親時，老人們也張羅把親結了，如今開始盼望老三老四家也抱孫子。

葉彩萍在家等了三四年，終於有人從朝鮮那邊捎回來懷友的信，說那邊工程建設穩定一些，志願軍允許家眷前往隨軍。1956年底，葉彩萍懷著既興奮又忐忑的心情，跟人從米脂幾經輾轉，幾天幾夜後也到了朝鮮。

他們在朝鮮軍營裡度過了快一年。1957年春天，葉彩萍有了身孕。組織安排他們秋冬回國，張懷友被派駐河南安陽。經過抗美援朝之後，他已經從班長、副連長升到連長了。葉彩萍馬上就要臨盆了，為了方便照顧，張懷友送妻子回米脂老家待產，然後自己單獨赴任安陽。

1958年1月7日，大女春燕在米脂出生。部隊有探親假，懷友逢年過節會回老家探望鄉親父老和妻女。

這年十月，最後一批志願軍也從朝鮮撤退回國，中國宣佈徹底完成了抗美援朝的任務。張家老二懷貴從四川療養院出院後，轉業回到米脂，參加了鄉鎮工作。曾經當過龍鎮鄉的鄉長、米脂電站站長、林業站長。他早期曾經參加過國民黨軍隊，但1949年前已經投入解放革命，所以被當作老革命家對待，離休後享受老幹部待遇。懷貴在供電局度過了最長的工作時間，在位時籌建過米脂的第一個水電站和火電站，為張家光宗耀祖，也是他人生中最得意

的時光。

　　時光回到 1959 年，米脂張家。張懷友的二女兒秋燕也在米脂出生了。老人們皺起眉頭：「這可咋又是個閨女！」他們都盼望多給張家添個男丁。葉彩萍也很沮喪，老大出生後還算好，但這次卻承受了來自婆家和娘家的巨大壓力，仿佛這一切都該怪她不夠爭氣似的。也難怪鄉下人這樣想，生男娃就是添加勞力，生女娃遲早要嫁人。兵荒馬亂的年代男娃怕被拉去當壯丁，如今新中國和平了，挖窯洞犁地莊稼活都是粗重的體力活，太需要男娃了。葉彩萍從小在村裡長大，耳濡目染之下，也習慣了人們重男輕女的觀念，自己受到深遠的影響。

　　張懷友在軍隊裡薰陶過革命思想，對生男生女一直都不以為然，他擔心媳婦在米脂受委屈，1961 年被晉升為營教導員，可以攜帶家眷駐軍了，他就回米脂把妻兒接到河南安陽的軍營來。這時春燕三歲，秋燕也兩歲了。葉彩萍擔心一個人照顧不過來，就把秋燕留在米脂老家，請婆婆幫忙照顧。到了安陽之後 1961 年秋天，彩萍再次有了身孕。1962 年春節過後，孕身開始明顯了，預產期是六月，夫婦倆都很期盼。然而此時，張懷友卻要離開安陽，準備參加重大的軍事任務。

　　1949 年國民黨敗退至臺灣後，蔣介石不甘心，策劃過好幾次「反攻大陸」的軍事行動計畫，例如 1956 年的「凱旋計畫」，1957 年 5 月的「中興計畫」，都只是紙上談兵就草草收場。 但 1961 的「國光計畫」明顯有些不同。這年 4 月 1 日中華民國的國防部開始在臺北縣三峽鎮（今新北市三峽區）成立了「國光作業室」，陸軍中將朱元琮

擔任主任，執行官羅文浩中將，副主任邢祖援、常持琇、楊友三少將。正式展開擬定反攻大陸的軍事作戰計畫。國防部另在新店碧潭成立「巨光計畫室」，研擬與美軍聯盟反攻作戰，避免被美方得知反攻大陸的企圖。1962年，適逢大陸推行的大躍進失敗，整體實力虛弱之時，蔣介石急欲趁此良機反攻大陸，開始積極調整國軍兵力部署，高呼「反攻在即」的口號。

這個計畫是企圖在金門向對面廈門開炮誘發雙方炮戰，數日後依靠中華民國海軍、空軍的戰術優勢渡海登陸對岸的大陸福建沿海地區，再利用東南丘陵山地的複雜地形用以延緩遲滯中國人民解放軍的增援。整個登陸行動預計動用五十個師左右的陸軍兵力，前期直接參與行動的國軍進攻部隊將投入至少二十個陸軍野戰步兵師。而與此遙相呼應的是內戰之後退守中緬邊境的泰緬孤軍作為遊擊隊進行襲擊擾亂和突擊作戰，來分散和吸引西南方向解放軍的注意力，配合國軍登陸作戰。

大陸方面解放軍立即調軍遣將，嚴陣布守，處於高度戒備狀態。1962年春天，張懷友奉命從安陽奔赴廈門一帶，在金門島對岸防禦備戰。

6月老三張勇在河南安陽出生，葉彩萍簡直喜出望外。福建的作戰部隊政委跟前線接通電話，通報完軍情之後報喜：「張懷友，你得了個兒子！」

河南安陽

2015年夏天，安陽洹水北岸太平莊袁林。張勇和燕燕穿過牌樓門，沿著林蔭夾道的神路拾級而上。兩旁是對立

著的華表、石馬、石虎、石獅、石雕武將、石雕文臣等，蕭穆莊嚴猶如皇家陵園的儀仗。據說袁世凱小的時候，就知道安陽有個洹上村，相傳商朝名相伊尹在朝中遭人誹謗，到洹上村隱居三年，後來商王親自到洹上村迎他複任。安陽也是袁世凱的遠祖東漢軍閥袁紹的發祥地，袁世凱覺得，洹上村對自己是一塊吉祥寶地，還在小站練兵的時候，他就買下了這裡的二百多畝地，只是沒想到很快就派上了用場。袁世凱冒天下之大不韙稱「帝」，名不正而言不順，最後四面楚歌，不到六十歲就一命嗚呼。袁世凱的大兒子袁克定最初也想效仿歷代帝王，把自己老子的萬年吉地稱為「袁陵」。遭到當時當政者反對，最後選用諧音稱作「袁林」。

倆人登到最高處，極目四望。果然是風水寶地，南臨洹水，北望韓陵，東接馭道，西依京廣。袁林據說是德國人設計的，按照明清陵的格局，採用中西合璧的構築手法，以中國古典傳統形制為體，西洋建築風貌為用，古今並存，所以風格殊異。張勇感慨道：「小時候根本不知道，我們住的地方離袁世凱陵墓竟然這麼近！」

張勇的幼年是在河南安陽的軍營裡度過的。在他的記憶中，部隊營區中央是一排排平房，住著有隨軍家眷的軍人們。那幾乎是小孩子們的整個世界。

張懷友一家四口起初擠在一間房裡，每次提拔升職就搬一次家。1965年底葉彩萍再次懷孕，這次，要搬到一戶兩房裡了。小張勇拿著小板凳跟著大人，也算是參與了搬家。這個畫面成為他認知中最早的記憶。1966年老四

張小玉出生後，家裡有五口人了。

　　男孩子們成群結隊在大場地裡追逐玩耍，他們見慣了大人們每天早操，去野營拉練，擺弄大炮和各種槍械，自己也幻想著當戰鬥英雄。在部隊裡，大人們會把槍械拿回家，他們擦拭時並不避忌小孩，反而讓孩子坐在一旁，給他們講解。好奇的孩子乖乖趴在一旁，目不轉睛地盯著父親怎樣拆卸這個大玩具，聽著各種新鮮的名詞：槍管，彈匣，刺刀，槍托，上膛，扳機……他們默默記在心裡，明天可以跟其他小朋友炫耀一番。張勇從不覺得害怕，在他和小夥伴們的眼裡，這一切就跟吃飯睡覺一樣自然，一切順理成章。乃至長大後每次只要見到綠色營帳，就會有一種說不出的親切感，他看到的不是軍隊，而是自己的童年。

　　安陽的營區非常大，軍人提幹之後很少退伍，幹部越來越多。大約有二十幾個家庭常年居住，專門派有一個指導員管理，家屬裡也有個組長。為了照顧營地裡的孩子們，還設有幼稚園。說是幼稚園，其實就是把其中一兩間營房改造而成的，老師帶著十幾個軍人的孩子。1966 年，小玉出生後，四歲的張勇也被母親送到幼稚園。班裡的小朋友們並不是固定的，大部分軍人來自農村，有些軍屬在農閒時帶孩子過來住一段日子，農忙季節又帶孩子回去，有些來過一兩次就不再回來了。也有的是隨其父部隊調來調去。停留時間短的面孔，老是記不住名字，但總有一些熟悉的小夥伴，就成了死黨。

　　幼稚園有一位女老師，教孩子們一些簡單算術，用數手指頭的方法算加法。張勇和死黨們不喜歡坐在教室裡上學，但是很喜歡跑出去玩，尤其幼稚園安排的很多參觀活

動。每逢節假日，部隊會安排大轎車帶著軍人和家屬去安陽城裡逛，但是這些都比不上軍用飛機場，那是他們最喜歡去的地方。幼稚園老師帶著他們去過幾次，在那裡可以看見噴氣式戰鬥機。不上學的時候，張勇和死黨們跑去飛機場，那裡停放了一架壞掉的老飛機沒人管，他們爬上去，幻想著自己駕駛著一飛沖天，感覺太威風了。這裡成了他們的秘密基地和遊樂天堂。

死黨們的另一個秘密之地就是地窖。那裡存放著很多好吃的東西，胡蘿蔔和洋芋可以直接吃。冬天男孩們會約好找機會溜出家，偷偷跑到地窖裡偷胡蘿蔔，啃完後滿嘴都染紅了，這樣回去肯定被大人發現怎麼辦？有大一點的男孩說：「嗨，看我的！」他吐幾口唾沫到手心，然後擦洗嘴巴，果然幾次就乾淨了。張勇和其他幾個小的依葫蘆畫瓢，消滅罪證後，各自若無其事地回家。

這年的夏天，文革掀起風起雲湧。在中央劉少奇被打倒，林彪掌管軍權後，解除了羅瑞卿總參謀長職務，不斷在各地剷除異己。軍隊政治鬥爭愈演愈烈，其中曾跟隨賀龍的黃新廷軍長也被打成「賀龍黑幹將」而被隔離審查。1967 年 2 月，黃新廷和成都軍區政委郭林祥被押到北京。各地黃新廷的舊部下也受到波及和牽連，被排擠和左遷，或被變相收回實際軍權。

張懷友從參軍加入西北野戰軍開始，一直是隸屬第 1 野戰軍的。軍長就是黃新廷，湖北洪湖人，十幾歲跟著賀龍幹革命，解放戰爭時期當過 358 旅長、第 1 師師長、第 3 軍軍長，建國後就任第 1 軍軍長。1952 年 12 月第 1 野

戰軍第 1 軍被編入志願軍序列，黃新廷任軍長，梁仁芥、顏金生擔任政委。下轄第 1 師、第 2 師、第 7 師。先後隸屬第 19 兵團、志願軍總部。該軍於 1953 年 1 月 22 日由吉林輯安（今集安）入朝，參加了 1953 年夏季反擊戰役。停戰後，參加朝鮮經濟恢復和建設，維護停戰協定，1958 年 10 月回國。張懷友正是跟隨這支部隊行動的，因此也被視作「黃新廷的舊部下」，在文革期間被勒令調走，左遷到湖北偏遠縣城的地方武裝部。取而代之來駐紮安陽的，是 54854 部隊。

　　1968 年，張懷友帶著全家大小從安陽出發，前往湖北恩施報到。這一次，是真正意義的搬家了。在此之前，張懷友回米脂把二女兒秋燕接到安陽團聚。張勇從小沒見過秋燕，他只知道姐姐春燕，從不知道還有個二姐存在。春燕從米脂離開時才三歲，印象也很模糊。所以當 1967 年秋燕來到安陽時，姐弟倆都驚詫不已。秋燕此時已經快八歲，她在米脂農村跟爺爺奶奶長大，來到這裡一切都太陌生了，怯生生的很不習慣。來之前爺爺奶奶告訴她今後要跟爸爸媽媽和兄弟姐妹們生活了，可是眼前這些人太生疏，她一個都不認識，只認識爸爸，是她把自己從米脂接過來的，所以她緊緊抱著爸爸的大腿不放。春燕和張勇都很熱情，每天倆姐妹背著書包一起蹦蹦跳跳去上學，很快就熟了起來。只是秋燕和母親之間，似乎一直有層隔膜，過了很多年都難以消解和釋懷。這令葉彩萍很沮喪和滿腹委屈，她後悔當初沒有一起帶著出來，雖然很艱難，也許咬咬牙也就過去了。她也埋怨沒人好好告訴孩子事情原委，也許孩子對她產生了誤解。可惜她不善表達，明明萬

般牽掛和悔恨，到頭來說出口的總是變成了挑剔和責怪。
可憐天下父母心，這一切都只能深深埋藏在她內心深處，
直到終老。

　　如今37歲的張懷友一家六口人，正坐著火車前往湖
北。如今在軍隊裡也要求有文化，不然很難應付複雜的政
治鬥爭。張懷友明白自己這方面無法彌補，16歲出來當
兵，他的資格主要是戰鬥中屢獲軍功得來的。其實剛從朝
鮮回國時，他先在信陽步兵學校接受訓練，還是學了一些
文化課的。但這些要應付新形勢不夠，也被對手拿來當作
排擠的藉口，他懶得跟那些人計較。一起從安陽奉命赴任
的，還有劉教導員。他也是從朝鮮戰場一起回來的戰友，
跟張懷友平級都是副團級的軍官，這次軍隊大整改中，理
所當然被視作第一軍派系被貶謫，發配到遠離權力中心的
邊緣地區。雖然心中多少有些鬱悶，但軍令如山倒，兩個
鐵漢軍人奉旨行動，不曾有抱怨。他們現在更慶倖的是，
還有昔日的戰友同行，不由得惺惺相惜。劉家有三個孩子，
倆家孩子們從小一起長大，彼此很熟悉。劉家老大老二是
兒子，老三是女兒。剛好跟張家的孩子們年齡相仿，張勇
喜歡跟劉家大哥玩，劉家老二比張勇小一兩歲，經常跟在
倆大哥後面，是個跟屁蟲。張小玉則喜歡跟同齡的劉家三
姑娘玩。

　　孩子們第一次坐火車，覺得一切既新鮮又刺激。這次
搬家搬得實在太遠了，跟以往說搬家時，搬個凳子從一座
營房去另一座營房，完全是兩碼子事。火車離開一馬平川
的安陽，朝著南方哐當哐當經過了很多站，其中鄭州是個
大站，很多人下車也有很多人上車。最後到了武漢，下車

後坐汽車到漢口碼頭上輪船，坐到巴東。下船後，坐上部隊來接的汽車繼續向山裡前行。從小在河南長大的張勇和小玉，從沒見過這麼高大延綿的山，這次真是大開眼界了。汽車在蜿蜒曲折的山路盤走，越盤越高，有時雲霧繚繞，幾乎看不見周圍；有時路過狹窄陡峭的山路，一旁是萬丈深淵，孩子們被眼前的景象驚呆了，屏住呼吸，不敢睜眼往外看，生怕不小心翻車掉下去。不知過了幾天幾夜，終於來到了恩施縣城，此地距離安陽一千公里以上，群山環繞，空氣清新，真正是「千里之外」的世外桃源了。接下來的生活，將會是怎樣的呢？

湖北恩施

2015 年初夏，湖北恩施土家苗族自治州。張勇帶著燕燕，在後街的巷子裡漫步，挨家尋找記憶中的舊居。「應該就是這裡了，」張勇推了推鼻樑上的眼鏡，眯起眼睛打量再三，雖然眼前的二層樓房已經完全變了模樣，他確信就是這裡。門口有招牌「土家苗族菜」，好像是個餐廳。他們進了院子裡，有人迎了出來，招呼客人坐下，拿來菜單。

「這裡原來是法院吧，對門住了一家姓黃的人家，你們認得麼？」

店員很年輕，搖搖頭。往屋裡喊道：「掌櫃的！這位客人問，有誰認得以前的住戶，姓黃的麼？」掌櫃的出來了，問他們是誰。不過，他也不知道。

「以前的武裝部在這對面吧？還有，街口那邊就是縣城關中學吧。」張勇明白大概沒人知曉了，畢竟已經過去

了整整 40 年了，那時候這些人都還沒出生呢。他在腦海裡回憶著，也是在給妻子講述。當年黃忠就住在這裡，每天上學前他從武裝部家屬院朝這裡喊一聲，有時候是黃忠喊他，就結伴步行去城關學校上學了。那時他才十三四歲。如今房子還在，卻物是人非了。

燕燕點了幾個炒菜，叫了一瓶啤酒。其實早上在酒店吃過飯，肚子不餓，但是張勇很想在這裡多待一陣。這些年母親一直照顧病榻上的父親，去年 5 月父親去世了，本來還想著帶母親來一次的，不料今年初母親發現胃癌，很短時間內就急轉直下，也去世了。恩愛夫妻生死也是緊緊相隨。

如今他終於閑了下來，此行也是完成心願，在心裡緬懷父母的養育之恩。跟燕燕結婚這麼多年，也是第一次帶她來自己成長的地方。恩施變化太大了，他心情有些激動。菜端了上來，思緒飛揚到上世紀，一切好像昨天似的。

1967 年初開始，「文化大革命」進入「全面奪權」階段，全國處於「打倒一切」「全面內鬥」的混亂狀態。為穩定局勢，毛澤東決定派軍隊全面介入地方工作。1 月23 日，中共中央、國務院、中央軍委、中央文革小組發佈《關於人民解放軍堅決支持革命左派群眾的決定》，要求軍隊支持左派的奪權鬥爭。3 月 19 日，中央軍委又發出《關於集中力量執行支左、支農、支工、軍管、軍訓任務的決定》。據此，大批解放軍指戰員投入「三支兩軍」，直接介入地方「文化大革命」的奪權鬥爭，並且承擔起支援地方工農業生產的任務。這是中國人民解放軍根據中央

決定，為維護必要的社會穩定而採取的重大舉措。「三支兩軍」從 1967 年 1 月開始，至 1972 年 8 月結束。期間，人民解放軍派出執行該任務的指戰員達 280 多萬人次，在「文化大革命」最混亂、最複雜的情況下，在可能的範圍內減輕了「文化大革命」造成的破壞，減少了工農業生產和人民生命財產受到的損失。

1968 年擔任營指導員的張懷友被調往恩施，擔任地方武裝部的副政委。不止他，駐紮在安陽的第一軍連級以上幹部全部都調走或轉業了。

抵達恩施後，懷友立即奉命投入「三支兩軍」行動，即軍隊支左（支持當時被稱為「左派」的造反派）、支工（支援工業）、支農（支援農業），軍管（對一些地區、部門和單位實行軍事管制）、軍訓（對學生實行軍訓）。

此時恩施的政府司法機關已被造反派高聲叫囂「砸爛公檢法」推翻，公安局和法院裡已經空無一人。張懷友和劉指導員兩家人到達後，先到公安局軍管，因為武裝部人滿為患，住宅不夠，所以暫時住在公安局對門的法院的後院裡。這是一座二層小樓房，張懷友一家住在樓上，樓下是廚房。恩施是木材產地，很多人家裡鋪的都是地板，這套住房更是全實木地板，結實又豪華。

在小縣城的造反派革命，此時也進行得如火如荼。全國最有名的造反派領袖人物，是上海的王洪文。他號召組織民兵，發槍械武裝起來將造反升級，這一行動得到毛主席肯定，王洪文迅速躥紅，民兵組織在全國也迅速普及開來。民兵武裝組織受軍隊指揮，每個地方縣市，甚至鄉鎮的民兵們都到武裝部接受訓練，學習基本操練和用槍方

法。由武裝部給民兵們發槍，主要是步槍。但是數量有限，遠遠不夠，於是武裝部自己想辦法生產。

面對巨大的需求，軍工廠根本生產不及，恩施武裝部的飯堂一夜之間變成了臨時加工廠。武裝部找來一些當地的木匠，專門做槍托。木匠們按照樣板加班加點，把一批批槍托做好後，表面用油漆刷好，晾乾後裝入箱子裡送去附近的軍工廠，組裝成步槍。每天早上，民兵們都在河壩集合，由武裝部教官們訓練。

全國上下都很瘋狂，張懷友在安陽部隊的時候，已經覺得不太對勁。營房牆上貼滿了大字報「打倒走資派劉少奇和王光美」。每個連在營房裡都有遊行活動，抬著用紙紮的人，毛筆劃著大鼻子惡煞頭像，上面寫著名字，用紅色劃著大大的叉。軍營中沒有打砸搶，張勇和小孩們被父母們告知外面很亂，到處是壞人，所以不可以外出，也不能跟當地的人玩。造反派打砸搶衝擊的範圍確實越來越大，中央開始擔憂民兵變成第二支軍隊搞內戰，決定收回民兵指揮部的權力。於是先對重大核心設施進行軍管。在河南有一段時間，鄭州鐵路局也軍管了幾個月，專業技術人員向軍官小組報告。

來到恩施不久，張懷友也開始負責軍管工作，生活在相對安全的環境裡。日子過得飛快。葉彩萍又有了身孕。1969 年 6 月 1 日，張家老五出生了。這天剛好是六一兒童節，父親讓春燕帶著弟妹們出去玩，到傍晚再回家。春燕已經 11 歲，比較懂事，父親告訴她，你母親身子已經重了，可能快要臨盆了。傍晚時分，姊妹四人回到家，聽見父親笑呵呵：「快來看，你們的小妹妹！」 葉彩萍躺在

床上休息，旁邊的襁褓裡，有一個粉嫩粉嫩的小寶貝。孩子們好奇地湊上去掀開看，反復打量著，感覺太神奇了。

張懷友告訴孩子們，這裡不像安陽那麼方便，沒有部隊醫院，外面又太亂，所以今天是他自己接生的。春燕驚訝得眼睛都瞪大了，父親用的就是家裡那把黑乎乎的老剪刀？父親點點頭，說用碘酒消毒，等孩子扯出來剪斷臍帶就行了。孩子們感覺更加奇妙了，昨天媽媽的肚子還很大，今天就扁了下去。張懷友說：「今天剛好是六一兒童節，乾脆就叫張六一吧！」

從安陽到恩施後，春燕和秋燕都進了舞陽小學繼續上學。張勇滿七歲後，1970年春季也開始跟著姐姐們上小學。但此時學校天天號召「學工學農」，當紅小兵，幾乎沒有什麼文化課。

為了學農，每所學校都跟恩施城外農村的生產隊都有定點聯繫，平日裡要求學生送肥，找肥料是個頭疼的問題，撿牛羊雞鴨糞最快，可是城裡哪來那麼多的糞呢？每隔一段時間，學生們還要去農村幫著務農，學生們七八個一組，分到不同農民家，幫忙打豬草，打掃院子，農民家管一頓午飯。張勇跟著大哥哥姐姐們，有人帶著教他們辨認哪些是豬可以吃的草，拔出來放進背簍裡。

恩施自古以來盛產茶葉，尤其是富硒茶，和陝南的安康紫陽並列為富硒茶之鄉。每年春天，大約在清明前後，學生們到農村幫著採摘茶葉；到了秋天，麥子成熟季節，他們又去幫農民割麥子。其實是大人們割麥子，學生們在麥田裡，跟著大人後面拾麥穗。

文革還沒徹底消停，恩施城裡幾乎天天都有各種批鬥

會。作為外來軍人和家屬，張懷友和葉彩萍目睹人們互相鬥爭和廝殺，常常感到很無奈，心情複雜。有時對被批鬥的人很同情，但不能輕易表達。有一次，造反派把恩施地委書記和行署專員五花大綁，押上大卡車遊街示眾。遊行後開批鬥會，武裝部派人到場維持秩序。張懷友奉命執行任務，他看見地委書記和專員年齡都很大了，頭髮花白，很是可憐，就讓造反派給他們搬了兩個凳子，坐著挨批鬥。晚飯後，造反派打算接著夜間批鬥，張懷友勸說：「看他們年齡都這麼大了，白天鬥了一天了，晚上就算了吧！」造反派小將們也沒反駁，就取消了夜裡的批鬥大會。

第二天中午，張勇和姐妹們放學回家，赫然發現院子門口被貼上了大字報：「打倒為走資派撐腰的保皇派張懷友！」嚇得幾個孩子心驚肉跳，趕緊一路小跑進了家門。葉彩萍聽說後，連忙關緊大門不敢出去。張懷友從武裝部回家進門時，看見大字報二話不說撕掉，回家看見驚慌失措的妻子和孩子們，大手一擺安慰說：「沒事沒事，他們不敢把老子咋樣的！」據說昨晚取消批鬥會的事被造反派頭目知道了，小將們被訓斥一番，連夜寫了大字報，早上張懷友和孩子們上班上學後，一大幫造反派浩浩蕩蕩過來，在院門口叫嚷了一陣子口號，把大字報貼在門牆上就走了。

武裝部有些人聽說此事，很害怕被造反派找上門鬧事，平時出門都把手槍帶在身上，以防萬一。張懷友聽了，很不屑地說：「也膽小了吧！老子怕啥呢？老子本身就是當兵的，看不慣的事情，說了就是說了！」他的槍一直放在家中，從不攜帶，在他看來根本用不著。

張勇從小就見過槍，在安陽的時候，只能看不能摸。他知道大哥哥們可以摸槍，有些上高中的大哥哥們還能跟大人去射擊場打靶，很是羨慕。但是他知道家裡的槍放在哪裡，在學校跟要好的同學炫耀說起，大家都羨慕不已，央求他帶著見識一下。張勇耐不住同學三番五次的嚷嚷，有次趁大人不在的時候，大膽帶著最好的一個同學回家，打開抽屜，悄悄展示給他，趕緊關上。這個同學興奮不已，回到學校也炫耀給其他幾個死黨，偷偷傳開，結果好幾個同學都陸續見過，張勇感到特別神氣，這也是他最感到驕傲的事情。

過了不久，武裝部開始接管恩施的郵電局，張懷友被派往擔任臨時黨委書記。軍管下的郵電局黨委，由武裝部來的三五個人和郵電局原來一些幹部組成。為了工作方便，張懷友帶著全家從公安局也搬到郵電局。

恩施城隔著一條河，是長江支流的清江，人們習慣把清江河的兩邊叫江南江北，公安局在江南，郵電局則在江北。郵電局旁有條馬路，對面是恩施外貿局，經過武鬥打砸搶後，外貿局的人也逃離了，所以房子也都空著。

張家在此落腳，度過了平穩的數年。張六一滿歲後，好帶一點了，葉彩萍也開始工作了。張懷友給她在郵電局安排了個差事，擔任郵件分發員。張勇和他的四個姊妹們依然在舞陽學校上學，比起本地的家庭，他們是武裝部軍屬待遇，所以衣食無憂，過著相對優越的生活。

六一的小名叫「六六」，幾個姊妹也幫媽媽照顧她。為了營養，專門訂了牛奶，但需要自己去取。葉彩萍要上班，就把這個任務交給春燕。奶廠在恩施郊區，離家比

較遠，春燕一個人害怕，就把張勇叫上壯膽。張勇帶上綠色軍帽，二人出發朝奶廠走。這年代流行「不愛紅裝愛武裝」，誰家孩子穿軍裝或軍帽，在地方上可是非常牛掰神氣的。

姐弟倆離開城後，路上連一個人影都沒，心裡都有些害怕。走了半天累了，走到一個村口，春燕說咱們坐下歇一下吧。姐弟倆剛坐下，這時不知從什麼地方躥出幾個好像高中生的男孩子，走過來搭話。其中一個操著當地口音問：「你們是哪裡來的？」姐弟倆回答說恩施城裡的。對方看見他們沒有大人跟著，突然有人從背後摘下張勇的軍帽，撒腿就跑。張勇被突如其來的襲擊嚇懵了，春燕大驚失色，尖叫起來：「你們做啥呢！」她本能地追了幾步，但是沒等他們反應過來，幾個男孩已經消失得無蹤無影了。張勇回過神來，哇哇大哭起來。奶也沒取成，姐弟倆跟蹌著一路跑回家，驚魂未定。張懷友回家聽說後，拍拍姐弟倆安撫道：「帽子被搶了就算了，只要人沒事就好！」

隨著軍管小組工作展開，各個機關單位結束武鬥，時局也逐漸恢復穩定。張懷友和葉彩萍保留著米脂的鄉音，但張家的孩子們卻已經是一口恩施當地的方言，他們已經完全習慣這裡的生活。正當大家以為就這樣一直在恩施紮根生活下去的時候，1974 年張懷友再次接到上級命令，派他去恩施北方 60 多公里的建始縣武裝部工作，他不得不再次拖家帶口搬家。

這一年張懷友 43 歲。大女兒春燕已經亭亭玉立，是 16 歲的高中生，馬上就要畢業了。二女兒秋燕也 15 歲了。張勇 12 歲上小學四年級，小玉 8 歲小學二年級。生在恩

施的六六現在也 5 歲了。建始比恩施更偏僻，一切又要重新開始，接下來究竟會怎樣呢？

1974 年張懷友被調往建始武裝部。和他一起從安陽到恩施的那位劉教導員一家，則留在了恩施。老劉是抗美援朝的戰鬥英雄，到恩施後一直很低調，做事謹小慎微，從不犯錯誤，在恩施一直做到內退為止。

所謂「內退」，是指鄧小平上臺後，大範圍「消腫」裁軍計畫推行的鼓勵軍人提前退休的措施。解放戰爭結束後，部隊越來越龐大，抗美援朝戰爭結束後軍隊駐紮在各地。

其實進入 1970 年代之後，因為中蘇交惡、中美關係緩和，戰爭威脅逐步降低，軍隊開始逐漸縮減。張懷友和他的戰友們也是在這樣的大環境下，首先從部隊轉為地方武裝部。但是這只是第一步，因為一個地方的武裝部就有七八個副政委，七八個副部長，難免人浮於事。軍人及家屬生活待遇高，軍費開支是一項龐大的財政負擔。鄧小平複出主政之後，主張分三批總共裁掉 150 萬軍隊。

劉教導員在恩施擔任副部長，在這次的第一批計畫時，就提前退休了，去了洛陽幹休所，有收入不用工作。張懷友則是 1977 年第二批裁軍時轉業的。

在 1974 年至 1977 年期間，被分配到建始武裝部的張懷友，仍然擔任副政委。全家從恩施隨行搬來，住在武裝部的家屬院。這是一座樓房，前半部分是辦公區，後半部分是幹部住宅區，住著副政委和副部長以上的軍官和家屬。張家七口人住在二樓套間，共有三個臥室，中間是個廚房，沒有衛生間。家裡的廚房有自來水管，在當時大家

需要拿水票去打水的年代，已經是非常奢侈和罕見的了。

這是張家第一次住套房。三間臥室一間住著張懷友夫婦，一間是四個姐妹的，還有一間是張勇一個人住。跟恩施一樣，也是實木地板。剛開始張勇一個人很害怕，夜深人靜時，地板或傢俱大概因熱脹冷縮，發出「咯吱咯吱」的聲音。此時，想像力豐富的少年腦海裡就會冒出各種鬼神魔怪故事畫面，毛骨悚然。他喊叫大姐春燕的名字，央求陪他，但是春燕笑他沒出息，並沒有過來陪他而是教他要勇敢點。

孩子們都轉學過來了，就近讀城關學校。張勇在城關小學，升讀五年級。本來武裝部的子弟們都被分編在一個班，但唯獨張勇被分在了另一個班，學校老師對葉彩萍和張懷友說：「武裝部特招班的學生都比較搗蛋調皮，我看張勇這孩子比較斯文聽話，跟本地孩子在一起比較好。」看來老師也是出於一片好心，有意栽培張勇學習。這個班當然沒一個他認識的同學。

然而，因為軍隊紀律嚴格，張勇從小就被大人灌輸一種思想：「最好跟軍裝的人來往，地方人複雜壞人多，最好別跟他們來往。」他習慣了少言寡語，謹小慎微，抗拒人多嘈雜的環境，性格斯文內向一直延續到長大成人。所以即使老師把他編入本地班級裡，起初他也是小心翼翼，警戒心很強，經常有同學和家長邀請他去人家裡玩，他都婉言謝絕了。

直到 1975 年上了城關中學，認識了黃忠同學，他的生活開始有了變化。黃忠是城關中學的同班同學，家在武裝部後巷的民宅裡。那時沒有電視，晚飯後張勇喜歡趴在窗

戶上，從二樓向外望，看街上人來人往。有一次無意之間看見對面的院子裡探出個熟悉的腦袋，原來是同班同學。兩人對望了一下，驚喜地揮揮手。這一發現後，倆人成了好友，放學時會一起回家，上學前也會互相喊一聲，約上一路走。

隨著年齡漸大，張勇透過恩施和建始的同學好友，漸漸也瞭解到很多大院外的故事。他很驚訝，大家好像處在兩個不同的世界。從小在大院長大，習慣了優越的生活，幾乎從沒挨過餓，但是常聽同學說羨慕他可以隨便吃饅頭。

在恩施的時候，外面的一個區好像一個生產隊，有位同學父母在「十九隊」，其實就是運輸公司。這個同學最牛氣的是能從他父親單位搞到軸承，那可是孩子們玩推車的必備部件。有次，張勇鼓起勇氣問這位十九隊子弟同學給弄個軸承，同學滿口答應：「那你拿饅頭來換！」張勇心想這還不簡單，他從家裡抽屜裡取出飯票，自己去食堂買兩個大饅頭塞進褲兜，一個饅頭換小軸承，想要大點的就得兩個饅頭交換。

還有一次，張勇邀請同學到武裝部的大院玩，路過養豬場，同學看見豬吃的是包穀面和白菜葉，驚訝萬分：「包穀面是我們的糧食，平時不一定管飽吃呢，你們這兒連豬都吃的是包穀面，太奢侈了！」張勇沒什麼概念，三年級時有次偶爾問同學家長每個月工資是多少，對方說大概二三十元，輪到他驚訝了：「我爸是 117 元！」幾個哥們都不信，說他肯定在吹牛，張勇見過父親的工資單，知道是真的，但不敢吱聲辯駁，怕太張揚。

　　該來的終究還是來了。1976 年 7 月，張懷友收到了總部發來的轉業通知，此刻他 45 歲已是團長。

　　這一年實在是發生了太多的事情，張勇和父親都記憶深刻，非常難忘。先是 1 月周總理逝世，4 月毛主席指定華國鋒為第一副主席、國務院總理；7 月朱德逝世，同月 28 日唐山大地震造成 24 萬多人死亡；9 月 9 日毛主席也逝世了。10 月「四人幫」被粉碎，全國舉行盛大的慶祝遊行，延續十年之久的「文化大革命」至此結束。

　　六七月間張懷友的五弟張懷鈞剛好在西安開會學習兩個月，兄弟二人久別重逢。懷友告知弟弟自己即將轉業的情況，討論轉業後去何處工作的事情。本來最想回西安，但同時轉業的幹部太多，關中地區不好進。上司告訴他可以在漢中、榆林、安康、延安隨便挑選。但是葉彩萍不太想去陝北，覺得陝南氣候好一些，張懷友正在猶豫。當時安康的何西明縣長跟組織部長都同意，所以就選擇了去安康。

　　1977 年底，張懷友帶著一家大小，再次搬家，來到陝南秦巴盆地的安康城。雖說他在部隊已經升為正團級，但這次轉業到地方，為了順利過渡，降半級當了副局長（副縣級）。

　　四人幫倒台了，文革也結束了，全國上下都投入了經濟建設，所以很多轉業幹部都安置在商業機構。張懷友先到安康外貿局當副局長，接著去商業局當副局長，期間在供銷社當過一段時間副主任，再回到商業局直至退休。

　　也許是機遇，更多的是歷經磨難後的淡然，張懷友一直都精於實務，不喜歡爭權奪利，故而甘於擔任「副手」。

他一如既往耿直，不喜歡拉關係，安康行署專員魏明海既敬重又替他可惜，笑說：「老張啊，我看就喜歡待在大院，不愛串門，從來沒見你去過誰辦公室坐坐聊聊天吶！」言下之意，如果他稍微活動一下人脈關係，肯定晉升得很快，但懷友對此不以為然，名和利對他來說都已經是浮雲。

他反而覺得自己從來沒有像現在這樣清醒過。他胸懷家國，關心時事，洞悉周遭的一切大事，愛看報，但也更喜歡提拔年輕人，也關懷自家兒女們的成長和發展。

葉彩萍到安康後被安置在商業系統的外貿車隊當出納。春燕已經高中畢業，到安康後就開始找工作。

張勇在建始初二畢業，到安康直接轉校到市區中心的永紅中學。他被分到高一六班，翌年高二分文理科，他被分到九班。九班是文科尖子班，要求四門主課都必須及格才允許進去。張勇最擔心的是數學，但父親很體貼關懷，一直鼓勵他叫他放鬆自然，考個啥就是啥無所謂。他懷著忐忑不安的心情，最終他考了七八十分，那天分班結果公佈在黑板上，張勇看見自己的名字赫然出現在九班，有些不敢相信自己的眼睛，反復看了幾遍才確認無疑，隨之而來就是狂喜。他知道父母特別疼愛他，對他寄予厚望，這次簡直是超常發揮，喜出望外。

然而此刻，他沒想到的是，另一個人已經悄然走進了他的人生畫面。更精彩的故事拉開序幕，一切不過才剛剛開始。

4. 百惠創業路

這是 1996 年 12 月 16 日，這時的燕燕做夢也沒有想到，

當天這個無意的發現，儘管簡陋的商店空蕩蕩一無所有，但夢想的種子已經悄然發芽，多年後長成了參天大樹。她跑到大姐夫那裡，要求「借貨」，需要填充自己的商店：「給我三個月時間，如果能做就繼續，要是不行到時就把貨退給你！」大姐夫爽快答應，叫她店裡的貨物隨便拿：寶雞啤酒，黑米酒，速食麵，山丹丹、奇強洗衣粉。

秦巴市場的無名雜貨店

大姐夫是早幾年開始經營商店的。他從洋縣劇團退職後來到安康，幹過幾份工作都不太適應，在大橋頭供銷社商店當過售貨員。最後在大姐的張羅下，乾脆下海經商，經人介紹獲得寶雞啤酒廠供貨，每年專賣啤酒，薄利多銷打開了局面。啤酒最主要是夏季和正月，其餘都是淡季。後來租了店面，淡季時賣一些日用雜貨。燕燕經常聽大姐聊起生意的來龍去脈，耳濡目染下，也略有領悟，只是沒有想到，自己終於也開始應用了。

俗話說，萬事開頭難。每天早上，燕燕和張勇去打開門店，就各自上班。婆婆葉彩萍支持兒子和兒媳開店，她和四女兒張小宇白天幫著守看商店。秦巴市場的客流量並不大，而且因為百惠的商品種類太少，所以也不太忙。如果有些搞不定的事，就打電話叫燕燕，她從馬坎的公司騎摩托車過來秦巴市場也就五分鐘而已。

說來也巧。1996年12月24日鎮坪縣的白萍來安康進貨，在五金公司接洽之後，燕燕發現她手裡拿的清單中還有準備去地百司採購的貨品，就主動請纓，說自己可以幫忙採購，價格保證更優惠。對方一聽很高興，一方面彼此

很熟悉值得信任,另一方面免得自己麻煩跑路。燕燕立即在秦巴市場找到需要採購的「太子洗衣粉」,火速交貨,這是她自己攬來的第一筆生意,賺了 1000 元。這次的成功極大鼓舞了燕燕,想不到這麼快就把一大半的租金賺到手了。讓她第一次嘗到做成買賣的快樂和成就感,也發現了一些門道——只要花心思為買家找來價廉物美的貨物,又能提供方便,就能成事。

她經常去逛百貨商店,觀察什麼東西好賣,就打聽在何處進貨,自己騎三輪車去買。有一次發現蔡倫紙似乎很受歡迎,打聽之後,就去解放路批發市場進貨。她要了 20件,自己一個人拿不了,要求送到秦巴市場,卻被對方一口拒絕了:「我們只賣不送貨,你自己拿走。」她只好付了款,叫了一輛黃包車自己提走。當時黃包車也不過兩元而已,這件事啟發了她,心想如果為客戶提供送貨服務,又不貴,但豈不是更方便?她立即這樣做了。同樣的貨品,數量多的時候她就主動包送到戶,備受歡迎。

不時有一些廠家來秦巴市場推銷產品,劉永超就是其中一位。他提著藍綠相間包裝的「永超牌」衛生紙貨樣,找代理商。燕燕熱情接待,聽說批發價 40 元,市面零售一般建議賣 42 至 45 元。交涉之後,燕燕跟他達成協議,提供一半押金,其餘銷售完再結算。她把價格設定在 43元,每件只賺一元,銷路迅速打開,有時一天能賣掉好幾三輪車上百件。秦巴市場裡其他人笑她:「我們從西安進貨若是 50 元,通常會賣 100 元,可以賺 50 元呢,你才賺1 元太虧啦!」可是燕燕笑而不語。她算了一筆賬,那些賺一倍價錢的貨物,常常滯留幾星期才賣掉。自己的貨走

得很快，薄利多銷之下，每天反而賺得多。

那時護膚品的品牌還不太多。有一次，燕燕去百貨公司倉庫提其他貨，發現庫存積壓了很多寶寶霜，大惑不解：「這麼好的商品，堆積在庫房多可惜呀！」當聽說百貨公司基本上都是坐等客戶，所以滯銷也沒辦法，便主動要求推銷，在她的積極推銷之下，寶寶霜成為城裡的暢銷產品。從此她更加留意國營公司的倉庫，發現副食公司也存在類似情況，堆積了很多天津牌洗衣粉，外面賣價 41-42 元。她要求全部拿下，批發價 38 元，她以 40.5 元火速銷售一空。各大公司業務員都喜歡跟燕燕打交道，因為只要她答應的，常常能幫他們把陳年庫存處理得乾乾淨淨，資金迅速回籠。

西康公路歷險記

漸漸地，燕燕不滿足在安康進貨了，她決定向秦巴市場的前輩們取經，跟著去西安採購。快過年了，秦巴好姐妹劉木蘭邀請她一起去西安採購年貨，她欣然答應了。這時剛賣了一批盧康酒，拿到兩三萬元貨款。按照劉木蘭告訴她的辦法，小心翼翼把一疊疊十元鈔票塞進絲襪，再緊緊纏在腰間，同行們戲稱這是實打實的「腰纏萬貫」。清早搭長途大巴到西安，汽車到安康駐西安辦事處後跟隨大家下了車，寒冬臘月天很冷，有人用電壺開水把水龍頭化開，二人也洗了一把臉。然後在車站附近一家拉麵店，吃了一碗熱氣騰騰的西北拉條子。劉木蘭說，這頓必須要吃飽，因為下午回家前都沒空。吃飽後，先在附近找貨車，很多貨車司機停靠在四周圍，等著接活兒。講好價錢，記

下車號，二人直奔康復路批發市場。以前來逛過很多次，但都是買些衣服鞋襪自己穿。為了進貨拉回去賣還是第一次，燕燕很興奮。太多貨品了，看得眼花繚亂，不知該採購些什麼，就跟著劉木蘭，見到五顏六色的水果糖、各式各樣的小點心、餅乾不停點購。跟店家講好數量，留下地址和車號，下午三四點回到車站附近。這時送貨的如約而至，一個個對數付現款，請來的裝卸工把貨物一件件裝上預約好的大卡車上。傍晚六七點左右，貨收齊了，司機開始捆綁帆布煞車。兩個女老闆又去那家拉麵店，又吃了一碗拉條子。一整天餓壞了，此刻滿心歡喜，吃得也津津有味。吃完晚飯，跳上大卡車，坐在助手席，跟車回安康。這是慣常做法，司機們都習慣走夜路，第二天早上八九點到達安康城，早上就開始卸貨，放進秦巴市場最後一排的庫房，再把一部分擺上商店貨架，按照寫在筆記本上的價錢，給商品標上價格。等一切安頓交待妥當，已經是下午三四點，燕燕覺得累得整個人骨頭都快要散架了，回家洗澡倒頭就睡。

翌日，秦巴市場的同行們都圍過來。每次有貨進來大家都很興奮，看看有什麼好東西，也有當場就點購的。

史光群說：「咋都是些吃的啊？」開始幾天，確實無人問津，銷得很慢。劉木蘭丈夫陳藝群開始發愁，忍不住嘟囔：「都是有保質期的，看過年賣不掉可咋辦！」燕燕聽了心裡有些不安起來，劉木蘭他們是有經驗的都擔心賣不掉，萬一真賣不掉怎麼辦？不過她又想，什麼事情都得試一試，不然怎麼知道行不行呢？這樣也就坦然了。

眼看著快過年了，資金周轉越來越緊張。就在燕燕開

始周圍推銷時，臘月過了一半，人們湧進秦巴市場，幾乎是排隊搶貨一樣，剛過小年，進來的所有糖果餅乾就已經被搶購一空了。貨架沒貨，燕燕只好去四處回購部分繼續賣，到臘月二十七八已經沒有東西可賣了。大年初三放完假一盤點，淨賺了 4 萬 3 千元。雖然很辛苦，但嘗到了逢年過節火爆熱賣的場面和成功的喜悅。

每個月去西安進貨的路途中，經常遇見不同的人和故事，也有過驚險的經歷。有一年冬天，還是跟劉木蘭同行，回程路上倆人都困倦不堪，都抵擋不住睡魔打起瞌睡來。車開到石泉兩河口山頂的時候，司機把車停在路旁，鑽到車下加水。本來借著不遠處的人家燈光，此刻突然熄滅了，黑燈瞎火，坐在緊挨司機助手席的劉木蘭睡得迷迷糊糊，想開燈卻拉松了手檔剎，車動了起來，司機在下面嚇得大聲吼叫起來。燕燕也尖叫起來，徹底嚇醒回過神來的劉木蘭趕緊下意識拉回剎車，這才停了下來。司機鑽出來，跳腳破口大罵：「你這是要我命嗎！沒看見路上結冰了嗎？要是溜下去，你們也完蛋了！今天要不是看你倆是女的，我非把你們趕下車信不信！」二人嚇得也是魂飛魄散，不敢言語，幸虧及時醒來，否則後果不堪設想。

代理銷售商機

做了快兩年，燕燕的思路靈活，很多廠家都喜歡請她代理。她待人熱情真誠，拿到了好幾個獨家代理，衛生巾就有三門峽、舒而美、安爾樂。商店逐漸上了軌道，生意越來越多，上班兼職時間不夠了。1998 年公司變化也很大，各個業務科籌備分公司，業務員競聘上崗擔任分公司

經理。趙科長對燕燕寄予厚望，覺得她有能力勝任，希望她留下來競聘。燕燕有些猶豫不決，畢竟公司栽培了她，發展前景似乎也還不錯，可是有件事令她完全改變了主意。既然是競聘，就有競爭對手，辦公室出現各種明爭暗鬥和對抗打壓。

有一次，燕燕看見庫房有一瓶積滿灰塵的氟利昂，因為開關壞了，漏了一些，看樣子積壓了很久。她把包裝擦乾淨，找人修好開關，原價 100 元，打了八折實誠地賣給冰棒廠。正當交貨收款之時，被王某走來一頓呵斥：「誰讓你賣的？如今按公斤 22 元的緊俏貨，不僅不漲價，竟然還敢擅自打折扣，好大的膽子！」這位王某正跟她競聘，燕燕萬萬沒料到會被如此質疑，不僅沒有因為處理積壓庫存得到肯定，反而給人抓住把柄似的攻擊。這令她心灰意冷，預感在單位要做事不易，一想到就算競聘當了經理也沒意思，她最討厭勾心鬥角，於是豁然開朗，下定決心停薪留職。公司上司極力挽留，但她已不再有任何留戀。這年公司停薪留職的條件是「兩不交」，個人養老保險的職工負擔部分由自己負擔，公司部分由公司繼續交付。

1999 年春天，小妹留學回來，對她給予了極大肯定和支持。這年夏天，姐妹們帶著孩子們結伴去北戴河旅行，沿途暢談對未來的憧憬和設想。秀為她的商店設計了海報，父親最高興，他慨歎自己做了一輩子的百貨商業，想不到有女兒繼承同樣的事業。他喜歡聽燕燕講述每天遇到的奇聞趣事，遇到困難阻礙時一起探討，幫她分析，出主意。這些也給了燕燕極大鼓舞，她攢了一股勁兒，很想做得更好，不辜負父親的期待。

母親則有不同的想法，在她眼中每個孩子已經夠好的了，放著好好的工作不幹，卻要吃這番苦。見到燕燕每次回家來總是顯得疲累，蓬頭垢面，很是心疼：「看下你，又是花貓臉，趕緊去洗把臉！」那時母親身體已經不太好了，但仍然會下廚做些好吃的給寶貝女兒。而且常常聽說資金周轉不靈，怕燕燕捨不得吃，就悄悄塞上兩三百元錢，叫她吃頓好吃的。每次遇到這種情況，燕燕心裡就很難受，跟母親推揉一番，只好含淚收下。小店正在擴大中，確實資金永遠都不夠，遠遠還沒有達到心目中經濟自由的狀態。接過母親的好意，她內心滿是愧疚。一想到自己長這麼大了，不僅沒能孝敬父母，反而讓母親操心，就暗自下決心要努力奮鬥，將來好好回報。

這一年，百惠商行迎來了新的機遇。重慶蜀秀集團找百惠商行代理銷售「鵝牌」洗潔精，漸漸成為穩定的主打商品。此時國營企業改革進一步深化，產銷不斷重組。上海的白貓集團兼併了蜀秀集團，開始生產白貓系列產品。重慶銷售人員龔樊來到安康尋找代理，早已耳聞燕燕的口碑，主動開條件，要求全力合作打開市場。燕燕抓住了這個機會，欣然應允。白貓廠答應免費提供一輛客貨兩用車，方便推銷產品。這時百惠商行擁有了第一輛汽車，從此取代了三輪車。秀送給燕燕一部摩托羅把手機，建議她把手機號碼直接印在客貨車身上，為百惠自己打廣告。白貓車穿行在安康城大街小巷，電話訂單絡繹不絕。這也是秦巴市場裡第一家有車的商行，市場裡左鄰右舍店主們嚷嚷著要燕燕請客慶賀，她高興地答應了。

123 重慶火鍋店

　　燕燕打電話給大橋頭一家「烏江魚火鍋店」，訂了三桌。下午五六點，各家都早早關門收店，成群結伴來到火鍋店。不料店員說客滿，有其他客人先來就放進去了。大家很氣憤，爭辯了一番也沒用，只好等前面客人走了才入席。大家一邊罵店家不講信用，一邊慨歎火鍋店生意太火，一席難求。白貓廠的銷售員龔樊笑著對燕燕說：「其實吉姐你也可以開一家火鍋店呀！我可以介紹重慶的廚師。」此時百惠正做得春風得意，燕燕對做生意充滿了自信，在眾人的鼓動下，尤其是龔樊也表示出資找廚師，她只需要找地方合夥就行，於是一拍即合。她很快就打聽到五金公司在安悅街有一家門面出租，相對低價簽訂了一年合同。二人按 3：7 投資，龔樊如約從重慶請來廚師，火鍋店名字就叫「123」，朗朗上口。開店營業後，果然非常火爆，迅速變得遠近聞名。燕燕欣喜若狂，把三四樓也裝修一新，繼續擴大。

　　2000 年公司體制進一步改革，通知停薪留職的員工，要麼回公司上班，要麼完全脫離關係，必須在兩者之間做出選擇。此時的百惠商行生意如火如荼，燕燕毫不猶豫選擇了後者，從此自己負擔左右養老保險金，直到年滿五十歲。經過了各種挑戰洗禮的她，如今更加自信，雖然苦累，但每一天都如此真實和鮮活，自己的命運掌握在自己的手裡，「鐵飯碗」對她而言早已失去吸引力，無法想像再回到每天打發時間的日子。她乾脆從秦巴市場搬了出來，把新安路姐姐家的房子裝修改成辦公室，門口擺著幾款產品

的櫥櫃，有了公司的樣子。廠家物色的幾位年輕人朝氣蓬勃，個個摩拳擦掌，準備幹一番事業。

這一年夏天，張勇拿到了汽車駕照，十分興奮。他自動請纓，自己開白貓客貨車去西安進貨，夫妻倆順便游秦嶺。這個建議很浪漫，也讓燕燕動心。可是又很擔心，畢竟路途遙遠新手司機，實在忐忑不安。奈何禁不住張勇三番五次請求，還是答應了。安康去西安的路上很愉快，沿途欣賞美景，收音機播放著悉尼奧運會的直播節目，這是嚮往已久的美好生活。二人順利到了西安，幾個批發市場順利採購完，裝滿貨物，好像每次進貨一樣黃昏時分往回走。秦嶺山路上漆黑黑的，張勇緊緊抓著方向盤，車子有些異樣，咯吱咯吱，總感到有些不太利索。燕燕緊張起來了，心想三更半夜的，可別壞在路上了。然而怕什麼來什麼，走到一個叫「雞窩子」的地方，車熄火了，怎麼也發動不起來了。不遠處有一戶人家，本來還有些亮光，突然也熄了燈。她下了車站在路口，焦急地等著攔截過路車。張勇倒是很淡定，還在聽收音機：「國家隊又贏了兩塊金牌！」燕燕又氣惱又無語，後悔耳根軟，聽了張勇的話。四周靜悄悄，只聽見蛐蛐兒聲。秦嶺梁上本來氣溫就低，入夜後越來越冷。本來就怕黑的燕燕，此刻心裡真是毛毛的。好容易來了一輛大貨車，但沒停下來。走夜車的司機，大概都趕著回家吧。

可是，大貨車突然在前方停了，往回倒了一些，下來一個司機小夥子，朝這邊走過來：「那是不是三姐？我看著就像你麼！」燕燕十分驚喜，她迎上前一看，原來是熟人徐偉，給奇強公司拉貨的。燕燕彷彿遇到了救星一樣，

說明情況，徐偉打開車蓋檢查後，說：「一直沒掛好車擋，剎車片燒壞了，我沒有配件也修不了，但可以幫你拖回西安。」熱心腸的徐偉用大貨車拖著小客貨車，拖到西安維修站，連夜趕回去了。第二天早上修理好，然後才重返安康。經過此事後，燕燕再也不敢讓張勇開貨車去西安了。

123 火鍋店開業上軌道後，燕燕放手讓李安等幾個部下打理，自己主要精力仍然放在百惠上。一切都很順利，2001 年秀在香港臨產，燕燕陪母親去香港照料。不料兩星期回到安康，發現生意明顯大不如前，再不見了當初滿客光景。燕燕左思右想，分析原因主要是安悅街上雨後春筍般地又開了很多餐館，光火鍋店就好幾家，搶了不少客人。正在發愁如何搶回客源，發生了一件意外的事情，令火鍋店雪上加霜。有一天，來了兩桌客人，申明自己是回民。安康城東住了許多回族，安康人都明白他們信奉伊斯蘭教，不吃豬肉，也避諱談論豬。

客人快吃完準備結帳時，有人尖叫：「天吶，麻婆豆腐的肉碎是豬肉！「所有人都大驚失色，叫來廚師賠禮道歉，氣氛一下子凝固了，劍拔弩張。有店員趕緊打電話向燕燕報告，她聽了慌忙趕到餐廳，免費又送好貓香煙，反復賠禮道歉，還叫了好友們過來勸慰，對方總算漸漸消氣。少數民族人都很團結，也很厲害。若是處理不好，隨時會爆發砸店群毆，演變成民族糾紛事件。燕燕表面和顏悅色賠禮道歉，心裡緊張得手心都冒汗了。此事雖然終於息事寧人，可是士氣變得低落，火鍋店生意更差了。雖然五金公司體恤情況，延緩了交租期，但仍然未能解決根本問題。

眼見每月虧損，好的員工又不停流失，進退失據。撐了大半年，虧損二十萬，最終咬牙忍痛，把餐廳轉讓出去了。此時生活變得拮据，巨大的虧損無從填補。燕燕夜不能寐，焦慮乃至抑鬱，有時靠抽煙喝酒減緩壓力和鬱悶。

龔樊過意不去，滿懷歉意地對燕燕說：「餐廳沒搞好我也有責任。屬於我投的30％我會承擔虧損責任，雖然現在手頭沒有錢，將來一定想辦法償還。」燕燕聽了，搖搖頭：「有你這句話就夠了。我們合作並沒問題，是我沒經驗，就當拿錢買了經驗，這件事我們翻篇了。」家人和朋友的鼓勵，讓她想通了這件事。她對龔樊說的確實也是她的心裡話，雖然此時借債壓得她快透不過氣了，但她反復總結了投資失敗的幾個教訓：第一不夠專業。加盟店有整套行銷方案和對策，他們確實靠感覺做；第二沒有特色。從火鍋口味不夠獨特，店面裝修和服務也談不上特別。說到最後，還是自己投機意識太濃，光憑直覺和感覺，忽略了風險。這件事也令她決定不再三心兩意，決心專注打理百惠商行。龔樊從心裡佩服和感激這位講義氣有魄力的合作夥伴，買賣不成情誼在，這位寧願自己吃虧也不願欠人的實誠人讓他感動了。他在供應商和客戶面前和背後講述這個合作故事，真心誠意地誇讚燕燕的為人和真誠，很快在行業裡傳為佳話。

多年後燕燕回憶此事，認為福禍相依，塞翁失馬，焉知非福？

當年火鍋店經營失敗，其實是為後來的成功做了巨大的鋪墊。透過「失去」，她看到的是背後更多的收穫，所以更加感恩。龔樊不久後離開白貓公司，自己創業，經營

汽車銷售。離職之前，陪同燕燕去重慶衛生巾廠家，洽談「絲爽」代理業務。負責接洽的是銷售部一位重慶小夥子叫聶碧權，精明強幹，龔樊協助燕燕交涉，大家談得很投機，一拍即合。龔樊和聶碧權從此也成為好朋友，改行後仍然保持著友誼。聶碧權善於考察和分析市場，他經常出差到安康，看準安康市場發展前景很好。2002年衛生巾廠改組，他推動公司繼續授權百惠做「妮爽」，安康總代理，積極提供優惠激勵條件和銷售員人力支援，銷售額迅速增長。

秦巴到江北

創業之初（1996-2004）

在秦巴市場的幾年裡，燕燕感覺自己每天都在跟時間賽跑，拼盡體力和腦力。離開衣食無憂的國企前，她已經做了十幾年的銷售業務，多次去上海培訓學習和磨練，令她對行銷積累了不少知識和經驗，充滿自信。然而真的下海自己開始創業，她很快發現擺在眼前的批發零售小生意，和在大企業裡做銷售，完全不是一回事兒。

首先要生存下來，可是沒人告訴自己怎樣可以生存。唯一能借鑒的就是大姐夫的啤酒批發生意，所以開始她也騎著三輪車，去餐廳歌舞廳送貨。一捆十瓶，每瓶大約掙幾分錢。每天最多賣50多捆，搬上抬下，一天下來腰酸背痛。有人要貨很開心，可是太多了，卻又累得喘不過氣來。有時候她穿行在大街小巷，感覺自己更像是個搬運裝卸工，覺得不能靠賣啤酒生存。

她開始觀察秦巴市場，見別人賣什麼，就依葫蘆畫瓢跟著賣什麼。其實市場裡的各家各戶，在哪進貨幾乎都是公開透明的，貨品也大同小異。

2000年五金公司要求停薪留職的員工選擇會企業或永久離開，她毫不猶豫選擇離開。此時張勇的家電維修站被公司收回後，他覺得在公司裡無所事事，看著妻子每天忙累得灰頭土臉，自己清閒喝茶看報紙，覺得渾身不舒服，也很不安。他知道，本來應該是自己下海創業的，卻因為沒下定決心推脫了，才間接促成妻子下海的，就好像妻子承受了自己的擔子。思前想後，他暗暗做了決定，趁這次公司制度改革，他提交了辭職報告。他決定協助燕燕，至少髒活累活可以分擔，不至她那麼辛苦。

燕燕聽說張勇要辭職，立即從椅子上跳了起來，表示堅決反對。兩個人激烈地爭吵起來，各執一詞。燕燕心裡不願意，是有幾層原因的。一方面是之前苦口婆心勸張勇下海時，他沒答應，讓她傷心失望，才橫下心來自己幹的。夫妻共事很容易有矛盾衝突，一想到從早到晚彼此相對可能產生的矛盾，就心焦。尤其是做生意要跟人打交道，拼體力活，她瞭解自己的另一半，直到他是個文弱書生，無法想像他跟著折騰會怎樣。另一方面，是百惠的生意還沒完全穩定，倆人一起幹就好像雞蛋都放在一個籃子裡，風險難免太大，她希望至少有一個人端著「鐵飯碗」。她跑回龍窩街，找父親傾訴，得到父親的贊同和支持。母親倒是質樸地覺得，女婿想分擔女兒的勞累，小倆口一起幹活不是挺好的嗎。爭執了一段時日，燕燕的各種抗拒和軟硬兼施的辦法，似乎都沒能撼動張勇的決心。這次他是真鐵

了心了，執拗地堅信自己沒錯。

張勇辭職後，每天到秦巴市場來，默默幹活。燕燕起初是抗拒，最後放棄了堅持，漸漸接受了。因為她也切實感到，有人搭手幫忙確實輕鬆了許多，值得信賴的人在店裡打理，自己能交待後漸漸抽身，思考和處理更多更重要的事情。例如去西安進貨，或洽談品牌代理的事情，就是需要她花時間和心思應對的，之前疲於奔命，分身乏術，思考的時間都沒有。

2000年秀從日本留學歸來，跟父母住在龍窩街家。她把家裡裝修一新，臥室改成了現代辦公室。她帶回的電腦，可以設計圖案。這時剛好準備代理衛生巾品牌，秀給她設計了廣告文案，還建議起名叫「吉祥店」，為了方便買了手機，建議把手機號碼印在客貨車的側板，就當作自己給自己打廣告。

其後幾年裡，最大的收穫是成為絲爽的安康代理。總部在重慶的絲爽公司的經營者看得很遠，也懂得靈活多樣的行銷。除了花樣繁多的激勵政策，每半年還會招待經銷商們到重慶，邀請著名的商學專家舉辦講座，提供培訓學習的機會，他們相信這是對經銷商最佳的饋贈，而且能提升所有下游的素質。

燕燕每次都積極投入活動，如饑似渴地學習，尤其是對劉春雄教授的課堂印象深刻。和她一樣看重這些活動的還有漢中地百司出來創業的劉維靜，每次他們相約坐同一輛火車從漢中，經安康去重慶。通常都是三天兩夜，除了講座之外，還有饋贈獎勵活動。因為百惠代理成效斐然，燕燕每次都能獲得獎金，她慷慨大方地請劉維靜吃飯。

活動回程途中，兩個來自陝南立志創業的年輕人都激動不已，火車上一路侃侃而談，分享各自的心得體會。

馮總對安康百惠很器重，他欣賞燕燕的為人處世風格，經常在上百人的大會上指名道姓請燕燕發言。這也練就了燕燕的演說能力，她發自內心地感恩，把所聞所見的感受都分享出來，經常贏得全場熱烈掌聲。馮總的鼓勵和氣魄，經營方式也令燕燕深受啟發和鼓舞。有次閒談之中，聽馮總談及女兒，不久前去澳大利亞留學了。所謂言者無意，聽者有心，燕燕頗受啟發。回家的火車上，她和劉維靜兩個人又討論起來，不約而同發出感慨：「其實我們也可以送孩子去留學，增廣見識呀！」這些想法後來付諸實踐，後來果真送女兒甜甜去了日本留學。燕燕在絲爽的培訓活動中受益匪淺，她已親身體會到，學習就是生產力。這也成為根植在她骨子裡的企業經營理念之一，極其注重員工的培訓教育。

她還相信凡事要「多幹，少想。」

「我選擇相信廠家，在安康一門心思做好品牌代理」她這樣講，也這樣做了，樸實和真誠感染了合作過的每個人。絲爽廠每年都有促銷活動，有時要求經銷商先墊錢，答應過後再核銷費用作為獎勵。有些經銷商做了一兩個月後，因為沒有收到兌現獎勵，就放棄了。但是燕燕繼續堅持，她看得通透：「搞活動的目的是要把市場做好，所謂獎勵肯定來源於銷售。」她一門心思琢磨怎樣打開市場，把事情做到無懈可擊程度，笑言：「做好事，不給錢的靈魂也不得安寧吧！」

此刻的燕燕內心充滿夢想。這幾年品牌廠家們登門的

絡繹不絕，口碑不錯，給了她很大的自信。尤其是最近，上海家化品牌也來找她談合作，令她覺得很多事情都有可能，開始大膽嘗試開拓市場的各種方式。對她來說，這也是個快樂的過程。

2003 年，百惠在民威商場第一次舉辦「買贈活動」，開創了行銷新模式。他們給營業員每天 20 元，請他們在商場門口促銷，買夠 30 元妮爽牌的衛生巾，就送一把遮陽傘。時逢週末，很快商場已是人山人海，促銷活動氛圍空前高漲，絲爽送的遮陽傘一搶而空，百惠迅速自己貼錢買了一些浴室塑膠籃作為贈品。這次活動的成功令大家驚喜萬分，備受鼓舞。而且很快傳遍了安康城，向陽商場的總經理親自找上門，邀請百惠合作搞同樣的買贈活動。

還有一次，在蓮花小吃城舉辦批發訂貨會，絲寶廠家搞「舒蕾」洗髮水促銷抽獎，購買 1000 元就可以抽獎券。結果反應超乎想像熱烈，眼看抽獎券不夠了，絲寶廠的業務員石冬梅急忙跑去秦巴市場取備用獎券，因為太興奮激動了，沒看見被張勇擦得一塵不染的玻璃門，一頭撞碎了玻璃受傷。這次意外事故後，石冬梅跟百惠也結下了不解之緣。促銷活動大獲成功，拿到做夢也不敢想的 70 萬元訂單。石冬梅個性開朗，人又長得漂亮，燕燕一直很欣賞。史冬梅後來離開絲寶，去華潤超市當過客服經理和出納，幹了五六年後辭職，在家相夫教女。等女兒考上山東大學後，燕燕力邀她加入百惠，擔任辦公室主任。她非常勝任這個職位，自言「這次找到了感覺！」這也令燕燕欣慰，她想要的百惠，不僅是公司發展，更是能給優秀的人提供施展才華，成就自我的平台，所以能讓石冬梅「找到感

覺」，這就對了。

初具規模（2004-2008）

　　秦巴市場的商店雖然簡陋，燕燕不滿足于個體小販的經營模式，開始琢磨怎樣提高效率，可以讓貨品出入更順暢以實現最大化，給客戶提供更多方便。她先是聘請了李小安跑業務，然後把好友劉桂雲請來管理庫房，提供比當時國營企業高的工資，在這裡大家都充滿鬥志，欣欣向榮的氣氛也吸引了好友。接著她又請張勇姐姐張秋燕來當會計和出納，公司初見雛形。她還引進了電腦管理系統。2000 年安康大本營超市開張時曾經從武漢花了幾十萬購買的「進銷存」軟體系統，因為燕燕銷售舒蕾，絲寶啫喱跟大本營超市有往來，一次偶然機會獲悉對方因系統更新打算丟棄這套舊軟體。燕燕知道這是好東西，千方百計托關係花錢買了下來。又隨即買來一台二手電腦，正式開始用電腦開票。這在秦巴市場 27 戶私人商店裡，可謂是破天荒的新穎舉動，當時安康城別說私人商店，就是國營百貨商店，很多仍是原始的手工開票方式。秦巴市場對門有一家專門提供列印服務的商店，燕燕見打字員很機靈，幾經勸說請到自己店裡來專門開票，這位打字員名叫張銀華，手腳很麻利，記性奇好，能把種類繁多的產品條碼編號幾乎全部默記在心，極大提高了開票出貨效率。人員配置齊全後，各司其職，運作越來越順暢，正規經營的形象也逐漸樹立起來，「秦巴市場的吉燕群」的很快成為城內同行們熱議的話題。

　　秦巴市場的好友史洪群開玩笑說：「哎呀，現在你名氣

越來越大了，全安康都知道吉燕群了！」這句話提醒了燕燕，她意識到在秦巴市場大家都只認個人名字，所以擺脫不了「個體戶」的印象。但按照目前經營情況，其他人跑業務時會顯得很奇怪。於是她開始在腦海裡醞釀，要為公司起個名字了。有一次，她在陪同「鵝牌」洗衣粉廠家下鄉去嵐皋的途中，在車上討論這個話題，大家七嘴八舌商量，燕燕突然冒出一個念頭：我其實就想賣老百姓實惠的東西，所以就叫「百惠」吧！這個想法讓她興奮不已，從嵐皋回到安康城後，立即就宣佈從此商店改名為「百惠商行」。此時秦巴市場註冊登記的仍然是婆婆葉彩萍的名字。

2004年對於百惠而言，又是一個新的階段。手頭幾個優質品牌，已經做到家喻戶曉的狀態。尤其是妮爽的紙製品，在聶碧權的出謀劃策下，跟廠家的合作越來越默契。貨量不斷增大，員工也逐漸多起來，加上廠家配的售貨員，需要更正規管理方式經營。

在大家的獻計獻策下，7月1日她註冊登記了新公司「百惠商務限公司」，經營範圍包括化妝品、衛生用品、廚衛用具、日用品、五金交電、文具用品、勞保用品、針紡織品的批發零售。

燕燕決定從秦巴市場搬出，因為人員出入越來越多，商店門面太小不便廠商客戶洽談業務，她覺得是時候找一個屬於自己的辦公室了。於是先就近臨時借了培新街糧食局樓房一間房，與此同時在工商局公司註冊，「百惠商貿有限公司」就此正式誕生了。董曉的丈夫是位醫生，大贊公司名字起得很好，跟最高級的穴位「百會」諧音相同，象徵智慧無限，充滿靈氣。

2005 年元旦過後，二姐萍搬入果園新居，新安路的舊房子騰空了。燕燕跟姐姐商量，希望借來當作辦公室，因為比糧食局寬敞，再說反正要租房子，自家人的房子用起來踏實，不用擔心隨時被加租或收回房子。從創業開始，姐姐一直打理支援，還提供過資金援助。為了助妹妹一臂之力，萍慷慨答應了。有。有了自己的辦公室，年輕人們在燕燕的帶領下熱情高漲，充滿了對未來的憧憬。燕燕在總經理室的牆壁上掛了一幅美國著名玫琳凱化妝品公司創始人玫琳凱•艾施（Mary Kay Ash 1918-2001）的大頭肖像，這位風姿綽約的女企業家五十歲才開始創業，並且取得了巨大成功，是個傳奇人物。燕燕讀過她的書《你能擁有一切》受到震撼，她的先進理念、優雅氣質和勵志故事深深感染了她，原來做生意也可以如此優雅從容，從此當作心目中偶像激勵自己。

《關於玫琳凱》

玫琳凱•艾施（Mary Kay Ash）是最先突破無形天花板的企業家之一，在 1963 年就創立了她夢想中的美容公司，目標只有一個：豐富女性人生。 如今這個夢想開花結果。玫琳凱成為了一家營業額達到數十億美元的公司，在近 40 個國家擁有數百萬獨立銷售成員。作為一家創業發展公司，玫琳凱致力於通過教育、指導、倡議、網路和創新，提升女性能力以實現她們的經濟獨立。 玫琳凱專注于投資美容背後的科學，打造最先進的護膚品、彩妝、營養補充劑和香水。 玫琳凱堅定美力永續策略，堅持與來自世界各地的

組織合作，共同專注于業務卓越、支持癌症研究、推動性別平等、保護家庭暴力倖存者、美化我們的社區，並鼓勵兒童追逐自己的夢想。

這段時期，公司定位越來越清晰，以品牌代理經營為目標，組織架構也逐漸完善起來，業務員、倉庫管理、財務都有了。人員逐漸增多，燕燕開始思考如何管理，制定了一些最基本的辦公室規章制度，例如「不准遲到早退，不准穿吊帶背心拖鞋上班」。業餘時間她大量閱讀企業經營管理和行銷方面的書籍，名人傳記裡吸引她的除了玫琳凱之外，還有李嘉誠。尤其是這些企業家的價值觀，令她深受啟發。在不斷學習，吸收不同企業家理念的過程中，燕燕也逐漸形成了自己的價值觀。她很認同李嘉誠的一句話「老老實實做人，踏踏實實做事」，並把這句話當作百惠的理念和座右銘。

2008年聶碧權正式辭去妮爽優厚的薪酬待遇，投資20%換40%股份，帶著他的發展計畫方案，正式加入百惠，成為合夥人。他立下「軍令狀」，一年翻倍，三年十倍。燕燕給了他百分之百的信任。他以暴風雨般的魄力，大刀闊斧，建立一些列管理制度，尤其是獎罰制度。這些改革果然十分奏效，極大刺激了員工們的積極性，銷售業績直線上升。結果說到做到，當年就翻番成長，燕燕欣喜萬分，再次堅信自己沒有固步自封，引入優才的決斷是正確的。

快速發展（2008-2016）

燕燕的慷慨和實誠厚道，連同她滴酒不沾的作風，很

快在行業裡出了名，有人稱她為「儒商」。因為推動市場的速度效率卓見成效，很多廠家慕名而來，代理的品牌也逐漸豐富起來。業務規模越來越大，連同廠家派駐的業務員，人員也越來越多。燕燕感覺公司發展得太快，開始思考引進管理人才，進行更強有力的系統管理。

在跟絲爽合作的過程中，2002年開發客戶時認識了當時絲爽業務員聶碧權，這是百惠的發展的重要緣分之一。燕燕對這位年輕人的幹勁印象深刻，也聽說過這位才俊在公司是僅次於馮永林總經理和王義軍銷售部長的重要角色，事業如日中天。正是因為太優秀了，聶碧權並不滿足於在企業裡按部就班工作，過安逸的生活，而是另有自己的夢想。

2005年聶碧權毅然辭職離開絲爽，跟朋友合夥自己創業。可是合作並不順利，彼此的理念相差太遠，不到兩年就分道揚鑣了。

聶碧權重新出發了。他是一個樂觀而充滿衝勁的人，並沒有因為先前的失敗而氣餒，依然雄心勃勃，繼續尋找創業機會。他廣交朋友，也喜歡跟安康百惠交流。燕燕是他很敬重的代理商，一起做「妮爽」品牌的時候，雙方合作很愉快，都留下了很好的印象。2002年經燕燕認識的龔樊，如今也成為他的哥們，偶爾也會跟他喝酒聊天。

2008年的一天，聶碧權打電話跟燕燕交流業務，無意間慨歎找個理念一致的合夥人真不易。「說者無意，聽者有心」，接電話的燕燕，此時正在婦幼保健所進行例行體檢，她走出門外在院子裡一邊踱步一邊聆聽。她替這位講義氣的好友打抱不平，也欣賞他敢闖敢拼的魄力和抱負，

腦海里突然閃現出一個念頭，試探地問：「乾脆你來安康百惠如何？攤子越來越大，我擔心自己能力有限，可以交給你管理！就當作自己創業吧！」電話的那邊，聶碧權既感動又詫異，但他猜想這是安慰自己的客套玩笑話，也回應了一句：「謝謝吉姐的好意，心領了。我考慮考慮吧！」也就沒放在心上。燕燕回家後將此事告訴了張勇，她覺得聶碧權談完電話，越想越覺得必須想辦法抓住這個機會，她絕對相信聶碧權的能力，如果有他來，百惠肯定如虎添翼。張勇暗自認同，但他習慣冷靜分析，看見燕燕激動熱心，忍不住潑冷水：「可能不太現實吧。你想想，人家在重慶連絲爽那麼大的公司都辭職不幹了，就是不願給人打工，怎麼會看得起咱們百惠，給這麼小的私人老闆打工呢？」

燕燕心裡可沒想著讓人家來打工，她覺得既然聶碧權本打算跟人合夥，那麼百惠可以是個現成的合夥人，聶碧權要真是能來，她情願讓賢退位，讓有專業管理經驗的年輕人負責管理。這些想法在燕燕心裡越來越清晰，越來越堅定了。

隔了幾天，她主動打電話給聶碧權，問他考慮得怎樣了。聶碧權大吃一驚：「我還以為你開玩笑的，你是認真的嗎？」燕燕的回答乾脆爽快：「當然是真的了！真誠邀請你，總經理的職位等著你，細節我們可以談。」這次聶碧權陷入沉思，得知消息的好哥們龔樊來了，他極力推薦好朋友跟百惠合作，並且分享了自己當年跟燕燕合營火鍋店的前後經過：「相信我吧老兄，這個吉姐絕對值得信賴！她有平臺你有能力，你們要是聯手合作，絕對是強強聯盟

啊！」這些話打動了聶碧權，此刻的他還沒有打開局面，完全無法施展自己的計畫和夢想，也許需要花很長時間才能達到他想要的狀態，如果有一個現成的平台，大家理念又接近，有何不可呢？他心動了，決定親身前往安康，跟這位吉姐認真談一次，也深入摸一下安康市場的情況。

背著一部筆記本電腦的聶碧權，來到了久違的安康。張勇和燕燕喜出望外，熱情接待，請他乾脆住在自己家裡。整整三天三夜，白天他們幾乎走遍了安康城大小商場的角角落落，吃飯簡單就便，晚飯後就是反復不停地討論交流。這次深入交流，他們都確認了合作的意願。不久，聶碧權非常鄭重地提交了一份《百惠發展計畫書》，內容是詳盡的合作方案，包括投資回報和風險預案。其中提出若公司增長 25％，希望分給自己 10％。燕燕爽快答應了一切條件，將公司的 40％股權轉讓出來，聶碧權從重慶舉家遷來安康，合作正式展開。

三十三歲的聶碧權來到安康後充滿熱情，加入百惠之後，為百惠帶來了煥然一新的氣息。他注重原則講規則，跟燕燕一個剛一個柔，二者風格迥異，也經過了一段時間磨合。初期廠家客戶們都很不習慣。有一次，冷酸靈和兩面針廠家的四個銷售員坐火車到安康，下了車就跑來給燕燕抱怨訴苦：「聶總說今後給多少錢就做多少事，這也太冷漠了吧，跟你之前的作風很不一樣呀！」這幾個人也是年輕人，平日裡跟聶總稱兄道弟，還一起打籃球——這些深入交流都是燕燕期待的效果，因為都是她自己無法做到的。燕燕就耐心地解釋，百惠的初心和合作態度從未改變，大家的方式不同，但都是為了把市場做好回饋廠家。聶總也

不負眾望，他積極投入一線，常常擼起袖子親自鋪貨陳列，跟廠家商店都打成一片，交流模式也明顯變得多樣化了。

燕燕對聶碧權是發自內心的感激，越到後來她越深感公司發展歷程中，最正確的就是成功邀請他成為合夥人。這麼多年來要不是他大刀闊斧敢闖敢幹的大膽經營，百惠很可能就止步於小型個體經營，難以蛻變成有規模的企業。

最令她敬佩的是運籌帷幄的英雄氣概。在聶總推行「強制度，強管理」的初期階段，因為鐵面無私賞罰分明，不少老員工覺得委屈，不服氣前來哭訴，燕燕曾經求情但也被聶總斬釘截鐵地拒絕了。燕燕也明白公司要蛻變必須遵守制度，但看到不斷有人辭職，難免有些擔憂。聶總充滿自信，安慰她：「放心吧！我穿上西裝坐在辦公室是總經理，就算其他人全都辭職了，我換套工作裝，馬上就可以當導購售貨員。現在是公司發展的關鍵時刻，我們做著正確的事，堅決不能退縮！」燕燕釋然了，她相信自己也可以，所以還有什麼可怕的呢！在高度信賴和默契配合下，過了人員變動期，公司風氣煥然一新，再沒有懶散拖拉的情況了。百惠合作成功的故事在業界傳為佳話，董事長和總經理配合默契，剛柔並濟，業績直線上升。2007 年底百惠年度銷售業額大約八百萬元，2016 年時不到十年成長了足足 25 倍！

這件事也成為後來燕燕面對百惠年輕人時，常常舉例講的故事之一。為了更好發展，必須看得遠敢於嘗試，還要「捨得」。聶碧權捨棄舒適區，得到新天地；燕燕放開胸懷擁抱人才，捨棄百惠的半壁江山，結果得到了蛻變機

遇，小蛋糕變成了大蛋糕，合作雙贏的最好例證就是 1+1 大於一。

安康百惠生意做得風生水起，但聶碧權的目標遠不止於此，他心中有更大的目標，更遠的夢想。2009 年由他出資 51%，燕燕 49% 又成立了陝西百惠，在西安註冊。

2010 年對百惠來說，是劃時代的重要里程碑之年。隨著銷售迅速擴大，出入的貨物流量特別大，找倉庫越來越難了，價錢貴不說，經常還找不到空位，成為瓶頸。

從秦巴市場搬出來後，開始租用的是西堤下運管站庫房，很快就不夠了，換到較大一些的培新街糧食局倉庫。還是不夠，又租用老雇主五金公司江北倉庫——當年燕燕曾經工作過的地方，奈何百業興旺，帶動租金年年上漲，每平方米從 8 元漲到 10 元，12 元，15 元再到 18 元，對於精打細算薄利多銷經營的百惠來說，成本受到嚴重擠壓，越來越難以承受，成為迫在眉睫的課題。

聶總和燕燕心裡都明白，這樣太被動了，遲早得要有百惠自己的倉庫。他們跟長期合作的絲爽公司馮總討論起這個頭疼問題，高瞻遠矚的馮總非常支持：「你們要是投資建庫房，我們鼎力支持，願意提供三年無息貸款 100 萬元！」這句話令兩位合夥人備受鼓舞，他們立即著手物色選地。

上天總是眷顧那些孜孜不倦，努力奮鬥的人。2011 年一次偶然機會，燕燕打聽到「喜盈門」超市在江北高新區有塊空地閒置著，這是喜盈門超市本來開新店選好的地方，但因資金緊缺不得不擱置。燕燕幾經周折找到喜盈門的王總主動提出合作建庫房。王總是軍人出身，頭腦精明

靈活，是個非常幹練爽快的人。百惠和喜盈門一直有合作，他很欣賞百惠這位有魄力講義氣的合作夥伴。聽完燕燕的計劃，雙方一拍即合，決定由百惠出資，喜盈門出地合作成立「喜惠物流有限公司」蓋倉庫。喜盈門請人設計好的倉庫及辦公樓建築圖紙，終於可以全部派上用場。

　　燕燕喜出望外，然而最大的問題是，需要籌措近四百萬元的資金才能成事。這時公司正值擴大經營期，本身資金周轉就緊張，就算馮總答應由妮爽廠融資一百萬，還有三百萬去哪裡籌措呢？

　　燕燕開始拿著自己的夢想計畫，四處奔走求援。沒想到很多家人朋友都表示支持，小妹夫婦鼎力支持，還有一些並不熟悉的人也紛紛解囊相助，讓她又驚又喜，又感動。其中有位只見過兩面的董曉，因為洽談她們廠 84 消毒液而認識，其實最終並沒代理，沒有生意往來。但她在百惠商店見過一次，對真誠的燕燕印象深刻，後來一起參加過培訓學習而已。董曉聽到燕燕的宏圖大志，二話不說：「把百惠帳號給我就是了！」回家後被老公李寧笑罵傻瓜，也不怕被騙了？身為醫生的李寧習慣了思慮嚴謹，對於妻子輕信衝動，覺得訝異。事實證明，妻子沒有看錯人，她敏銳的直覺其實很靠譜。此番俠義之舉不僅贏得了友情，也贏得了優質投資，兩家人後來成為莫逆之交。

　　正當燕燕和聶總以為籌資目標十拿九穩的時候，意料不到的事情發生了。此時的妮爽即絲爽公司，因為要籌備上市，投資者進入董事會監察，因為這一變化，馮總之前答應無息貸款一百萬元的承諾變得難以操作。聶總有些擔憂，擔心如果勉強抽出公司營運的資金買地，萬一資鏈斷

了，壓力將是難以承受的。他小心翼翼，試探打退堂鼓的可能性：「吉姐，資金方面不容有閃失。要不然我們這次放棄，將來等公司賺了錢再買地？」但是燕燕知道好容易談妥的購地條件可是千載難逢，一勞永逸解決問題的事情肯定越早越好，如今萬事俱備只欠東風，豈能輕言放棄？她意志堅定，安慰聶總說：「籌措資金的事就交給我來想辦法吧，你不用管了，放心吧不會影響到你經營資本的！」

　　讓她心裡有這番底氣的，是家人和朋友們信任的鼓勵。這次的籌資過程讓她大為感動，一方面是平時沒留意，竟然那麼多人肯慷慨相助；另一方面，從親朋好友們熱情積極回應中，她切實地感受到百惠的發展前景備受期待，這是對她個人能力的最大肯定和對人品的信賴。此刻的她意氣風發，躊躇滿志，渾身散發著勢不可擋的銳力和信心，令周圍人感受到未來可期，所以沒有絲毫遲疑。資金果然如期到位，喜惠物流掛牌，立即開始動工蓋樓。

　　2011 年 6 月的一天，百惠員工們從新安路家屬樓的辦公室敲鑼打鼓喜氣洋洋地搬入新樓 —— 百惠園。對百惠來說，這是具有多重意義的重要里程碑。兩位經營者百感交織，這是雙方合夥不到三年的巨大成果。擁有自己的辦公樓和倉庫，首先改善了公司的基本生存狀態，提升了員工們的歸屬感；其次是提升了跟上下游的議價能力，吸引越來越多的優秀人才；以土地抵押順利獲得銀行主動上門貸款，經營資金得到保駕護航，充足的流動資金使百惠財務日益健全，經營規模得到迅速擴大。百惠連本帶息清償了債務，邁入良性循環的發展階段。

　　百惠搬入高新區的「百惠園」之後，展開大膽的快進

擴大發展模式。2012 年燕燕參加的女企業家協會裡，紅星食品公司總經李錦雲透露想出讓公司，獲知消息的燕燕和聶總商討後，決定收購，雙方最終友好成交，全盤並購。紅星的員工百惠全部接納，從此百惠正式進軍食品行業，當年該部門銷售業績就淨增八千萬元。

凡事皆有緣，百惠的大膽進取不多不少也受了絲爽公司快速發展的影響。馮總因為未能兌現購地前融資承諾，多次對百惠表達歉疚之意。但是燕燕卻未有一絲抱怨，她由衷感激馮總為她提供了一個契機。當初要不是馮總建議的那句話，她是壓根兒不敢想像買地。這件事讓百惠踏上一個新臺階，兩家公司的合作更緊密起來。

絲爽公司也在飛速發展著，首先是 2010 年改名為重慶百亞衛生用品有限公司，2015 年成功改制為股份有限公司，成為從事研發生產和銷售婦嬰衛生用品的專業公司。同年百亞國際產業園也投產了，積極引進先進的設備和人才，打造行業一流標杆工廠。這一切的背後，帶動著像百惠這樣的經銷商，處處都有同步協作奮戰的影子。百亞旗下的三個品牌——「自由點」「好之」「妮爽」經過百惠的行銷，已經完全輻射並滲透安康各縣市的市場。2020 年百亞如願以償，在深交所 A 股成功上市，燕燕被作為重要的合作者邀請到場，登臺致辭。百亞的願景是「百年百亞，百年品牌」，百惠的遠景也改為「百年企業，惠澤萬家」。百亞的使命「因為愛，讓生活更陽光燦爛」，也是燕燕完全認同的，彼此潛移默化之下，她一直也在踐行的信念。

也正是這段時期，燕燕有了更多時間思考企業的未來

和意義，她早前已經加入了安康市女企業家協會，如今開始積極投入各項社會公益活動。

低谷調整（2016）

經過十年快速發展之後，百惠遇到了創立後第一次業績低落情況，2016年底公司帳面虧損數百萬元。對此，燕燕和聶總其實有了心理準備。因為這年他們集中處理了快速發展十年以來遺留下來的各種問題。首先是徹底盤點了庫存，評估價值後處理了積壓多年的殘次品，將實際虧損如實反映出來了；其次，許多掛在廠家應收帳項但已拖欠多年的呆帳壞賬，作虧損處理，一筆勾銷了；再者，購地建辦公大樓及廠房及收購紅星的溢價等投資部分，也作為支出全部反映入帳。這是一次徹底的大調整，可以用「抽脂」「擠水」來形容，經過「瘦身」之後的百惠，雖然帳面顯示虧損，但財務體質卻是更健康了。

然而，也正是這一年，公司內部存在的一些矛盾也逐漸顯露出來，銷售也開始進入瓶頸期，這些都成為擺在面前的嚴峻考驗，行政改革迫在眉睫。最令燕燕和聶碧權困擾的，是各業務部門之間的摩擦，有些跟隨一起打拼過來的老業務骨幹，開始不滿現狀，面對其他業務部的突飛猛進，一直沒有調整好心態，從起初的合理競爭到勢不兩立。財務部門的會計們也有人事矛盾。燕燕和聶碧權花了大量時間心力溝通疏導，奈何矛盾依然無法消弭。有人大膽高調，有人一直低調踏實，燕燕都看在眼裡，思索著如何才能讓不同個性的年輕人都能在百惠找到歸宿感，盡情發揮他們各自的才能。

　　燕燕經常回憶起自己 36 歲時踏三輪車送貨，聶碧權33 歲陳列鋪貨的故事，那些奔波勞碌的情景歷歷在目。創業歲月雖然充滿艱辛，但這些經歷早已成為引以為豪的一筆寶貴財富，正是因為當年的磨礪，才體會到成功後的充實和滿足，真正是「先苦後甜」的滋味。如今新一代經營班子裡有少年得志的，她對他們寄予厚望，期待他們也有「底線思維」，敢於在第一線拼搏。

展翅向前（2017 至今）

　　面對公司各種困局，為了突破現狀，燕燕和聶碧權反復思考和討論之後，決定邁出重要的一步 —— 對組織架構進行徹底改組。這個大膽的構思，後來被稱為「大平台，小組織」經營模式，先是聶碧權提出來的，燕燕非常贊同，二人一拍即合。主要方針是徹底下放管理權，將百惠核心業務分成五個獨立經營團隊：紙品、食品、口腔洗滌、百貨以及物流，由主管承包負責到底。百惠跟各部門以合夥人形式簽約，提供資金調配和財務支持、人員培訓等後勤服務，其餘從人員招聘調配、經營、報酬分配全權交給各團隊自己負責。類似集團化經營模式，每個團隊其實就是一個「小公司」，隊長就是小公司總經理，完全獨立核算，跟其他「小公司」互不干涉，互不影響。物流團隊投入 20 多萬元，增加配備了自己的車輛，跟各業務部門是委託服務關係，積極性也徹底調動起來了。百惠給各子公司的支援也是多方面的，例如如果需要資金，業務部按格式提交請款書，百惠審核後給予籌措調配。如果業務部想跟新品牌合作，例如食品部想跟「康師傅」合作礦泉水，聶總指

導下，業務部提交可行性調研報告，包括摸清市場環境和銷售利潤預測，潛在風險等，由百惠經營層最後把關決斷。

這個大膽新穎的措施，極大激勵了中層管理人員，本來想辭職單飛創業的老業務骨幹，意識到這樣跟自己創業並無差別，反而更有利，因為有現成班底，還能獲得資金支援，條件很吸引，於是欣然留了下來。後來的事實證明，自從 2017 年開始推行這種模式後，百惠業績迅速飆升，截至 2021 年底，公司一掃前年虧損，扭虧為盈。

百惠率先推行的這種「大平台，小組織」的經營模式，不僅引領百惠走出了 2016 年的低谷，成功化「危」為「機」，更獲得安康市頒發的「企業創新大獎」。聶總的思考和摸索得到董事長全力信任和支持，也獲得同行們的認可和讚賞。他一直積極參加各種總裁培訓，如今也分享來自百惠的實踐經驗，行業雜誌《新經銷》也邀請他在網路平臺介紹百惠模式。雜誌社要支付聶碧權兩萬元作為講課酬金，他婉言謝絕了。他更看重的是結交到行業的朋友，所以不失時機地提出邀請，希望該雜誌 CEO 趙波去安康指導。《新經銷》的 CEO 趙波非常欣賞這位企業家的大氣和熱情，他被陝南五線小城活躍的私營企業吸引了，也想親自去看看，於是爽快答應。趙波在行業頗有聲望，出行講座場場都是高朋滿座，難得邀約。他信守諾言，擠出時間果真到訪安康。百惠上下都非常興奮，精彩的演講引起小小轟動，員工們受到極大的刺激和鼓舞。從合夥至今，在重視培訓學習方面，聶碧權和燕燕始終保持著高度一致，他們深感格局和思維的重要性，懂得一個想法會改變企業前途命運的價值。所以他們格外珍視趙波來訪，全天候熱

情陪同。

　　在答謝趙波的晚宴上，燕燕拿出精心挑選的兩本書《挪威人看安康》和《繼承者》贈送給這位著名的 CEO 並解釋：「一本書是民國時期在安康生活過的挪威傳教士寫的，他也是拍了第一部彩色中國紀錄片的外國人；另一本是我妹妹友人的著作，內容是研究日本長壽企業的，希望您喜歡。」趙波很訝異，興趣盎然：「太感謝了，您確實與眾不同啊！我去其他地方，人們大多都送當地的茶酒土產，我行李多，基本上轉手就送人了，這兩本書太有意義了，我在飛機火車上就會閱讀的！」

　　百惠的發展過程中，遇到各種跌宕起伏，歡笑也有淚水，感動過也焦慮過。回望這麼多年，最讓燕燕感動的就是集資籌款買地蓋辦公大樓和倉庫的時候，在最困難最需要幫助的時候，伸出援手幫過他們的親朋好友，她都一一銘記在心，多次表達感激。最讓她揪心和難過的，是曾經有物流員工遇到車禍，發生安全事故，除了及時親臨慰問視察，支援恩恤金等，還在公司要求檢討，工作合理安排，高度重視安全。也有令她惱怒但只能強忍情緒，集體反省的事件，例如有次會計被網路詐騙了 40 多萬元，公司蒙受巨大損失，疏忽的當事人因深受打擊精神險些崩潰，她反過來還疏導安慰，寬容處置，同時徹底反省財務制度的漏洞，杜絕同類事情再發生。最令她夜不能寐，傷心難受的莫過於見到合作夥伴遭受到不公對待或委屈，多年來為朋友四處奔走陪伴，義不容辭。當劍波備受打擊挫折，從外地歸來時，燕燕和聶總為他接風洗塵，鼓勵他重新振作起來，並提供援助。這一切令夥伴百感交集，直言獲得一

直信賴和不離不棄，是最感溫暖的萬幸。

燕燕很珍惜自己的羽毛。因為她有自己的信念，一直把「踏踏實實做事，老老實實做人」的理念貫穿到工作和生活的每一天。

有一次，「雅倩」化妝品公司的銷售人員郭芳找上門來，問百惠是否願意代理該品牌的防曬霜。這在當時是炙手可熱的品牌，聽說毛利很豐厚，燕燕當然是求之不得的。可是，她有些遲疑。因為之前就聽說這個品牌是地區百貨公司一直在代理銷售的，三位合夥人在安運司租的商店做這個品牌。其中一人還是熟人，劉文華的老公黃嘉。她詢問緣由，才知道是雙方合作溝通出現了一些摩擦不順。按說廠家找上門來，自己只管順水推舟就能做，不用多管閒事。但燕燕感到過意不去，她左思右想：「我有很多品牌了，多一個是錦上添花；但對方專做此品牌，沒有資金，要是不做可能就丟了飯碗。」於是她打消念頭，竭力左右疏通，邀請了雅倩陝西區的總經理車玲，又邀請了三位合夥人，在蓮花池咖啡廳見面，變成中間人撮合，雙方消除了誤會，談妥了條件，最終繼續合作。

這件事在行業傳為佳話，燕燕雖然沒做成代理，卻贏得了同行們的口碑。她經常掛在嘴上的一句話是：「同行可以良性競爭，但沒必要拆台惡鬥。做好自己，好事遲早總會來的！」

未來期許

2022 年四月的一個週五早上，三個小夥子如常來到公司，各自緊張地投入忙碌的工作中。突然，董事長手捧鮮

花走了過來：「生日快樂哦！」員工們都鼓掌祝福。

這真是意外驚喜，三個人都是四月的生日，自己忙得差點都忘了，想不到董事長竟這麼細心！這正是年輕人們喜愛這裡的理由之一，百惠更像是自己另一個家，吉董像是自己的長輩，磊總則像自家的兄長。百惠經過幾次改組之後，合夥人都很年輕，其中兩個人都是九零後，平均年齡不過 33 歲。今天的三個小夥子，正是百榮、紙品和百惠的三位合夥人。

3 月 21 日百惠舉行了簡單而隆重的簽約儀式，董事長和合夥的高管們簽訂了新一年《目標責任書》。朝氣蓬勃的年輕人們摩拳擦掌，雄心勃勃，全公司上下都洋溢著對未來的憧憬和活力。百惠不僅有短期目標，更有中長期藍圖。公司自我定位是「品類經銷商」，有三年奮鬥目標，五年確保實現目標。其中紙品部門目標「80,80」即市佔率 80% 及銷售額增長 80%；食品部門目標是銷售額翻倍，市佔率 60%。今年在爭取大品牌代理，可望挑戰更高台階，加之後續考慮並購部分同類企業，所以並非遙不可及的夢。百榮經營口腔洗滌產品，相對其他部門起步較晚，目標是市占率 30%。至於百貨目標定在市占率 30%。更長遠的目標，是希望最終能夠上市。

為了實現奮鬥目標，百惠園裡正在掀起一股學習的熱潮。2 月 21 日，百惠商學院舉行了開學典禮，磊總擔任校長。首批學員參加的是專業設計的「大將營」課程，旨在系統培訓管理人才，但許多新人自發申請參加，這令燕燕非常欣慰，她最喜見年輕人積極主動提升自我。她也親自參加網上分組學習小組，汲取精華內容時不時跟大家共

用。前三節課都很實用

1）目標管理。擇高而立，選擇標杆企業對照自我，複製學習；

2）時間管理。工作 6：市場 3：學習 1 的黃金比例，抓「牛鼻子」找重點，學會優先順序，永遠預留時間學習提升自己；

3）心態管理。正向思維和引導。欲成大樹，莫與草爭；將軍有劍，不斬蒼蠅。

其實這些教程，燕燕多年來一直在踐行，她的很多金句早已在百惠園流傳已久，受到激勵的員工們耳熟能詳——「少想，多幹」「做好自己」「把事情做到位，令對方不給錢靈魂都不得安寧」「對事不對人」「你能做到」！

百惠商學院

2022 年 2 月 21 日，百惠商學院正式成立。

這是百惠又一次新的突破。他們斥資請專業機構制定了行動教育協助系統規範教材，打算同時開展線上線下教育。燕群和磊總構思的藍圖之中，辦好商學院為企業服務，除了銷售管理課件，會陸續上線其他課程，期許未來最終向外輸出商業模式。

在本地行業裡，這無疑是劃時代的里程碑。百惠的年輕人們備受鼓舞，燕群也非常興奮。在開學典禮上，她熱情洋溢地致辭。

「各位百惠商學院的學員們，老師們：

今天對我們百惠來說，是一個具有劃時代里程碑意義的重要日子。我在此隆重宣佈，百惠商學院正式成立，並恭喜成為第一期學員的百惠成員！

從 2004 年公司註冊成立到現在，18 年以來，百惠經歷了無數挑戰和磨煉，每個人在摸爬滾打中成長，使得公司業務得以迅速發展壯大。這些年我們積累了無數寶貴的經驗和教訓，有勢如破竹順風順水的時候，也遇到過很多困境，走過不少彎路。我們每次成功時冷靜總結，在失敗時認真反省，彼此交流，互相切磋，不斷思考——學習——突破各種困境，才有了今天的進步和成績。

百惠最大的財富是什麼？不是擁有多少資金，而是這些無形資產，是我們擁有一批充滿鬥志，積極上進，不斷磨練自己的人才。經過長久醞釀，決定成立自己的商學院，不惜重金投入，請國內知名專業培訓機構　明，就是希望系統地長期地培養專業優秀人才。以富有各種實戰經驗的轟總為院長，將毫無保留地把經驗傳承給大家。我希望每個人都飽滿熱情和激情地投入學習，把百惠文化傳承並發揚下去。三人行必有我師，我相信只要投入，必有收穫。期待明日之星從你們當中誕生，青出於藍而勝於藍。未來的百惠靠你們了，加油！」

第六章：夏威夷之約

第六章 ｜ 夏威夷之約

「塞翁失馬，焉知非福？」凡事否極泰來，很多時候，壞事可以成為好事，而且用不了多久就能得到驗證。

2003 年華南爆發了非典疫情，在人口密集的香港、台灣和新加坡等地迅速蔓延。香港尤為嚴重，變成「疫阜」，國際都會與外界的往來驟減。秀和同事們不得不暫停出差，一時間海外也無人來訪，工作甚為清閒。

五月之後香港疫情戛然而止，人們的健康意識陡然提升，運動健身蔚然成風。秀身邊的同事和朋友們都在玩網球、高爾夫球，或打太極拳、練瑜伽，還有很多人熱衷於跑步。

Belinda 是秀的一位同事，馬來西亞人，中英日文都講得地道流利，加上馬來語和潮州客家粵語，七種語言切換自如。據說在新加坡馬來西亞的華人圈，大多從小就具備三文兩語的能力，就好像歐洲人在環境的熏陶下，很多人從小就會講英法德拉丁文似的。這讓同樣學語言出身的秀大為折服，很快成為好朋友。Belinda 家住港島的上環，離中環的公司搭地鐵才一個站。但她不大喜歡運動步行，雨天不方便走去地鐵站，上下班索性叫計程車。然而在這段時間裡，也受到同事們高漲的熱情感染，開始學網球，而且很快愛上，一發不可收拾。

每逢週末，Belinda 和秀約在一起打網球，Belinda 負責在港九預約球場，各自又邀請三兩好友或鄰居，漸漸形成一個網球同好者圈子。運動資歷較深的田尻先生自告奮

勇當起教練，活動後一群人在屋苑玩燒烤，或去附近餐廳美餐一頓，樂此不疲。

然而打網球畢竟需要約人約場地，相較之下秀更喜歡跑步，時間比較自由一些，而且同事們都在慫恿她參加香港馬拉松。

「Sharon，你肯定可以的，絕對沒問題！」白川先生和向先生你一言我一語，熱情地鼓勵她。這太瘋狂刺激了！秀心想。這是她以前做夢也不敢想的。大學時代在西安外院，春夏秋冬的晨跑是最深刻的記憶。她曾代表班級參加過校運會三千米長跑，那次雖然沒有獲得名次，排名十六，但跑下來了，在自小體育成績平平的秀看來，那已經是超長發揮的壯舉了。

1997年香港回歸年開始，每年春天都舉辦城市馬拉松。秀在電視上看過，可是從未想過跟自己會扯上關係。公司的前輩們倒是不少跑步愛好者，來香港常駐後據說每年都參加，他們的鼓勵是很有煽動性的。

「我跑不了，打網球就夠了。不過你能跑，就去試試唄！」Belinda笑著幫腔，她也看出來秀抵擋不了刺激的誘惑，躍躍欲試的眼光。秀決定挑戰自己一把，趕在八月最後期限報了名。

為了參賽，每天上班前在樓下練習半小時。她用鐵環度量過，樓下的花園不大，散步徑一圈大約也就170米。如果要跑十公里，也就是要跑六十圈！跑五圈下來都已經氣喘吁吁，秀覺得離目標太遙遠了。富有經驗的前輩們紛紛指點迷津，教她制定訓練計劃，按自己最舒服的節奏，先養成習慣，再慢慢加長練體力。如果平時練習到比賽距

離一半以上，基本就沒有問題的。就這樣，秀參加了 2004
年香港渣打馬拉松賽事，人生第一次十公里。結果比她預
想的輕鬆，限時兩小時，她以 74 分鐘跑完。

　　這令她興奮不已，從此徹底愛上了跑步，也是一發不
可收拾。此刻她大概也沒料到，自己竟然會連續參加香港
馬拉松達二十年之久。而且更沒有想到的是，因為跑步，
吸引越來越多志同道合的親朋好友加入，兄弟姐妹們將奔
跑在大江南北、異國他鄉的大城小鎮的街道上，奔跑在山
巒河邊，湖畔海濱。跑步健身將成為他們相聚的理由之一，
成為生活的重要組成部分。

姐妹聚會

　　大姐燕玲去世後，吉家四姐妹們相約每年至少相聚一
次，而且每次相聚都珍而重之。

　　2006 年暑假，秀和琴在北京聚會。簋街的炸醬麵館，
媽媽和四姨媽的好友王阿姨和薛媽媽一起聚餐，康仔現場
表演小技能，纏著大人出幾個數字，他心算。這孩子從小
對數字特別敏感，這年五歲，玩遊戲已顯露出偏愛。黃昏
的天安門廣場，姐妹們圍坐在廣場納涼，易易帶著弟弟放
風箏你追我趕，跑得酣暢淋漓，很快全身都濕透了。

　　2007 年端午節，姐妹們在西安聚會，這是睽違兩年的
大團聚。八月盛夏，琴秀兩家在德國相聚，在海德堡攻讀
博士的立新當嚮導，乘搭 ICE 火車從慕尼黑經雷根斯堡到
柏林，再經科隆到到卡爾斯魯厄和法蘭克福，在飽覽萊茵
河多瑙河沿岸美景，漫遊古堡和教堂，參觀各種博物館的

旅途中，多角度深入而溫情的交流，暢談未來的憧憬。

2008 年春節在安康大家庭聚會。

2009 年燕萍五十歲在北京相聚，姐妹們一起迎接了「動感五十」。

2010 年暑假康仔再次去北京，這次是長住一個月遊學，然後是上海的「世博會之約」。

2012 年珂珂和雯雯結婚，百惠公司喬遷至江北。這年也是燕群和張勇的五十歲，有了自己蓋的辦公大樓和倉庫，事業高歌猛進，漸入佳境。又是盛夏八月，姐妹夫婦加上甜甜和康仔十人一行，第一次組團去歐洲旅行。在威尼斯大團聚，慶祝五十歲生日。

2013 馬拉松之邀

歐洲旅行前後吉家姐妹開始以郵件形式互相聯絡，旅行後書信互動更勤，緊密了許多。也是這次契機，秀開始恢復寫家書，以前是以信紙寫給父親，如今是郵件群發給姐姐們。每次都得到熱烈回應，平淡的生活在書信中得以沉澱提煉和升華，所思所想互相碰撞火花四濺，激起迴蕩。

2013 新年伊始，秀在姊妹家書中抒發對未來的憧憬，提及參加馬拉松的感想。自從秀參加馬拉松之後，在家人和朋友之間津津樂道，熱衷於推廣馬拉松瑜伽等健身活動。閨蜜林玲專程從東京飛來香港參加過兩次十公里賽事，她自己也去東京參加過「澀谷表參道女子馬拉松」十公里賽事。

這年 2 月，秀第十次參加香港渣打馬拉松，姐姐終於被她鍥而不捨的鼓動和熱忱感染了。燕萍和建安帶頭開始

跑步，燕群不僅自己跑，更帶領百惠員工們積極投入「全民健身」活動，每逢週末都會跑 10 公里。員工們熱情高漲，一種健康積極的企業文化悄然形成，她也感到自己最近的狀態很好。

其實從歐洲旅行回國後，燕群就已經開始嘗試各種保健活動。她訂下目標減體重，跟秀的邀請不謀而合。去福建出差參加合作公司上市慶功會時，她也不忘帶著球鞋，早上堅持跑步。11 月的福建天依然很濕熱，跑 4.3 公里已經大汗淋漓，但她漸漸喜歡上這種酸爽的感覺。有計劃有步驟的跑步訓練，讓她越來越堅定了信心，打算參加翌年的港馬。以前從來不敢想的事，現在正在一步步接近，她的微信簽名「我能做到」，提醒自己朝著目標踏實安排、努力奮進。

這年秀家發生了許多事，八十八歲高齡的崔婆婆摔跤，膝蓋粉碎性骨折入院手術，印傭艾拉家有事突然離職，康仔升中學，平日一向有條理信心滿滿的秀也猝不及防，生活手忙腳亂。三位姐姐二話不說，輪流飛到香港陪伴，直到新保姆寧茜到來。

「當你感到彷徨，人生迷惘的時候，不妨返回原點，或許有所啟發呢。」長者淡淡地說。秀在一旁聆聽，說者無心，聽者有意。

對她來說，原點就是故鄉和家人。回到魂牽夢繞的漢江河邊，她感到如此踏實、安心，溫暖如春。這年夏天的回鄉之旅很深刻，整個人脫胎換骨，煥然一新。秀決心挑戰下一個目標 —— 半程馬拉松。跑了十年香港馬拉松十公里，這年 12 月她參加了澳門馬拉松的半程賽，結果不僅

順利跑完 21 公里，而且還超常發揮，成績 2 小時 20 分鐘，連她自己都不敢相信。

2014 年初，秀在家書中提倡馬拉松的「五年計劃」，邀請大家積極訓練，相約五年後參加 2019 年夏威夷馬拉松。因為夏威夷風景秀美，而且不限時間，是跑步愛好者們挑戰全程馬拉松的最佳選擇之地。這個大膽但富有吸引力的目標立即得到了積極響應。

2016 港馬「親友隊」

有了明確的目標之後，秀在香港堅持每個月跑步 100 公里的跑量。

2015 年秋天，安康舉辦首屆馬拉松，秀專程回家完成第二次半馬賽，刷新個人最佳成績。這次也真正帶動了大家庭成員，親朋好友們也完成了各自的第一次馬拉松，跑完十公里。

2016 年 1 月 17 日兄弟姐妹們第一次雲集香港，除了吉家姐妹，西安的曉燕、東京的林玲也來參賽，啦啦隊也很強大，北京的克飛、西安的虹、雅清、高麗和王文玲，將氣氛推向空前高潮。一如所料，所有人都順利跑完了十公里，選手和拉拉隊員們都興奮不已。因為這次的緣分成立了姐妹群組，每天互相督促跑步健身，在活動中又發現很多美好事物，分享美景，正能量互動一直延續著。

跌宕起伏中的堅持

2018 年 1 月 27 日晚，跑馬地竹園海鮮酒家，馬拉松的前夜祭。這裡的芝士大龍蝦享譽四海，是每年提前幾星

期預訂好的。

　　青柳是香港馬拉松同好會的名譽會長，他舉起酒杯致辭：「每年我都要說這句話，無論你是誰，今天能來到這裡，就說明你已經搞定了家庭工作和生活，騰出時間，騰出身心，排除萬難地來了。站在起跑線上，這已經成功了，為自己喝彩吧！」在場的人們無不歡呼鼓掌，有人熱淚盈眶。每個人都有屬於自己的馬拉松故事，天知道他們能來到這裡是多麼的不易！若非懷著滾燙的熱愛，是不可能堅持到這裡的。

　　其實這次燕群的身體狀態就不太好，琴琴也沒能報上名。但是大家依然如期赴約。燕群本來打算棄權，但聽了這番話，被熱烈的氛圍深深感動了。她決心上場，哪怕走完也行。

　　翌日清早三點半起床，克服重重艱難險阻，燕群不僅跑完了半馬賽程，而且還在限時之內。這需要多大的勇氣和毅力，只有走上跑道抵達終點的人才知道。堅毅和果斷的感染力是不可估量的。到香港之前，公司管理、社會活動的忙碌繁雜壓力，各種煩心事一籮筐，能真正放下，練就對眼前的專注，這正是其後成功的秘訣之一。

　　回到安康，她每逢週末都會跑 10 公里。這個舉動迅速在百惠引起跑步健身熱，百惠籃球隊比賽，她親自去打氣。在董事長的鼓勵下，員工自然是熱情高漲，一種健康積極的企業文化悄然形成。

湘南馬拉松

　　很多人都對吉家姐妹的激情嘖嘖稱奇。確實，在緊張

繁忙生活中，假如沒有持續高漲的熱情、堅定的決心和果斷的行動力，很難堅持多年。除此之外，馬拉松聚會更需要一拍即合的互信和默契，不僅吉家姐妹，還有兄弟之間。

2018 年 12 月，日本湘南馬拉松。這次馬拉松是具有歷史性意義的，有很多第一次：秀第一次參加了全程馬拉松，立新第一次參賽，全家第一次在海外馬拉松聚會，琴停歇一段日子後第一次重返跑道。秀自從 2003 年開始參加馬拉松活動，這年剛好 15 年，終於完成全馬首跑，成績 5 小時 20 分，巨大的成就感和喜悅讓她激動不已。

每次比賽活動的前後，總有不少插曲和故事。因為是在日本比賽，超甜主動請纓為大家報名，到日本後賽前大聚餐，去石神井公園散步賞紅葉，去平塚傘店老闆家住榻榻米，比賽前夜一行八人去吃當地的地獄爆辣拉麵，秀跑完後因為要趕回香港，飛英國陪康仔參加劍橋大學面試，第一次夜半飛的去羽田機場…… 相對於馬拉松盛宴，所有故事都成了甜點或小菜，插曲故事成了大家共同難忘的回憶。

馬拉松聚會也徹底開啟了安康大家庭的健康生活模式。每個人都大開眼界，對未來充滿了憧憬和期盼。吉家姐妹醞釀著更大的計劃，期待的是拋磚引玉吸引更多身邊人，尤其是心心念念的下一代。

燕群在百惠公司也積極推動全民健身。舉辦籃球賽，廣播體操比賽，公司完不成指標的「罰則」是讓員工做俯臥撐或仰臥起坐；年度未達標者，去天柱山徒步爬山等等，強身健體被提升到與創收盈利等同的高度，陽光健康的企業文化深入人心。

從寶塔山，富士山中湖再到鳳凰島

為了夏威夷之約，每個人的拉練是極其認真的。

萍和建安參加了安康的「土著跑團」，週末在漢江河拉練。每年的安康馬拉松，波也跟著一起跑。鈴木先生七十多歲了，也來到安康參加半程馬拉松賽事，作為年齡最大的海外選手接受電視台採訪時，他說看見在中國大陸井噴式蓬勃興起的馬拉松熱潮徹底感動了，深受鼓舞。

2018 年夏天，在延安寶塔山下拉練；2019 年 2 月香港馬拉松；5 月富士山下山中湖馬拉松；8 月在海南三亞鳳凰島海邊拉練，都是為夏威夷熱身的。

夏威夷之約

2019 年 12 月夏威夷。

這是一次壯舉，「吉家馬拉松隊」在夏威夷兌現了五年前的約定，與友人們完成了各自的馬拉松夢想。

《再見，夏威夷！》—— 火奴魯魯馬拉松盛會後記

大家好！

我們到韓國仁川機場了，正在等候轉機。此刻傍晚 6 點，氣溫 10℃。在太平洋上空一路爆睡了好幾覺，完成全馬之後酣暢淋漓的釋放感，加上幾天歡聚帶來的充實幸福感，令全身心似乎每個細胞都充斥著多巴胺，徹底放鬆後沉沉入睡，感覺格外香甜。

這次大家從安康、西安、深圳、北京、香港、東京、洛杉磯、三藩市、劍橋 9 個城市來，可謂跨代群英彙聚。作為五年前開始策劃、呼籲這次活動的召集人，我打心裡

再次感謝大家的熱情參與。我知道，每個人從各種忙碌的生活中排除萬難，騰出身體擠出時間來到夏威夷非常不容易，特別是參賽選手還要調整身心狀態，接受前所未有的極限挑戰，在五年前，這根本是遙不可及的夢想和癡念。

感謝隨團啦啦隊代表劉總，和遠道專程來為我們打氣的茜茜香香，你們和這次未能親臨現場的親朋好友們的強力助威和見證，是我們奔跑最大的動力。就在昨天，我們竟然讓夢想變成了現實！

無論參賽者還是啦啦隊，看見大家全力以赴激情投入，都令我感動不已。若非歷經，永遠無法體會拼盡全力沖向終點那一刻的激動心情，衝刺後熱淚盈眶的感動。所有人安全地跑完全程，彼此經歷、見證自我輝煌的感動時刻，或許就是對我們最大的褒獎，太讓人驕傲自豪了。在賽道內外、線上線下，賽前賽後有很多波折插曲和令人感動的故事，使我們的夏威夷聚會精彩不斷、高潮迭起，成為獨一無二的馬拉松盛會，留下了永生難忘的美好回憶。

我從 2003 年開始正式練習跑步，一晃 16 年有餘。2004 年首次參加香港馬拉松 10 公里，2013 年澳門馬拉松首次半馬，2018 年湘南馬拉松首次全馬，這次是我參加的第三個全程馬拉松。五年前訂立這個目標，是希望在我二姐 60 歲及自己 50 歲這年，跟自己最愛的家人閨蜜們來一個美好浪漫的約定，憧憬在風景優美的夏威夷歡聚，並跑一次（當時覺得可能也是人生唯一的一次）全程馬拉松慶祝。

對我來說，馬拉松很像是人生寫照。不用跟任何人比對，在熙熙攘攘的人群中，按照自己的節奏默默前行，腳

步或快或慢其實並不重要，只要堅持到底，一定可以抵達目標的終點。

真正的跑者，有的是「十年磨一劍」的耐心，所有的信心來自春夏秋冬日復一日的自我磨練。即使在馬拉松比賽當天，看似熱鬧非凡的氛圍裡，實則大部分時間處於最安靜的獨自奔跑狀態，猶如進入禪定，幾乎只能聽見自己的心跳和呼吸聲，可以說這是一場肉體和靈魂的深度修行。在 42 公里的漫長跑道上，不同階段有著完全不同的感受：忐忑不安、期盼、興奮、自信、難受、痛苦、絕望、孤獨、自我調整、煎熬、無助、自我否定、後悔、重新振作、鼓舞、自我突破再突破、拼盡全力、仿佛重生的喜悅……沿途的風景在酸甜苦辣的各種滋味變換中飄逸移動，我相信一場馬拉松下來，每個人都會有屬於自己的感悟和體會。

也正是基於這樣的熱愛，我才如此喜歡跟朋友們嘮叨分享、相約馬拉松聚會，樂此不疲。每次都有新的感動和驚喜，毫無疑問這次更是具有劃時代的意義，感想最多，只能擇選幾點分享如下：

最開心：家人閨蜜同步跑。本是寒冬臘月，卻度過了熱辣辣的盛夏嘉年華。從 5 年前開始壤壤計畫，一步步認真鍛煉，隊伍逐漸壯大成形，最後同步踏上起跑線，並一個不少全部到達終點（順便感謝美玲爸爸樋口先生為我們推薦的 Aston 酒店，離終點近，方便舒適一級棒）跑完後一起舉杯歡慶，我們既是家人閨蜜，又是跑友，何其幸運，何其快樂也！

　　最幸福：有地表最強啦啦隊的加持。感謝最敬業的啦啦隊代表劉總，不辭勞苦為我們喝彩服務、攝影，捕捉了那麼多好照片；茜茜在百忙中把老胡、龍龍留在家裡，放下工作趕來相聚打氣，而且還是闊別六年一起在夏威夷，令我感動不已。林玲沒能來，但感謝微信時代，她變身啦啦隊，和遠在太平洋另一端的姐妹們，還有安康大家庭、世界各地的親朋好友，各種鼓勵圍觀點贊都給了我無窮力量，也讓我倍感幸福。

　　最敬佩：前輩鈴木先生 74 歲首次挑戰全馬。且鈴木先生目標是跑到 80 歲，身邊有如此勵志典範，吾輩豈敢輕言放棄？

　　最鼓舞：所有第一次挑戰者。二姐二哥、三姐、曉燕、立新、崔國昌都是首次全馬，馬拉松新手三哥、美玲首跑 10km，易易首跑即挑戰全馬，炎熱天氣下各自如願完成，具有超級非凡的意義！我和琴雖然不是首跑，但也倍感鼓舞，興奮不已。

　　最感動：給力的青年跑者！美玲代表爸爸媽媽參加，為姥爺康復祈禱，繼承了爸媽對老人孝敬的優良品格，令人動容；易易輕鬆完跑全馬、體貼照顧大家，再次感謝慶功宴款待；康仔飛行 19 小時翌日，堅持參賽並完成，毅力可嘉——你們的加入和出色表現，令馬拉松盛會變得朝氣蓬勃、溫暖感人、充滿希望。

　　最休閒：火奴魯魯跑道大致平坦，風景優美，但畢竟比較炎熱，而且人們都是為了享受歡樂跑，感覺沒什麼人追求速度（事實上開始的十幾公里想跑也跑不快）幾乎從頭到尾都見到有人徒步。所以呢，很難突破 PB（個人最佳成

績）我跑了 6:18 知足了。開始 20km 跟三姐同行，一直聊
天很愉快！

最期待：劉總早日加入，青年隊繼續壯大，希望有一天
看見老中年隊＋青年隊大聯盟同步跑！

還有更多感動，恕不能一一盡述。總之再次感謝大家，
都辛苦啦！也再次為你們也為自己鼓掌喝彩，祝大家繼續
快樂旅程，各自精彩，我們後會有期！

愛你們的秀

2019.12.9.於仁川機場

夏威夷馬拉松賽後感

此時是 2019 年 10 號夏威夷時間晚上七點（北京時間
中午一點）。

我在大島的民宿窗外下著雨，回想起前天的夏威夷馬
拉松比賽，心裡有許多感慨。把我的跑步經歷和大家分享
一下！

我是 2015 年開始跑步，之前也活動當時也跑一下，其
實一公里都不到，但是當時已經感覺很長了。因為沒有跑
步軟體記錄。2015 年在閨蜜的鼓勵下參加了香港十公里
馬拉松。跑前心裡一點底都沒有，因為我最多就跑過 6 公
里，還是跑走結合。名已經報了就去試一下，再說還有老
公閨蜜一起加油。

香港閨蜜安排好一切，跑前加油鼓勵，最主要還有美
味佳餚，竹園的芝士大龍蝦，各種海鮮大餐。早上五點開

始跑步跟著人群開跑，香港的比賽秩序良好，場外觀眾熱情的鼓勵加油。終於在不安中跑完全程。有點理解了為什麼這麼多人喜歡跑步。

第二年又報了香港十公里，在大雨中完賽。通過這兩次比賽，讓我有點愛上了這個看是孤獨的運動項目。中間參加過二次家門口的五公里楊淩馬拉松。2017年千島湖比賽。2018年蘇州金雞湖比賽。2019年五月日本山中湖馬拉松，2019年10月杭州女子半馬比賽，是我的第一次半馬，成績2小時24分。

這次火奴奴魯馬拉松比賽參加的是全馬，事先完全沒有底氣，心裡志忐不安。看介紹說這是一個沒有時間限制的馬拉松比賽，我喜歡的作者春上村樹的第一個全馬也是在這裡完成的。並且這次夏威夷馬拉松彙聚了日本，英國，美國，香港，安康，北京，西安各地的朋友大家歡聚在一起，還有夏威夷美麗動人的風光吸引著我。跑步加旅遊是我的理想方式，所以夏威夷我來了。

夏威夷馬拉松比賽是早上五點開始，大家三點半集合到了起點已經四點半，在黑夜中迎接比賽。當我還在有點緊張的時刻，突然天空上放了五彩繽紛的焰火，大家的情緒一下就嗨了起來。

整個賽程非常歡樂，這不是一個創造PB的比賽。已經舉辦了四十年，從開始的幾百人到這次的五，六萬人。許多年齡大的老人，我認識的鈴木先生74歲，參加的是全馬。途中還看到許多是家庭總動員。沿途是美麗動人的太平洋海岸風光，我也就開始享受這個過程。之前一直告訴自己安全完賽就是勝利。沒有想到天氣非常炎熱，迎著朝

陽。沿途有水就去補，始終帶一瓶水。第一次吃能量膠，吃完不習慣胃不舒服，去了兩次廁所，解決大問題。27公里吃了一個，32公里吃了志願者一個飯團。這二次補給很重要。中間拉伸的幾次，噴了一次。終於看到40公里的標誌了。立馬有了精神，最後2公里一口氣跑到終點。我的手錶和手機記錄的是43公里多，大家都是這樣。這次成績是6小時24分。跑完第二天沒有特別的不適感！

這是我的跑步經歷。我的宗旨就是快樂跑步，讓跑步成為生活的一部分。在力所能及的前提下提高速度。享受每次跑步的過程。我可以有五年的堅持，都要歸功於家人的支持和朋友們的鼓勵。最主要的是有一群愛跑步的閨蜜們一起加油！（楊曉燕）

村上春樹在《村上朝日堂日記》中曾這樣描述對馬拉松的感受：

「馬拉松這東西，在某種意義上是相當奇異的體驗。我甚至覺得人生本身的色彩都會因體驗和沒體驗過馬拉松而大不相同。儘管不能説是宗教體驗，但其中仍有某種與人的存在密切相關的東西。實際跑四十二公里的途中，難免相當認真地自己問自己：我何苦這麼自找苦吃？不是什麼好處都沒有嗎？或者不如説反倒對身體不利（脱趾甲、起水泡、第二天下樓難受）。可是等到好歹衝進終點、喘一口氣接過冰涼的罐裝啤酒「咕嘟嘟」喝下去進而泡進熱水裡用別針尖刺破脹鼓鼓的水泡的時候，又開始滿懷豪情地心想：下次一定再跑！」

從夏威夷馬拉松回來後，大家對這段文字更是深以為
然。五年之約實現了，卻不是完成或結束。因為每個人都
有所發現，只要人生自己不去設限，任何年齡段都會有更
多的可能性，遠不止是體能方面突破自我的驚喜，更是心
靈方面全新感悟的震撼。

第七章：雲水禪心

第七章│雲水禪心

有人問禪師，禪修的最高境界是什麼？禪師答曰：「吃飯時吃飯，打水時打水，睡覺時睡覺。」又有人問佛陀，何以見心性？佛曰「無語」。

燕群撥弄著琴弦，彈奏完《梁祝》《漁舟唱晚》和《琵琶語》，又彈了一首《雲水禪心》，這幾首都是她特別鐘意的，樂譜早已諳熟於心。

2013夏天她和張勇去西北旅行。從甘南藏族自治區到銀川，從寧夏沙坡頭到青海塔爾寺，再到青海湖邊，還有內蒙額濟納旗胡楊林。五十歲之後的那年開始人生進入了嶄新的另一個階段，幾乎每年都會外出自駕旅行，感受祖國的大好河山。藍天白雲下，廣袤無垠的塞外風光，古樸的藏族寺廟，令人心靈得以洗滌潔淨，沉思其中。

悟本

當事業走上軌道後，燕群開始參與各種社會活動。她加入了女企業家協會，積極投入公益活動。

五月的一個下午，燕群跟隨市婦聯和女企業家協會的姊妹們，來到安火路社區及香溪路，慰問轄區貧困兒童。坐下來問孩子們家庭，身體和學習情況，把連夜量身訂製的衣服、書包、水杯、雨傘、詞典、米麵糧油和慰問金送給他們，鼓勵孩子們要樹立信心，努力學習、好好生活，長大成為國家的棟樑之材。看著孩子們天真無邪充滿期盼的眼神，拿到書時快樂欣喜的笑容，她深受觸動。孩子的

家長們也在一旁，她們又叮囑家長們在疫情防控特殊時期保重，一定要保護好孩子們的安全。

2021年重陽節，燕群和同伴們走進一家敬老院。唐院長介紹說，這裡有八十多位老人，年紀最大的91歲，都是一些殘疾、流浪、孤寡老人，有的從幾歲便開始流浪，連姓名、戶口都沒有。政府福利部門安排他們住進敬老院，讓他們安享晚年。女企業家們有人準備了雙層大蛋糕，有人帶著自己的醫療團隊來，為老人檢測血壓、血糖和心電圖檢查，大家把買好的保暖衣、棉拖鞋、圍巾分給老人，拉著老人們的手拉家常，看見老人們的臉上露出了笑容，燕群心裡也是暖暖的，仿佛看見父母在那裡微笑。她知道，這一切都是應該的。

2022年元月的一天，寒風凜冽，下著小雪。雷厲風行的會長黃慶雪帶著姐妹們又來到流水鎮的學坊埡社區，進行春節慰問活動。這次集中給四十家困難戶送了慰問金，還有棉被、米面和菜籽油。燕群和姐妹們問各家情況，鼓勵他們勇敢面對困難，樹立信心勇氣，積極對待生活，往後的日子一定會越過越好。

中國古語說「不以善小而不為」，西方聖經《瑪寶福音》有「凡你們對我這些最小兄弟中的一個做的，就是對我做的。」

女企業家們在漢陰縣平梁鎮清河村助殘助困助學的活動登上了《安康慈善》報，還被市婦聯評為市優秀婦女工作者。對於這些榮譽，燕群都很低調。她知道「贈人玫瑰，留有餘香」，送人溫暖其實自己收穫的溫暖更多。

取捨之間

燕燕一襲白色長裙配黑馬甲，手捧鮮花滿面笑容，神采奕奕，絲毫不見半點兒疲憊。她從日本回來翌日就上班了，頻道切換得很快。

在女兒甜甜家當了幾個月的全職「姥姥」，見證新生命孕育到出生、成長的過程，就像見證園丁撒播種子，澆水施肥，翻土曬太陽，然後看見種子從土壤冒出嫩芽，滿滿感動和溫暖餘溫猶存。

其實去之前，工作繁忙每天得像打仗。去或不去？這種取捨時刻都存在。平衡家庭和工作，往往知易行難。並不是每個人都明瞭人生真諦，時刻懂得抓住生活重點，她絲毫沒有猶豫，因為她心裡清楚，孩子成長雖然漫長，但關鍵的時間點也就那幾個而已，不該缺席。正如那句話「陪伴是最長情的告白」，世界上任何語言都不及守護和陪伴。

因此這次從甜甜待產、生產到產後滿月，在孩子們最需要幫助的這將近六十天裡，足足陪伴了整個過程。按照妹妹說法是「雪裡送炭，雨中送傘」。每天早上六點多起床，按照孩子們要求，換著花樣給大家做可口的飯菜，看小紅書挑戰各國菜式，成為最大的樂趣；雖然語言不通，但跟水果店的歐吉桑，花店的歐巴桑比手畫腳都熟絡了。多年沒照顧過嬰兒，臨走前已經變成半個護理專家。全身心投入當下，一絲不苟做好每一件事情，把生活的每一天過成自己喜歡的模樣——她這樣告訴自己，一切行動的背後是愛的力量，在默默奉獻中完成使命兼修行，勝過千言萬語的祝福。

工作和生活，內容和物件看似風馬牛不相及，然而姿態格局、應付能力和完成精細程度，卻是一脈相承的。善於學習、樂於奉獻、認真靈活的人，一事成而百事皆通。對得起自己和所有人，問心無愧，當每個階段結束的時候，留下的必定是滿滿的幸福，功成身退的成就感。在東京的幾個月期間，姐妹們也來了，見證福娃成長，還參加了山中湖馬拉松的活動，成為幸福生活的注腳。

父母的言行舉止，就是孩子學習的最佳典範，一切盡在不言中。燕群在公司，是日理萬機雷厲風行的董事長、女企業家、社會活動家；下班回到家，是善解人意溫柔賢慧的妻子；到了孩子家，是溫良恭儉的母親，每個場景的角色都認真而專注。

學而不厭

越是忙碌的人，越能擠出時間為自己充電，還能孜孜不倦學習新知識。2020 年 11 月，《悟本》公益講堂在秦嶺開課，燕群報名參加了閉關學習；聽說安康舉辦《了凡四則》講座，她也去了。有段時間大江南北都流行《朗讀者》，燕群也選讀了自己喜愛的文章；李玫瑾的學習教育心理學，也是她喜愛討論的話題。

喜歡探索學習，享受不同角色互相切換，全力以赴，盡善盡美地完成每個身份，似乎是幾家姐妹們和身邊朋友們的喜聞樂道的共通話題之一。

2021 年 6 月上旬，燕群跟隨安康市婦聯參觀上海金山區「她創地帶」女性創業孵化基地。多元化的服飾和裝扮，

自信和幸福生活，洋溢在每個人臉上。

　　沒有哪個行業不受環境變化影響和限制。這些年百惠在成長中伴難免有起有落，有喜有憂。百惠高管團隊經常組織參加各種學習，集訓沉浸式學習令人熱血沸騰，重新燃起勇往直前的鬥志。更在其中反思修行，培養格局和情懷。燕群提醒自己勿忘初心，也提醒年輕人遇到困難時，應視作挑戰和磨練考驗的機會，邁向成熟的必經之路，激勵大家創新奮鬥。她已親身經歷深信，企業也好人也好，眼前所見並非一切，擁有信心和拼搏精神才最為重要。

　　不是因為有希望才堅持，而是因為堅持了才有希望。

瑜伽的啟迪

　　在瑣碎的柴米油鹽醬醋茶中能找到樂趣的人，在其他任何地方也能。無論怎樣忙，燕萍和燕群總能抽出時間練瑜伽。

　　燕群穿著深灰色瑜伽服，在紅色瑜伽墊上跪下來，頭貼在地面，雙手撐起，臀部上翹，緩緩抬起雙腿倒立起來，又單腿屈起展現「金雞獨立」姿勢。一旁穿著粉紅上裝的黃慶雪屏住呼吸，等到完成後才輕聲讚歎拍手，「好，收腹，小心收縮的力量，嬰兒趴，好！做得很好。」

　　教練唐老師充滿熱情，新年第一天給她們拍了視頻。今天是好友邀請一起練，燕群挑戰了幾個高難度動作。除了倒立還有一字馬，拱橋。每次完成之後酣暢淋漓，伴隨酸爽的是發自內心的愉悅。

　　對於她來說，瑜伽是靈與肉的修煉。不經不覺八年了，

每當疲累或低落的時，沉浸式的瑜伽總是能給她自信和力量。在寧靜中她只聽得見自己的呼吸，一呼一吸之間，靈魂自由而飄逸，似乎穿越時空，回到那悠遠的歲月。

曲中曼妙韻

2019 年對於安康大家庭來說，是收穫豐富的一年。康仔經過多次面試和專業考試，如願以償考入劍橋聖約翰學院數學系並獲得獎學金。全家在海南三亞為莘莘學子餞行。

十月從英國回港後，秀正式拜師學習鋼琴。她很久前就有此打算了，至少有三個動力：一是圓小時候的學琴夢，她上中學時就喜歡樂器，曾經自學口琴和吉他，上大學前還買了一把紅棉吉他，大一在學校晚會上為同學伴奏過；二是康仔上大學後開始「空巢生活」，家裡的鋼琴反正也閒置著，用同一架琴跟同一位老師學琴，本身就是一件浪漫的事情，寄託思念之情；三是母子倆一起參加教會歌詠團，康仔司琴，秀就萌生念頭，想著哪一天學會伴奏也好，可以服務教會。

開始她還惴惴不安，擔心年齡太大。海倫老師的學生都很年輕，而且天分都很高。不料老師當場欣然答應，並熱情地鼓勵：「音樂不分年齡，只要熱愛，三歲到七十歲都可以學！」老師的鼓勵給了秀很大的信心，她向老師保證一定勤奮練習，將勤補拙，不會輕易半途而廢：「只要老師不嫌棄，至少讓我學十年吧！」

每星期六下午三點，準時上課。2020 年初新冠肺炎疫

情爆發之後，秀不用出差，也不能旅行，居家辦公的日子也很長，結果因禍得福，幾乎每天在家練習幾小時，樂此不疲。每週在姐妹群組分享她練的最新曲目，大家都熱情回應，給予鼓勵。從第一首單音《歡樂頌》，不到三年時間，現在她手機裡已經儲存了七百多首練習曲，其中不乏世界名曲《天鵝》《獻給愛麗絲》《星空》《天空之城》。

看到妹妹每天興致勃勃，樂此不疲，姐姐們感受到投入興趣之中的快樂，深受鼓舞。一次偶然的機會，燕群也開始學古箏，沒想到，這一開始竟也愛上了。在她的鼓勵下，不久後燕萍也開始學古箏，姐妹成了瑜伽班同學，又成了古箏班同學，如今已經能彈奏《藍泥灣》《牧羊曲》。

2021 年中秋節，燕琴也悄悄開始學習小提琴。科學家發揮了認真的鑽研精神，掌握五線譜的竅門後不到一年時間，竟然能拉出勃拉姆斯的《圓舞曲》，舒曼的《快樂的農夫》甚至帕格尼尼的《女巫之舞》。姐妹四人相約五年之後，舉辦室內音樂會。這是繼夏威夷的馬拉松之約後，又一個五年之約。

轉眼之間來到 2022 年六月，康仔從劍橋大學順利畢業，打算留在倫敦繼續深造。秀和國昌闊別三年再次飛往英國，參加了隆重盛大的畢業典禮。

英國的夏天白晝很長，傍晚八九點餘暉依然灑落在古老的校園。在黃昏的聖約翰學院費舍爾樓琴房，秀彈奏著理查德‧克萊德曼的《水邊的阿狄麗娜》。在貝克韋爾小鎮，徒步到十七世紀的查茨沃斯莊園博物館，陳列室有一家三角鋼琴，秀彈奏了一曲《天鵝》，懷康站在一旁，認真聆聽，時而默默點頭。在曼城火車站，彈奏《月亮代

表我的心》。指尖流淌的曲韻透過微信傳給遠在海南島和安康的親人，她沉浸在旋律中歡暢愉悅，妙不可言。

楊絳先生在《一百歲感言》寫到：

一個人經過不同程度的鍛煉，就獲得不同程度的修養、不同程度的效益。好比香料，搗得愈碎，磨得愈細，香得愈濃烈。我們曾如此渴望命運的波瀾，到最後才發現：人生最曼妙的風景，竟是內心的淡定與從容……我們曾如此期盼外界的認可，到最後才知道：世界是自己的，與他人毫無關係。

是的，世界是自己的。最好的就在此時此刻，此身此地。

第八章：漢江河邊

第八章 │ 漢江河邊

　　小城的人情味非常濃厚，十之八九都非常熱情好客。「有朋自遠方來，不亦樂乎？」大家庭人也多，誰家有朋友從外地來了，兄弟姐妹們總是當作自家親戚般招待，幾乎每個人都主動承擔起家鄉的嚮導，恨不得把所有美味佳餚和引以為傲的美景都帶給來客。

　　這年有兩位來自廣州的八零後情侶，從安康回到廣州後，寫了篇遊記，答謝熱情好客的吉家姐妹。這篇生動的遊記立即被家庭成員傳閱，津津樂道。

《安康的城、美食和人》

　　安康，古稱金州，位於陝西南部，秦（嶺）巴（山）地區。　如果我不曾到過，安康就是百度裡的隻隻文字，或是小吉口中的描述。

　　文字或描述，再詳盡也是平面化的；有幸前去，安康立時生動鮮活起來，一盤蒸麵，或晨曦中漢江的剪影，或親人們的溫和笑容，一個個栩栩如生的畫面，短短不到四日，將一個立體的安康展現在了我眼前。

　　午後，泡了一杯咖啡，點著小蠟燭燈，試圖將那些歷歷在目的人和風景，以及看到每一個畫面時的心情都記錄下來。

畫面一：終南山隧道

　　咸陽機場到安康，中間橫亙著被稱作華夏文明龍脈的

秦嶺，兩百六七十公里，將近三小時的車程，可熱情的關中人——二哥和陝北人——小剛來了，酷熱的不止夏天，還有人情。

西安的繞城高速上，灰濛濛的視野裡，一幢幢高層建築擦窗而過，這種熱火朝天的建設場面頗為熟悉，全國各地皆是。擁擠的不單是人，還有房子，空氣，充滿大量灰塵顆粒的空氣。淮河-秦嶺一線是劃分南北方的界線，我們正從北方穿越連綿的秦嶺山脈，到山那邊的南方去。

穿過很多地方的隧道，秦嶺隧道還是震撼到我了。近在身旁的崇山峻嶺間，只有一條路。車子在其中穿行，一個個涵洞進去，從短則幾百米長則幾公里的黑暗中出來，有時不過數秒，又鑽入另一段黑暗去了。黑暗一段連著一段，有一種對幽閉的恐懼和對未知的神秘感。二哥說，下一個就是終南山隧道了。有輕微幽閉恐懼症的我心裡有些緊張，十八公里長的隧道，該是什麼樣子？

車子很快閃進黑暗裡，深邃悠長的黑暗，緊緊地包圍了我們。時間一秒一秒地走，腳步清晰而緩慢，盡頭不知何時才到，對光明的渴望從未如此焦灼。見過茫茫的黑暗，即使閉上眼睛，心裡和眼前一樣，灌滿了無處不在的黑暗。不多久，看見了光，一束束彩色斑斕的光，溫和地變換著顏色。彩色帶沿著洞壁一直延伸，驅走了一些恐懼和壓抑，可是仍然想見天日，即使片刻也好，即使此刻外面狂風暴雨黑天暗地。那一刻，高高在上的蒼穹成了我的信仰。

十二三分鐘過得很慢，有半日之久，當綠色山脈再次呈現在眼前時，內心的欣喜像潮水，一波一波地翻湧過來。黃昏，斜陽，披著薄薄光線的大山，生活如此美好，真讓

人感動。越接近安康，大山看起來也愈平緩秀麗，眼前開闊了許多。延綿的山丘，夕陽中質感和顏色都很飽滿，滿眼都是綠色，卻極有層次。松綠色的樹木，尖上卻抽出嫩嫩的黃綠來；也有通身橄欖綠的樹；山腳是一片又一片的玉米地，超過一人高的苞穀杆兒，翠綠翠綠的葉子，像整齊的列陣。安康，我們來了。

畫面二：八大件

初到第一晚的晚飯，設在大本營。各路人馬陸續到了，東京的，北京的，香港的，二十來人，全是至親。雖是初相見，卻不覺陌生。這麼大的陣容，讓我想起陂角大路三號。

晚宴開始了。最先上來的當然是涼菜——八大件。

作為宴客的最高禮儀，八大件名不虛傳。八大件像一朵花，中間的花心是飄著麻辣油的醋湯，花瓣是各式涼菜，依稀記得有豆芽菜、醬牛肉、魔芋、豆干、蓮藕、鹵豬耳，葷素搭配，青綠、米白、暗褐、嫩黃，各種顏色的食材挑逗著味蕾和視覺。每樣涼菜夾一些到盛著醋湯的碟子裡，拌均勻，入口，這才發現醋湯是絕對的主角。沾上醋湯的各種涼菜，好像有了生命，生機勃勃，鹹、香、酸、辣彙成一條奔湧的河流，流到胃裡。涼菜碟子似乎不曾空過，吃得差不多就添上，肚子開始圓鼓該放下筷子的時候，才開始上熱菜，我第一次知道，涼菜可以這麼豐富，場面可以如此恢弘。

熱菜一道一道地送上來，每道菜出自不同的大廚，熱鬧的家宴被賦予了更深一層的意義。想起每年陂角大三號

的年夜飯，味道可能不是最上乘的，卻是吃得最舒心的筵席。旁邊桌子的男士們，你來我往觥籌交錯，在瀘州老窖的催化下，面紅耳赤熱情洋溢。在陂角大路三號常見的場景，在一千多公里外的安康上演，倍加親切。作為初次到來的遠客，胖子少不了多喝幾杯。說話清晰，走路筆直，神經卻開始跳舞了。

畫面三：蒸麵

　　若做一輯「舌尖上的安康」節目，第一個要說的是蒸麵吧。大街小巷到處可見掛著「蒸麵」牌子的小店，安康人對蒸麵執著的喜愛可見一斑。

　　到安康的第二天早上，睡飽醒來，二哥把我們拉到城牆根兒邊，和嘈雜的鬧市不同，這一帶全是低矮的老房子，狹小的路面，透出歲月的滄桑。門前的法國梧桐蒼翠茂密，紅紅的辣椒和黃色苞穀晾曬在地上，散步的老人，學步的小孩，一派悠然自得。

　　走進狹小破舊的小店，坐在小板凳上等蒸麵出來，陽光很安靜，有小鳥嘰喳叫。老闆娘從後面的廚房裡端出蒸面來，剛出鑼的蒸麵還冒著熱氣，醋汁兒和油潑辣子淋在上面，散發著惹人的香氣。拌一拌，哧溜哧溜地大口吃起來，切成條狀的蒸麵細膩柔滑，恰到好處的油潑醋汁兒，配上爽脆清甜的豆芽，醒神開胃，一股幸福和充實感油然而生。廚房那頭是一條窄小的過道，過道出去就是城牆，光線從城牆那邊透過來，如同一條時光隧道，傳遞著時間的古老和靜謐。

　　我曾經問過小吉：「在你要離開這個世界時，希望再

吃一次的食物會是什麼？」她毫不猶豫說：「蒸麵！」

對那些遠離家鄉的安康人來說，鄉愁裡都有一盤子蒸麵在吧？蒸麵，或許不是最美味的，卻是最能代表安康的食物，同時也遠遠超出了食物的範疇，融進安康人每日的生活習慣裡，成了離鄉安康人最放不下的念想。蒸麵旁邊，還有一碗苞穀糝兒。曬乾的玉米粒打成碎粒，煮成湯水，看不見苞穀粒兒，口感粘稠綿潤。

接下來的幾天早餐裡，除了蒸麵，還有肉夾饃、葫蘆頭、芝麻燒餅、餃子……強大無比的麵粉，變身各種各樣的美食，每天早上都有獵奇的新鮮心情。第一天被稱作貓食的我只能吃一盤小蒸麵，之後幾天在家長的培育下食量與日俱增，臨走那天早上我吃了一盤中蒸麵，一碗綠豆粥，還有半隻肉夾饃。我愛這些美食，它們也待我不薄，給了我結結實實的兩斤肉。

畫面四：回家的路

大中午的五星街，驕陽灼人。

暑假，校園裡看不見夥伴們的身影，只有塵土飛揚的工地。嶄新的教學樓，永紅中學已經不在這裡，在陳年記憶裡。校門斜對面那間有各種零食的小賣店猶在，矮矮的屋簷，斑駁脫落的外牆。走前一點拐左就是南馬道。

哎呀，這條路還在，小吉一臉驚喜。那時路也是這麼寬，壓實的泥土路，不是現在平坦的水泥路面。下學了，南馬道上的單車過個不停，叮鈴鈴響了一路，路口攤檔一個連著一個，剛出爐的肉夾饃、燒餅，回憶裡熱度還在。

眼前的南馬道，小賣店統統不見了，只剩街道兩旁的

小房子，兩三層高，緊緊相依。午睡時間，刷著天藍或青綠色油漆的小門關得緊緊的，沒有一點動靜。

南馬道走到盡頭，到了另一條街，橫穿過去，繼續向江邊方向，就是北馬道。北馬道也在酣睡，小小的院子靜悄悄的，竹竿上晾著繡著鳳凰的粉紅枕巾，葡萄藤兒攀得老高。每家門前都種了很多花草，我看到了童年常見的指甲花，在熱辣辣的太陽底下歡喜地開放。紅色、紫色，都爭著塗在指甲上呢。小吉伸出手掌說。

還有我摯愛的月季花。淺紅色、玫紅色，層層重疊的嬌嫩花瓣，在灰色牆邊的陰影裡優雅、安靜地綻放著。像一幅靜美的油畫。

北馬道出去，左轉，走幾步就是冰棍廠。在那個童年夏天少不了冰棍的年代，還有跟姐姐們到冰棍廠撿發碳的經歷，冰棍廠帶給小吉無數快樂的回憶。冰棍廠往前走左轉，就是紅旗小學。上課鈴聲一響，假小子從冰棍廠相鄰的家屬院飛奔而出，長長的鈴聲落下，已經站在教室門口了。

那個當年的假小子，戴著太陽鏡，站在紅旗小學的鐵柵欄邊，感慨當年。和小學同在興家倉巷的還有大劇院。當年還只是小學生，千方百計溜進去看戲，沉迷漢劇如癡如醉，做夢也想穿上一身戲服投身梨園的小吉，究竟沒有登上戲臺，卻對一個進了漢劇院的小學同學羨慕了許多年。那年的小孩，又怎會知道自己後來走那麼遠的路，離漢劇那麼遠離家鄉那麼遠？

兩年前的春節，我帶著小吉踩著單車，碾過蕉中門前那條樹蔭遮蓋的小路，經過殘舊的安寧街，穿過雜亂擁擠

的西街，從每年初夏開著刺鼻氣味花朵風一吹就飄落一地的栗子樹下經過，在那條秋天稻浪起伏顏色金黃的鄉道上流連。寒風淒冽，殘陽落在不遠處的大山背後。這些路這些風景於我，和南馬道興家倉於小吉一樣，世事在變，回憶卻凝固在那一處了。

我們都不再是年輕時的模樣，而回憶一直都在，不曾缺席。音響剛好唱到：

腦海之中
有一個鳳凰花開的路口
有我最珍惜的朋友
幾度花開
花落有時
快樂有時
落寞很欣慰
生命某段時刻
曾一起度過

感動得要掉下淚來。送給小吉，送給我那些年的老友。（曉惠 2013 年夏）

小城河邊故事

寶銀從洋縣來姑母家住了半年了，這次主要是來淘金。漢江河裡自古有金子，這不是稀罕事，只是聽同鄉人說最近發現金沙礦，重新興起淘金熱，他也來碰碰運氣，加入了城外淘金隊。不去幹活的日子，帶著吉家小姐妹，沿著漢江邊往上游走。「那邊人少，能抓到魚。「寶銀胸有成竹地說著，拉著倆表妹的手，繼續往上走。他很結實，皮膚曬得黝黑黝黑的。

秀拿著英語書，在河壩上靠著城牆根，來回走著，她在背單詞從龍窩街走到後巷，沿著城牆根到水西門不到五分鐘，這裡成了她清晨學英語的最佳園地，大聲朗誦也不怕。其實不止是她，偶爾會碰見同學或院子裡的熟人。所以不能太晚，天蒙蒙亮就來最好。

冬天河裡水很少，河床都露出來了。吉成祥在城牆上打太極拳，蘭娥散步繞了一圈過來，先回家去準備早餐。秀正在放寒假，這次回來纏著父親教她打太極拳，上學期學校在教氣功和太極拳，她沒學會。「八十八式太長了，你能學會二十四式就夠了。最主要持之以恆！」合掌收勢完畢，成祥對女兒說。

燕玲坐在河邊的大石頭上，嚎啕大哭了一場，感覺心情的鬱結好一些了。孩子正處於反叛期，一言不合離家出走，真的讓她傷透了心。從小倔犟好強，偏偏又發生了很多事與願違的事情，不想讓父母和妹妹們擔心，只好來這裡哭一場發洩。

端午節龍舟賽，吆喝的號子聲響徹漢江河。據說漢江

上的龍舟賽是傳統習俗，已經中斷了很多年，2000年重新恢復。差不多全城人都來觀看，因為要打造成文化旅遊名牌產品，通過電視新聞報道增效，影響力日益彰顯，已經成為安康的文化節，外地人越來越多。百惠公司也利用這段時間舉辦訂貨會，邀請合作商供應商來順便過節，非常熱鬧。

又是一年春節。年初二大家庭團聚，「我最愛的餃子！」康仔高興地叫著。「過年不叫餃子，叫元寶呀！」二姨媽笑著糾正。吃完「元寶」喝完甜酒，年輕人們一起散步，穿過大街小巷，從東關走到河邊，沿路暢快玩耍，幾年也難得這樣同聚。「來一張浪漫的！」熱戀中的甜和超被表哥表妹表弟們連連起哄，笑吟吟深情相視，大方地讓大家拍照。

超甜一族

2013年春天，甜甜從日本東京國際大學畢業了。這孩子來日本留學五年了，身上有一股子闖勁，或多或少是父母的遺傳。北京舉辦奧運的那年她去了熊本工業專門學校，翌年便考上大學，從九州搬到東京。2011年日本東北大地震後，福島核電站洩漏帶來巨大衝擊，親朋好友紛紛勸她回國。她趁學校放假回家住了一段日子，但還是義無反顧按時返校，繼續學業和勤工儉學。

燕群和張勇飛去日本參加畢業典禮，重要的時刻必須在場。京都棚橋先生提供了邀請函，令行程非常順利。在畢業典禮上，倆人萬分感慨，孩子長大了，今後彼此都踏

入人生新階段。

梁超是個大連小伙子，濃眉大眼，被珂珂和小寶喊叫「力宏」，確實有幾分相似。他和甜是大學同學，感情穩定，畢業後婚事也就順其自然地確定下來。小情侶去廈門拍了婚紗照，2014 年 6 月在安康舉行了名副其實的「超甜婚禮」，連表弟易易也從美國趕了回來。小表弟懷康沒能參加，但彈奏了一首《夢中的婚禮》祝福表姐和姐夫。

櫻台位於東京西北角的練馬區，地鐵電車到羽田機場不到一個小時。環境清幽，步行十分鐘範圍內有寺廟、教堂，還有大型運動場，還有一條小河，兩側都是櫻花樹，每到三四月櫻花爛漫。看得出兩個孩子選擇生活區的時候，還是下了不少工夫，做了很多調研功課的。

2017 年 3 月下旬，吉家姊妹們相聚在櫻台。歡樂中一起期盼小生命，充實又美好。燕萍說：「即使過年回家也沒可能這麼安靜，相聚在一起呢！」對於平日忙碌的兄弟姊妹而言，彼此朝夕相伴本身就是一種莫大的奢侈。這次藉著參加馬拉松名義聚會，順便祝賀喬遷之喜。

甜甜狀態不錯，工作並沒有鬆懈，有一股老電視劇人物「阿信」的拼命勁兒。甜甜當了媽媽會後，和表姐妮娜一樣，爆發出來的母性溫柔和乾脆麻利的能幹，好強堅韌的氣質，總是令吉家姊妹感到似曾相識——那是媽媽大姐身上當年能看到的，大家庭傳統家風的優良品質。同時也有她們自己緊隨時代的創意和清新思維。小倆口把家裡打理得妥妥當當，把福娃教育得也很好，有禮貌不嬌氣。

即使如此，重返社會工作，多少肯定是有些忐忑不安的，而且要兼顧家庭和工作，面臨的挑戰也不小。在這樣

的關鍵時刻，父母來陪伴一段日子，無言的肯定和鼓勵，毫無疑問都是「及時雨」。

耳濡目染下的孩子們，也學會體貼照顧父母。這年六月，超甜預約了東京鐵塔下的著名豆腐料理店，三代同堂為父親慶祝生日。生活需要一些儀式感，以前是父母為自己安排，如今是時候向他們表達感恩，體貼照顧了。2022年六月在海南島，甜在蛋糕上寫著「世界上最好的爸爸」，寡言少語的福娃姥爺，吹了蠟燭，也濕了眼睛。

入夜，甜給跳跳洗完澡，擦潤膚霜。跳跳爬在嬰兒床邊，充滿愛憐地注視著弟弟，不時羞澀地回望一下媽媽，然後輕輕撫摸蹦蹦的小手；看見弟弟揮動小手抓臉，他溫柔地拿開小手…… 滿滿的愛意溢於言表。這畫面太溫馨了，溫柔的媽媽，陪著兩個小乖乖，讓人心裡暖暖的，仿佛快要被融化了──畫面外的姥姥，心裡美滋滋的。

河邊寶貝們

大家約在城墻上見，一直跑到東壩，萍指著遠處說：「那邊就是以前媽媽上班的縫紉廠。」城墻上下都是很好的跑道，跑完了直接去西大街那家小店吃蒸面，據說很快就要被拆遷了。然後在老孫家咥一碗羊肉泡饃，珂珂掰饃又快又好，大碗澆入滾燙的熱肉湯，再來一小碗泡蒜，據說這是他跑步後的標配。

夏夜，天熱難耐。晚飯前汪會長在微信裡問了一聲：晚上河邊，來不？熱心腸的幾位老同學總是一拍即合。入夜，三三兩兩應邀而至，雅座有請。許久沒見了，來不及

聚餐，喝茶聊天也很不錯。八七級文科班，臥虎藏龍，才子佳人不少。

從果園出來，開車到三橋不消三分鐘。接送果果參加各種興趣班，成了這幾年最重要的事情。週末的土著跑團，萍也很久沒參加了。上週珂珂和雯雯帶著果果去省上參加芭蕾舞表演，臨出發前發高燒了，但小主角很倔強，堅持要去，怕連累舞隊其他小朋友。大人們糾結了很久，還是尊重支持這一決定。結果非常成功，果果和全家都累慘了，幸好天道酬勤，果果很快恢復了，這才放下心來。

洋縣的漢江河邊，琴和易易帶著一群孩子們跑步拉筋。笑笑緊跟其後，大冬天的累得大汗淋漓。立新推著輪椅跟父親慢慢在後面散步，大長腿跑得快的兒子時不時跑過來幫手推一段路。看著活蹦亂跳撒歡兒的孫子們，老人臉上洋溢著滿足的笑容。最近武漢北京那邊有疫情，兒子一家回來一趟不容易，還趕著去了一趟成都回來，接下來估計一時半會不能外出了。

江景的農家樂一桌不夠，得大小兩桌。今天聚餐的主題有兩個，慶祝妮娜四十歲生日、甜甜拿到駕照。老中青年組一桌，永剛陪著倆姨夫和波姨喝酒，珂在講笑話，他總是能輕易引起表妹們捧腹大笑。晨曦碰巧回安康，所以也趕過來了。她的新潮劇本推理偵探社在西安很火爆，在西安已經有四家連鎖店了。反而妮娜的大女兒詩潔今天沒來，實在忙得焦頭爛額，明年就要高考，學校星期天也要上課。少兒組也有一桌，果果站著喊諾諾、橙子和蹦跳兄弟：「快望鏡頭呀，奶奶在拍視頻給四姨婆和小姨婆呢！」潔潔不在，她就是大姐姐了；

　　四橋通車，漢江河邊燈光秀，五光十色分外妖嬈。1983 年 7 月 31 日發大水那年只有一座橋，大水漫過橋面，城牆決堤湧入，成為城殤。後來陸續修建了二三橋，一座比一座堅固美觀，四橋更成為打卡景點，今非昔比。

　　河邊舉辦百人瑜伽表演，萍也來了，瑜伽班的老師同學都來了。如今信息方便，世界上流行的任何舞蹈或運動，這個小城都跟得很貼，時尚潮流靠著口碑相傳，流行得比大城市還快。她太忙了。每天除了跑步，堅持上一堂瑜伽課，還要游泳，妹妹說她是「每天鐵人三項」，是有點那個意思。

　　「姥姥，好玩！」蹦蹦跳跳站在河邊，興奮地比劃著，挑撿石頭。姥姥說了不能太大，不然扔不遠的。跳跳撿了塊不大不小的石頭抓在手中，奮力向河裡扔去，激起浪花，弟弟崇拜地望著，跟著姥姥拍起小手。媽媽帶他們回國，先在西安隔離了 14 天，回到安康居家隔離了 7 天，再觀察 7 天，不能聚眾但終於可以出門了，姥姥帶他們來「放風」，小兄弟倆快活極了。

　　「姥姥，我們去哪兒？」

　　「慢慢走啊，還有好多好玩的呢！」

　　她抬頭仰望，冬日和煦的陽光灑落在漢江，波光粼粼。有風吹來，泛起朵朵漣漪。一切都是剛剛好，春暖花開時河邊一定更美，一定要帶福娃們再來，就像曾經的每一個孩子一樣。

生命如潮，漲退難免。
點滴關懷，已是生命的瑰麗漣漪。

後記

這本書終於打算出版了，感慨萬千！

其實著手收集家族成員的資料已經多年，長輩們的訪談錄斷斷續續也寫了不少，但是今年初才真正動筆寫作。最大的動力，是因為今年迎來三姐燕群的六十歲花甲，我覺得不能再等，新春給自己立下目標，無論寫得怎樣，也要完成，了卻一樁心願。

大世界大國家的小山城，其實也是大時代千千萬萬中國普通人家的縮影。我想通過記錄，留下一條線索，讓每個懂得的人看了會心一笑，一起向那個時代辛苦奮鬥過來的父輩們致敬，感謝他們留下的精神和風骨，一直引領我們努力不懈走到今天。

我們都在各自的修行之路上踐行著父母遺訓和家風。三姐更是完全繼承了家父的遺志，不僅是精神上的，在行動中正在帶領百惠集團，延續並遠遠超越了家父生前所傾注的事業，以此致敬和祝福，再合適不過。

如果沒有家人給予的支撐，整個撰寫過程根本無法完成。尤其是二姐無微不至的關懷，四姐燕琴無時無刻的貼心鼓勵和安慰，四姐夫立新認真專業、仔細的校對，至關重要。國昌和康仔的理解和支持，也給了我寫作的力量。

年初偶然與日本友人厚東先生談及此書，他剛好也開始執筆寫自己的書，相約每月底互通進度鼓勵，這也令我不敢懈怠，曾經因文筆差而洩氣，他推薦我閱讀茱莉亞 ·

卡梅倫的《喚醒創作力——寫給被卡住的創作者》，給了我莫大的激勵。預祝他順利完成自己的創作，期待拜讀。

　　感謝我親愛的老師同學和朋友們，你們的引領和並肩同行，都是我坐下來奮筆疾書的動力。雖然內心裡認為該書的內容組織的有一些粗糙和雜亂，有違親人們的期盼，一度猶豫該不該發表。偶然機會，與失散多年的雅惠老師重逢，這意外驚喜，令我堅定初心。為了完成父輩的心願，勉力綴成此文。

　　感謝天主，感謝你們。

小吉
2022 年 10 月 7 日於香港

作　　　　者	｜	小吉
書　　　　名	｜	漢江河邊
出　　　　版	｜	超媒體出版有限公司
地　　　　址	｜	荃灣柴灣角街 34-36 號萬達來工業中心 21 樓 02 室
出版計劃查詢	｜	（852）3596 4296
電　　　　郵	｜	info@easy-publish.org
網　　　　址	｜	http://www.easy-publish.org
香 港 總 經 銷	｜	聯合新零售（香港）有限公司
出 版 日 期	｜	2022 年 10 月 7 日
圖 書 分 類	｜	中國歷史
國 際 書 號	｜	978-988-8806-30-0
定　　　　價	｜	HK$108